Gerheid Scheerer-Neumann

# Schreiben lernen nach Gehör?

## Freies Schreiben kontra Rechtschreiben von Anfang an



Klett | Kallmeyer

Bibliografische Information der Deutschen Nationalbibliothek
Die Deutsche Nationalbibliothek verzeichnet diese Publikation in der Deutschen Nationalbibliografie; detaillierte bibliografische Daten sind im Internet über http://dnb.d-nb.de abrufbar.

**Impressum**

Gerheid Scheerer-Neumann
**Schreiben lernen nach Gehör?**
Freies Schreiben kontra Rechtschreiben von Anfang an
In der Reihe *Bildung kontrovers*

2. Auflage 2022



Redaktion: Daniela Brunner, Korschenbroich
Realisation: Matthias Schiller
Druck: BELTZ Grafische Betriebe GmbH, Bad Langensalza
Printed in Germany

ISBN: 978-3-7727-1260-9

Gerheid Scheerer-Neumann

# Schreiben lernen nach Gehör?

## Freies Schreiben kontra Rechtschreiben von Anfang an

Klett | Kallmeyer

# Vorwort

Auch mir fallen Rechtschreibfehler auf. Ich bin ziemlich schockiert, wenn eine Lehramtsstudierende in einer Klausur schreibt: *„Das Kind ließt in der Fiebel“*, die Aufschrift auf einer Kranzschleife *„Den Opfern von Krieg und Verschissmus“*[1] macht mich sprachlos – wegen des Fehlers, vor allem aber, weil ihn zunächst niemand bemerkt hatte! Auf der anderen Seite schmunzele ich über Schilder wie: *„Die behinderten Toiletten sind auf der anderen Seite“*, und ich finde die Autoreninformation: *„XY begleitet eine Professur an der …“* einfach nur amüsant, zumal dies in einem Fachbuch zur Rechtschreibdidaktik zu lesen ist!

Denn mehr noch als die Rechtschreibfehler in meiner Umgebung stören mich die Aufgeregtheit, mit der das Thema in den Medien und in den sozialen Netzwerken diskutiert wird und die unreflektierte Verallgemeinerung einzelner Forschungsergebnisse zu den Lernerfolgen bei unterschiedlichen Methoden des Erstlese- und Schreibunterrichts, die schon überstürzte Aktivitäten in den Bildungs- und Kultusministerien auslösten.

Dieses Buch soll der Versachlichung der Diskussion dienen; es stellt die derzeit aktuellen pädagogischen und didaktischen Ansätze im Erstlese- und Schreibunterricht und ihre Vorläufer differenziert und kritisch dar, gibt einen Überblick über die methodenvergleichende Forschung und fragt, an welchen Stellschrauben zu drehen ist, um die Rechtschreibkompetenz der Schulabgänger zu verbessern. Dabei erwarten den Leser und die Leserin durchaus Überraschungen …

Immer gendergerecht zu schreiben, ist nicht einfach. Da weder die ständige Verdopplung – Lehrerinnen und Lehrer, Schülerinnen und Schüler – noch Versionen wie Lehrer/-in und Schüler/-in oder Varianten der Sternchen-Schreibung besonders leserfreundlich sind, wähle ich vorwiegend geschlechtsneutrale Formulierungen: Kind, obwohl Schülerinnen und Schüler eigentlich angemessener wäre, Lehrkraft, obwohl der Begriff in meinen Ohren technokratisch klingt. Und gelegentlich schreibe ich auch einfach Lehrerin, weil weibliche Lehrkräfte in der Grundschule in der Mehrheit sind.

1 https://www.stern.de/politik/deutschland/eklat-bei-gedenkfeier---verschissmuss--statt-faschismus-auf-spd-kranz-9006764.html

Ich danke dem Klett Kallmeyer Verlag und Frau Dr. Gabriela Holzmann und Frau Daniela Brunner für die professionelle und hilfreiche Zusammenarbeit – und ihre Geduld! Prof. Dr. Hans Brügelmann, Prof. Dr. Erika Brinkmann und Frau Dr. Carola Schnitzler haben einige Kapitel vorab gelesen und mir wertvolle Hinweise gegeben. Danke!

Berlin, im Januar 2020
Gerheid Scheerer-Neumann

# 1 Einleitung und Resümee

## 1.1 Schreiben nach Gehör – brisant wie ein Politskandal![2]

**Das ist völliger Unsinn![2]**
**Grundschul-Irrsinn „Schreiben nach Gehör“[3]**
**Die Recht Schreip-Katerstrofe![4]**

Dies ist nur eine kleine Auswahl der Aufschreie zu einer Methode im Anfangsunterricht, bei der sich die Kinder beim Schreibenlernen zunächst an der gesprochenen Sprache orientieren, also *lautbezogen, „nach Gehör“*, schreiben (vgl. „Begriffliches“, S. 16). Die Kinder verschriften bei diesem Ansatz von Anfang an selbst gewählte Wörter und Sätze, indem sie sich die Wörter vorsprechen, sie lautlich analysieren und den so gefundenen Lauten Buchstaben zuordnen. Die Buchstaben finden die Kinder in einer Anlauttabelle, in der Gegenstände oder Tiere abgebildet sind, deren Wortbezeichnungen mit dem gleichen Laut wie dem gesuchten beginnen (vgl. Abb. 1.1).

Frühes lautbezogenes Schreiben findet sich bei dem Schweizer Reformpädagogen *Jürgen Reichen* (1982, 2006, vgl. Kap. 5), es ist aber auch Teil des *freien Schreibens* im Rahmen des *Spracherfahrungsansatzes* (Brügelmann 1983, vgl. Kap. 6).

Nun ist die deutsche Schrift keine Lautschrift und so führt lautorientiertes Schreiben häufig zu orthografischen Fehlern, ganz abgesehen vom Einfluss dialektaler Besonderheiten (vgl. Kap. 2). In den erwähnten Ansätzen akzeptiert die Lehrerin jedoch zunächst *<mont> für *Mond* und *<farat> für *Fahrrad*. Und genau hier beginnt die Kontroverse.

Dass man über Lehrmethoden streiten kann, ist nicht neu. Im „Methodenstreit“ der 1960er-Jahre fielen Begriffe wie „Albtraum Ganzheitsmethode“ oder gar „Conterganfall Ganzheitsmethode“ (vgl. Kap. 3). Erstaunlich sind das hohe emotionale Engagement der Kritiker damals wie heute und das große allgemeine Interesse, das dem Thema entgegengebracht wird. Im SPIEGEL 25/2013 mit dem Titel *Die Recht Schreip-Katerstrofe* wurde das *Freie Schreiben* für einen Niedergang der Rechtschreibkompetenz – oder

2 Günther Jansen im Spiegel Interview. http://www.spiegel.de/lebenundlernen/schule/guenter-jansen-ueber-die-schlechte-rechtschreibung-viele-kinder-a-906458.html

3 BILD, 15.11.2017

4 SPIEGEL Titel 25/2013

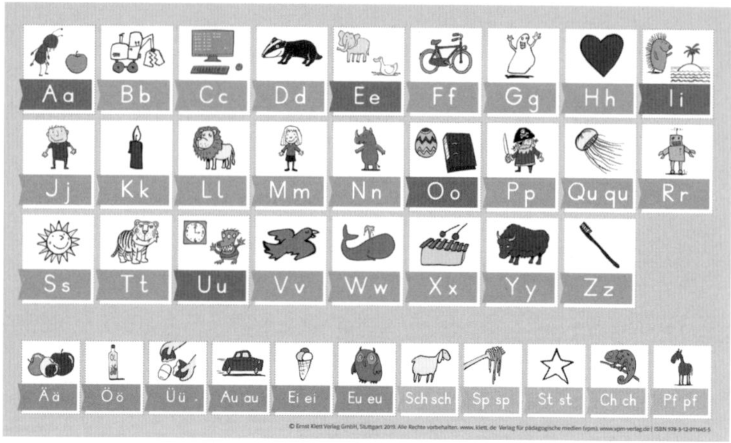


Abb. 1.1: Anlauttabelle aus: E. Brinkmann (2009): *ABC-Lernlandschaft* © Ernst Klett Verlag GmbH

gleich einer ganzen Rechtschreibkultur – verantwortlich gemacht! Vermutlich resultiert ein Teil dieser harschen Kritik aus der Diskrepanz zur eigenen schulischen Erfahrung, vor allem bei den nicht mehr ganz Jungen: In ihrer Schulzeit galt Fehlervermeidung um jeden Preis, Rechtschreibfehler wurden oft geradezu als moralische Verfehlung behandelt …

Das große allgemeine Interesse könnte auch mit der funktionalen Beziehung zwischen korrekt geschriebenen Wörtern und dem Lesen zusammenhängen: Wir können die Bedeutung eines Wortes in der gewohnten Schreibweise schneller und müheloser erkennen als bei graphischen Abweichungen, also <Fahrrad> schneller als *<farat>.

Berücksichtigt man weiterhin, dass auch heute noch die Chancen zum Besuch einer weiterführenden Schule, wie auch spätere berufliche Möglichkeiten, mit guten Rechtschreibleistungen einhergehen[5], lassen sich die kritischen Reaktionen mancher Eltern auf das freie Schreiben nachvollziehen, die sogar schulpolitische Initiativen auslösten. In Hamburg forderten 2015 die Liberalen in einem Bürgerschaftsantrag, die Methode *Lesen durch Schreiben* nach *Jürgen Reichen* nicht mehr zuzulassen. Dieser Forderung wurde tatsächlich stattgegeben. In Nordrhein-Westfalen startete 2015 eine Online-Petition gegen die Methode von *Reichen*, die aber noch im gleichen Jahr wegen zu geringer Beteiligung eingestellt wurde. In NRW herrscht nach wie vor prinzi-

5 Valtin, Badel, Löffler, Meyer-Schepers & Voss 2003

piell Methodenfreiheit, aber eine Handreichung zum Thema Rechtschreiben in der Grundschule macht deutlich, dass von Anfang an die Rechtschreibung zu berücksichtigen ist. Ähnlich ist die Lage in Schleswig-Holstein.

Im November 2016 sandte die damalige Kultusministerin von Baden-Württemberg, *Susanne Eisenmann*, an die Lehrerinnen und Schulleitungen der Grundschulen ihres Bundeslandes ein Rundschreiben mit der Anweisung, Rechtschreibfehler künftig auch bei Schreibanfängern konsequent zu korrigieren. Gleichzeitig sprach sie sich allgemein gegen die Lehrmethoden aus, die unter *Schreiben nach Gehör* gefasst werden. *Eisenmanns* Initiative war eine Reaktion auf die Ergebnisse der IQB-Studie von 2016 (Stanat et al. 2017), in der die Viertklässler aus Baden-Württemberg im Vergleich zu ihren guten Leistungen in der Erhebung von 2011 nur noch durchschnittliche Ergebnisse erzielten und auf die Kritik von Eltern und Lehrkräften an Realschulen und Gymnasien, die sich um die Rechtschreibkompetenz der Jugendlichen sorgen. Es wurde und wird befürchtet, dass in der Schule akzeptierte fehlerhafte Schreibungen sich im kindlichen Gedächtnis fest einprägen und *<mont> und *<farat> später nur schwer „umzulernen" seien.

Im September 2018 gaben die Ergebnisse einer Studie am Psychologischen Institut der Universität Bonn erneut Anlass zur Beschäftigung mit dem Thema in den Medien: *Una Röhr-Sendlmeier* und *Tobias Kuhl* hatten in einer kombinierten Quer- und Längsschnittstudie die Rechtschreibleistungen von Kindern verglichen, die im ersten Schuljahr nach unterschiedlichen Methoden unterrichtet worden waren. Die „Fibel-Kinder" zeigten vom Ende des ersten bis zum Ende des vierten Schuljahrs durchgängig bessere Leistungen als die Kinder, die früh lautbezogen schreiben durften, wobei eine Variante des offenen Rechtschreibunterrichts, *Graf Orthos Rechtschreibwerkstatt* (vgl. Kap. 9), besonders schlecht abschnitt. Die Studie war Teil der Dissertation von *Tobias Kuhl* und lag im September 2018 nur in Kurzfassungen vor (z. B. Kuhl & Röhr-Sendlmeier 2018). Trotz der noch geringen Informationen, z. B. zur Konzepttreue bei der Umsetzung der verschiedenen Ansätze, forderte die damalige Bundesbildungs- und -forschungsministerin *Anja Karliczek* die Rückkehr zur Fibelmethode[6] und die Bildungsministerin von Brandenburg, *Britta Ernst*, entschied, ab dem Schuljahr 2019/20 für den Anfangsunterricht nur noch Fibellehrgänge zu-

6 https://www.mdr.de/nachrichten/vermischtes/diskussionen-ueber-fibelmethode-100.html

zulassen[7]. Die inzwischen publizierte Dissertation von T. Kuhl lässt jedoch nach wie vor viele Fragen offen (vgl. 9.9).

Wie Metastudien[8] zeigen, ist die Datenlage auch insgesamt keineswegs eindeutig (vgl. Kap. 9). Allerdings finden nur wenige Untersuchungen eine Überlegenheit der zunächst lautorientiert unterrichteten Kinder in der Rechtschreibung. Insofern macht es durchaus Sinn, zu fragen, welche Argumente überhaupt *für* das lautbezogene Schreiben sprechen. *Reichen* möchte den Schreibwortschatz nicht durch ein Fibelangebot einschränken, sondern Kinder schon früh zu selbstständigen Lernern und Schriftnutzern machen. Wenn ein Kind das alphabetische Prinzip unserer Schrift verstanden hat, Wörter in ihre Lautbestandteile gliedern und mit der Buchstabentabelle (vgl. Abb. 5.1) umgehen kann – kann es im Prinzip „alle Wörter der Welt schreiben" (Reichen 2006, S. 36 f.).

Die frühe Einführung in die kommunikative Funktion der Schrift und die Motivierung der Kinder zum Aufschreiben von Erlebnissen, Freuden, Ängsten und Wünschen ist auch das Anliegen des freien Schreibens im Rahmen des Spracherfahrungsansatzes, wie er z. B. von *Hans Brügelmann, Erika Brinkmann* und *Gudrun Spitta* vertreten wird (vgl. Brügelmann 1983, Brügelmann & Brinkmann 1998, Spitta 1983). Auch hier ist das orthografisch korrekte Schreiben sekundär – im wahrsten Sinn des Wortes: Oft schreibt die Lehrerin in einem zweiten Arbeitsschritt den Text korrekt nach und gibt damit ein Modell vor, ohne im klassischen Sinn „Fehler anzustreichen" (vgl. Abb. 6.2). Ältere Kinder versuchen selbst, ihre Texte orthografisch zu überarbeiten. In jedem Fall soll ein Motivationsverlust durch zu viel rote Tinte vermieden werden.

Neben diesem Ansporn, Schriftsprache schon früh in ihrer kommunikativen Funktion nutzen zu können, hat das freie Schreiben mit einer Anlauttabelle auch eine unmittelbare Funktion beim Schriftspracherwerb: *Die Gliederung der phonologischen Wortform in Silben und Laute ist vor allem bei Anfängern ein ganz wichtiger Teilschritt beim Schreiben.* Viele Studien haben gezeigt, dass genau hier eines der Hauptprobleme später rechtschreibschwacher Kinder liegt (vgl. Schnitzler 2008). Beim freien Schreiben wird diese Analyse ständig geübt und die Lehrerin kann dabei

7 Pressemitteilung der Landesregierung Brandenburg, Ministerium für Bildung, Jugend & Sport vom 26.9.2018

8 Metastudie: Gesamtauswertung der Daten aus verschiedenen Studien

auftretende Probleme unmittelbar beobachten – weit besser, als wenn MAMA und OMA schon vorgegeben sind und die lautliche Gliederung nur noch nachvollzogen werden muss.

Die Argumente sind also sehr komplex, weit komplexer als zumeist in den Medien dargestellt. Aber natürlich sind öffentliche Diskussion und wissenschaftlicher Diskurs nicht identisch. Insbesondere geben wissenschaftliche Analysen zumeist keine einfachen Antworten. In den folgenden Kapiteln dieses Buches werde ich verschiedene didaktische und pädagogische Ansätze im Erstlese- und Schreibunterricht mit ihren Meriten und Problemen differenziert betrachten. Ausführliche Darstellungen bergen natürlich die Gefahr, dass brennende Fragen zeitweilig aus dem Fokus geraten oder erst am Ende des Buches beantwortet werden. Um dieser Gefahr vorzubeugen, findet sich schon hier im einleitenden Kapitel ein Resümee. Für einen Kriminalroman wäre dies *tödlich,* in einem Sachbuch erleichtert ein Überblick die weitere Lektüre. Die keinesfalls überflüssigen folgenden Kapitel werden die Aussagen des Resümees begründen, vertiefen und erweitern.

## 1.2 Zentrale Aussagen des Buches

Folgende Aussagen lassen sich aus unserem derzeitigen Wissen über das Lesen- und Schreibenlernen, den Ergebnissen der methodenvergleichenden Forschung und Erfahrungen aus der Praxis ableiten:

- Freies lautbezogenes Schreiben ist für viele Kinder ein guter Einstieg ins Schreiben. Schon nach wenigen Wochen oder Monaten entstehen kleine Texte, die man Schreibanfängern früher nicht zu-getraut hätte.
- Die beim frühen „ausprobierenden" Schreiben sich ergebenden Fehlschreibungen prägen sich nicht auf Dauer ein.
- Freies Schreiben sollte aber von Anfang mit der Einsicht verbunden werden, dass Wörter *normierte* Schreibungen haben. Mit dem Aufbau eines Lernwortschatzes sollte langsam und individuell schon im 1. Schuljahr begonnen werden.
- Freies Schreiben mit einer Anlauttabelle, die von Anfang an *alle* Buchstaben zur Verfügung stellt, eignet sich vor allem für Kinder, die schon vorschulisch ein *Buchstabenkonzept* erworben haben, d. h. eine prinzipielle Vorstellung von der Funktion der Buchstaben und

der Korrespondenz zwischen Lauten und Buchstaben haben und auch schon einige Laut-Buchstaben-Beziehungen kennen. Weniger geeignet ist es für Kinder, die beim Lesen- und Schreibenlernen „Neuland" betreten, z. B. manche Kinder aus bildungsfernen Familien. Für sie ist ein Nacheinander bei der Einführung der Buchstaben oder eine zunächst reduzierte Buchstabentabelle günstiger.

- Ungeeignet ist die Methode des *Freien Schreibens* auch für Kinder mit noch unzureichenden Deutschkenntnissen[9] und für Kinder mit einer Sprachentwicklungsverzögerung oder -störung: Ihre inneren phonologischen Wortformen und ihre Aussprache der Wörter sind oft nicht exakt genug, um davon Schreibungen ableiten zu können. Ihnen helfen *geschriebene Wörter*, um die der Standardsprache angemessene lautliche Wortstruktur nachzuvollziehen und zu erlernen.
- Freies Schreiben *allein* führt nicht zu orthografisch korrekten Schreibungen, ebenso wenig wie das Lesen von Kinderbüchern. Die Rechtschreibung muss zusätzlich – und zumeist sehr bewusst – erlernt werden. Eine Reihe praxiserprobter Ansätze zeigt, wie freies Schreiben und der Erwerb der Rechtschreibung kombiniert werden können.
- Zusätzlich zu diesem kombinierten, integrativen Ansatz ist ein spezifischer Rechtschreibunterricht sinnvoll, der die Aufmerksamkeit ganz auf orthografische Strukturen und Regeln richtet.
- Übungsphasen sind ebenso wichtig. Das Üben von Wörtern ist dann am effektivsten, wenn es sich an lernpsychologischen Gesetzmäßigkeiten wie der Verteilung der Übungsdurchgänge orientiert und eine unmittelbare Ergebnis-Rückmeldung vorsieht, gleichzeitig aber auch die erkannten orthografischen Strukturen zur Lernerleichterung nutzt.

## 1.3 Zum Aufbau des Buches

Die obigen Aussagen werden in den folgenden Kapiteln erläutert und begründet. Kapitel 2 führt unter der Überschrift „Steckbrief zur deutschen Orthografie" in den Lerngegenstand ein. Kapitel 3 holt etwas weiter aus

9 Gemeint sind hier keineswegs alle mehrsprachigen Kinder oder allgemein Kinder mit Migrationshintergrund, sondern nur Kinder mit noch sehr geringen Deutschkenntnissen.

und gibt – auch in historischer Perspektive – einen Überblick über die Vielfalt der Methoden des Erstlese- und Schreibunterrichts. Von besonderem Interesse sind nicht nur die unterschiedlichen Vorgehensweisen im Anfangsunterricht, sondern auch deren Begründungen: Es wird deutlich werden, dass die meisten Methoden durchaus nachvollziehbare theoretische Grundlagen haben, aber unterschiedliche Dimensionen und Mosaiksteine des komplexen Lerngegenstands Schriftsprache und der kindlichen Entwicklung fokussieren.

Kapitel 4 thematisiert die vorschulische und frühe schulische Annäherung der Kinder an die Schrift, die – da noch wenig kanalisiert – Einblick in spontane Lernprozesse gewährt. Kapitel 5 befasst sich ausführlich mit dem Konzept *Lesen durch Schreiben* von *Jürgen Reichen* und der Kritik an dieser Methode; dabei wird deutlich werden, dass die Medien in der Regel nicht die „ganze Geschichte" erzählen. Richtig ist allerdings, dass *Reichen* der Orthografie weder im Anfangsunterricht noch darüber hinaus einen wichtigen Stellenwert zuweist. In Abgrenzung zum Ansatz von *Reichen* wird in Kapitel 6 im Rahmen des *Spracherfahrungsansatzes* über didaktische Wege berichtet, die das freie Schreiben und das orthografisch korrekte Schreiben integrieren.

Kapitel 7 stellt aktuelle *Fibellehrgänge* vor und ordnet sie bezüglich des Zeitpunkts und der Stringenz des geforderten frühen „Richtigschreibens" ein. Die Lehrwerke sind in dieser Frage keineswegs so einig, wie man vielleicht erwarten würde; die meisten enthalten neben anderen Lernangeboten auch Anlauttabellen und einige fordern explizit zum freien Schreiben auf. Die meisten Fibellehrgänge unterscheiden sich aber vom Spracherfahrungsansatz deutlich durch die schrittweise Einführung der Buchstaben und eine allmähliche Steigerung des Schwierigkeitsgrades der zu lesenden und zu schreibenden Wörter.

Kapitel 8 befasst sich mit alternativen Ansätzen zum „Rechtschreiben von Anfang an". Eindeutig positioniert sich hier der linguistische silbenanalytische Ansatz von *Christa Röber,* einer prononcierten Kritikerin des freien Schreibens im Anfangsunterricht. Interessant sind auch die didaktischen Vorschläge von *Marion Bergk,* die sehr konsequent frühes freies Schreiben mit Rechtschreiben verbindet.

Nun sollte man denken, dass die Frage: *„Wie lernen Kinder am besten rechtschreiben?"* eigentlich schon durch die Forschung beantwortet sein müsste. In der Tat haben neben der schon erwähnten „Bonner" Untersuchung eine Reihe von Studien nicht unerwartet gefunden, dass in den ersten Schuljahren diejenigen Kinder besser rechtschreiben, bei denen im Unterricht von Anfang an orthografisch korrektes Schreiben vermittelt und geübt wurde. Die kritische Frage ist jedoch die nach den Rechtschreibleistungen jenseits des Anfangsunterrichts. Gibt es dann noch methodenabhängige Unterschiede? Kapitel 9 berichtet über entsprechende Forschungsprojekte. Kapitel 10 fasst wichtige kognitions- und lernpsychologische Erkenntnisse zum Erwerb der Rechtschreibung noch einmal zusammen und diskutiert ihre didaktischen und schulorganisatorischen Implikationen. Das Fazit in Kapitel 11 kehrt zur Ausgangsfrage zurück.

Das Buch richtet sich an all diejenigen, die unmittelbar im Unterricht mit dem Lesen- und Schreibenlernen befasst sind oder es sein werden, also an Studierende des Lehramts, Referendare und ausgebildete Lehrkräfte, aber auch an Bildungspolitiker und Amtsträger in der Schulverwaltung – und ebenso an interessierte Eltern. Kapitel 2 ist vor allem für diejenigen Leserinnen und Leser gedacht, die sich bisher noch nicht intensiv mit der Schriftsprache befasst haben, und kann von den anderen übersprungen werden. In Kapitel 5 bis 9 werden dagegen selbst die „Experten" manche erstaunliche Entdeckung machen ...

**Begriffliches**

Das *lautbezogene* oder *lautorientierte* Schreiben mit einer Anlauttabelle ist in den Medien und in der Öffentlichkeit vor allem unter dem Begriff *„Schreiben nach Gehör"* bekannt. Dies ist jedoch kein Begriff aus der Didaktik und er verdeckt die wichtige Rolle, die die eigene *Artikulation* der Kinder beim Schreiben spielt (vgl. Kap. 4). Die Begriffe *lautbezogenes* oder *lautorientiertes* Schreiben sind deshalb vorzuziehen.
*Freies Schreiben* bezieht sich primär nicht auf den *Schreibprozess*, sondern auf die *Aufgabenstellung*[11]: Beim Verfassen eigener Texte dürfen die Kinder auch Wörter schreiben, deren korrekte Schreibweise sie noch nicht beherrschen. Diese Wörter können sie lautbezogen, aber auch unter Zuhilfenahme schon bekannter orthografischer Regeln *konstruieren* – oder im Wörterbuch nachschlagen.
In den Medien wird die Methode *Lesen durch Schreiben* von *Jürgen Reichen* oft als Prototyp des *„Schreibens nach Gehör"* vorgestellt. *Lesen durch Schreiben* (vgl. Kap. 5) ist jedoch nur *eine* Variante des Zugangs zur Schrift über das lautbezogene Schreiben und weicht in wichtigen Aspekten von Ansätzen im Rahmen des *Spracherfahrungsansatzes* ab (vgl. Kap. 6).

10 In der Aufsatzdidaktik wird der Begriff des freien Schreibens als Gegenpol zu „gebundenen" Aufsatzformen, wie der Schilderung oder der Erörterung usw., gebraucht.

# 2 Der Lerngegenstand: Steckbrief zur deutschen Orthografie

Die deutsche Schrift gehört zu den alphabetischen Schriften, d. h., es besteht eine Zuordnung zwischen der gesprochenen und der geschriebenen Sprache auf der Ebene sehr kleiner Einheiten, der Laute (genauer: Phoneme) und Buchstaben (Grapheme). Die Schreibungen sind jedoch nicht ausschließlich über den Lautbezug determiniert, vielmehr bestehen weiterhin Beziehungen zwischen den Buchstaben (Graphemen) und anderen Ebenen der Sprache.

Die Beschreibung einer Orthografie geschieht immer im Kontext linguistischer Theorien und ist deshalb im gewissen Sinn schon eine Interpretation. Zwischen den unterschiedlichen theoretischen Modellierungen der deutschen Orthografie besteht jedoch ein weitgehender Konsens im Hinblick auf zwei Annahmen: Die deutsche Orthografie ist systematischer, als man über lange Zeit annahm, und: Sie ist primär „leserorientiert", d.h. manche Prinzipien erleichtern das Lesen, erschweren jedoch das Schreiben. Die wichtigsten Prinzipien der deutschen Orthografie lassen sich wie folgt zusammenfassen:

- phonografisches Prinzip
- silbisches Prinzip
- morphologisches Prinzip
- syntaktisches Prinzip

Das *phonografische Prinzip* bezieht sich auf die schon eingangs erwähnte Wiedergabe kleiner lautlicher Einheiten in der Schrift, das *silbische* auf Regelhaftigkeiten in der Schreibung größerer Einheiten, der Silben, im Kontext ihrer Lautung. Das *morphologische* Prinzip wirkt dagegen teilweise unabhängig von der Lautung: Es verdeutlicht Wortverwandtschaften (z. B. <Hun*d*> und nicht – entsprechend der Aussprache – *<Hun*t*> wegen <Hun*d*e>) und grammatische Strukturen. Das *syntaktische* Prinzip ist auf der Satzebene wirksam: Es bestimmt die Großschreibung von Satzanfängen, die Großschreibung des Kerns von Nominalgruppen im Satz, die

Getrennt- und Zusammenschreibung wie z. B. in <zugutehalten> und die Zeichensetzung.

**Erläuterung der verwendeten Zeichen**
[a] *Laute* werden durch eckige Klammern gekennzeichnet.
/a/ *Phoneme* werden durch Schrägstriche gekennzeichnet.
[a:] /a:/ *der Doppelpunkt zeigt einen langen Vokal an.*
<a> *Grapheme* und *Buchstaben* werden durch spitze Klammern gekennzeichnet.
<Hund> geschriebene Wörter werden ebenfalls durch spitze Klammern gekennzeichnet.
*<hunt> fehlerhaft geschriebene Wörter werden zusätzlich durch einen Stern gekennzeichnet.
{Morpheme} werden in geschwungene Klammern gesetzt.
Für Laute und Phoneme wird im Text der Zeichensatz des Internationalen Phonetischen Alphabets (IPA Kiel) verwendet.

## 2.1 Das phonografische Prinzip

**Laute als „künstliche" sprachliche Einheiten**

Das Geniale an alphabetischen Schriften ist ihre geringe Anzahl an graphischen Zeichen. Mit – je nach Zählung – zweimal 26 bis 29 Zeichen, den Buchstaben[11], die mit den Lauten (d. h. eigentlich Phonemen, s. u.) korrespondieren, lässt sich eine ganze Sprache verschriften! Erkauft wird mit diesem System aber der schwierige Umgang mit der „künstlichen" Einheit *Laut*: Man kann Wörter in Silben gliedern, ohne dass die Silben sich dabei verändern. Dies gilt nicht für die weitere Gliederung der Silben in Laute: Weder akustisch noch artikulatorisch sind Silben *lineare Lautketten*; Laute sind innerhalb der Silben ineinander verwoben; bezogen auf die Artikulation sprechen wir von „Koartikulation". Werden Laute aus Silben herausgelöst, verändern sich vor allem die konsonantischen Laute. Auch wenn wir heute im didaktischen Kontext Buchstaben nicht mehr mit ihrem Namen – wie z. B. <K> – /ka:/ – benennen, sondern mit dem Laut, artikulieren wir letztlich eine Silbe: <K> – /kə/. Genau dieses Problem ist der Hauptgrund, warum Schulanfängern die *Lautanalyse* – das Heraushören einzelner Laute aus einem Wort beim Schreiben – und die *Lautsynthese*

11 „Zweimal" bezieht sich auf die Groß- und Kleinbuchstaben. Die unterschiedlichen Zahlen ergeben sich aus der Frage, ob die Umlaute <ä>, <ö>, <ü> und das ß in das Buchstabeninventar aufgenommen werden sollen.

– das „Zusammenschleifen“ der Laute beim Lesen – so schwer fallen und weshalb die Erstlesedidaktik über die Jahrhunderte immer wieder neue Wege gesucht hat.

### Laut und Phonem – Buchstabe und Graphem

Alltagssprachlich werden zur Beschreibung der Einheiten in einer alphabetischen Schrift die Begriffe Laut und Buchstabe verwendet. Für wissenschaftliche und didaktische Fragestellungen sollte präziser formuliert werden: Die deutsche Schrift ist keine Lautschrift: Die Schrift versucht nicht, ein Wort so zu kodieren, dass man es beim Lesen genauso rekonstruieren kann, wie die Schreiberin oder der Schreiber es aussprechen würden, z. B. mit einem gerollten [r] in <Roller> oder einem aspirierten [$k^h$] in <Keller>. Als Basis für solche Rekonstruktionen gibt es eigens *Lautschriften*, über die das Gesprochene transkribiert werden kann. Die relevanten Einheiten, die in alphabetischen Schriften wiedergegeben werden, sind nicht Laute, sondern *Phoneme*. Phoneme sind abstrakte Lautklassen, die Lautvarianten zusammenfassen. Man erkennt sie an ihrer Funktion, Wortbedeutungen zu unterscheiden. So bestimmt der Bedeutungsunterschied im Minimalpaar /dorf/ und /torf/ /d/ und /t/ als jeweils selbstständige Einheit im Phoneminventar der deutschen Sprache. Nicht bedeutungsunterscheidend sind die Lautvarianten, mit denen das initiale /r/ in <Roller> artikuliert werden kann; sie werden deshalb in der Schrift auch nicht unterschiedlich wiedergegeben.

> Da *Phoneme* und nicht *Laute* die relevanten Einheiten bei der Verschriftung sind, wird das „Schreiben nach Gehör“, das *lautbezogene* oder *lautorientierte* Schreiben, auch als *phonembezogenes, phonemorientiertes* oder *phonematisches* Schreiben bezeichnet.

Auf der Seite der Schrift entspricht dem Phonem das *Graphem* (vgl. Tabelle 2.1). Grapheme sind einzelne Buchstaben (z. B. <a>, <s>) oder Buchstabengruppen (z. B. <sch>, <ch>), die mit einem Phonem korrespondieren. *Thomé, Siekmann & Thomé* (2011) stellten bei einer Auszählung mit dem sehr großen Korpus von 100 000 Wörtern fest, dass im Deutschen fast immer eine Zuordnung von Phonemen zu Graphemen möglich ist. Wie Tabelle 2.1 zeigt, ist diese Beziehung aber nicht immer eindeutig: So wird das kurze /a/ zwar immer durch das Graphem <a> wiedergegeben, das lange /a:/

kann aber mit den Graphemen <a>, <ah> und <aa> korrespondieren wie in <Tal>, <sah> und <Haar>[12]! Allerdings ist *eine* Korrespondenz immer die eindeutig häufigste; *Thomé et al.* (2011) bezeichnen das entsprechende Graphem als *Basisgraphem* im Gegensatz zu den *Orthographemen*, die weitere Funktionen erfüllen: Das Anzeigen von Länge (<ah>, <eh> <oh> usw.) oder Kürze (<mm>, <nn> usw.) eines Vokals oder der Hinweis auf den Wortstamm (morphologisches Prinzip) z. B. bei <Bil*d*> trotz der Aussprache [bɪl*t*] wegen <Bil*d*er>, usw.

| Phonem | Basisgraphem | Häufigkeit | Orthographem | Häufigkeit | Beispielwort |
|---|---|---|---|---|---|
| /a/ | <a> | 100,00 % | | | hat |
| | | | | | |
| /a:/ | <a> | 90,90 % | | | Tal |
| | | | <ah> | 7,57 % | Fahne |
| | | | <aa> | 1,51 % | Haar |
| | | | | | |
| /n/ | <n> | 95,28 % | | | nicht |
| | | | <nn> | 4,72 % | kann |
| /p/ | <p> | 53,18 % | | | Platz |
| | | | <b> | 40,32 % | Korb |
| | | | <pp> | 6,50 % | Suppe |

Tabelle 2.1: Phonem-Grapheme des Deutschen (eigene Darstellung nach einer Tabelle in Thomé 2018, S. 55 – 59)

## 2.2 Das silbische Prinzip

In der Deutschdidaktik wird die Relevanz des silbischen Prinzips für die deutsche Schriftsprache unterschiedlich eingeschätzt: Während *Röber & Olfert* (2010) die deutsche Schrift als *alphabetische Silbenschrift* bezeichnen, sieht *Naumann* (2016) nur eine *silbische Überformung* der Schrift. Unstrittig ist, dass Silben wichtige Gliederungseinheiten im Lese- und Schreibprozess vor allem bei Anfängerinnen und Anfängern sind. Beim Erlesen muss der Schritt von der „unnatürlichen“ Einheit Laut bzw. dem Phonem zum

12 Da es die gebräuchlichen Bezeichnungen sind, spreche ich von *kurzen* und *langen* Vokalen; dabei darf nicht übersehen werden, dass – mit Ausnahme von [a] und [a:] – sich alle Vokalpaare auch in ihrer *Lautqualität* unterscheiden. Kinder, die die Zuordnung zu den Graphemen noch nicht kennen, nehmen diese lautlichen Unterschiede oftmals genauer wahr als Erwachsene.

„natürlichen“ Segment Silbe erfolgen, damit das Kind die Bedeutung eines Wortes erkennt. Beim Schreiben sprechen Schreibanfänger oft silbenweise mit. Auch bei Erwachsenen lässt sich während des Schreibprozesses eine Gliederung der Wörter in Silben beobachten (vgl. Will, Nottbusch & Weingarten 2006).

Unstrittig ist auch, dass Schreibsilben phonologische Informationen über das einzelne Graphem hinaus enthalten. Wie Tabelle 2.1 zeigt, kann ein einfacher Vokalbuchstabe wie <a> sowohl das kurz gesprochene [a] als auch das lange [a:] repräsentieren; das Graphem „verrät“ also die Länge des korrespondierenden Phonems nicht. Bei einer typischen deutschen Wortform wie dem zweisilbigen *Trochäus* (z. B. *Nase, Tante, Sonne, Mantel, reden)* ergibt sich die Länge des Vokals der ersten betonten Silbe aber aus dem *silbischen Kontext*: In *offenen* Silben – wenn dem Vokal innerhalb der betonten Silbe kein Konsonant folgt – wird er lang gesprochen: <Na-se> – [na:.sə]. Folgt auf den Vokal noch innerhalb der Silbe ein Konsonant, ist die Silbe also *geschlossen*, ist der Vokal kurz: <Tan.te> – [tan.tə]. Das Gleiche gilt, wenn auf den Vokal ein Doppelkonsonant folgt. Dass wir diese Strukturen als geübte Leser internalisiert haben, kann man beim Lesen von Pseudowörtern beobachten, also beim Lesen von Buchstabenfolgen, die wortähnlich sind, aber keine Bedeutung tragen: Beim Lesen der folgenden Pseudowörter, die der Struktur des Trochäus folgen, haben wir keine Zweifel bezüglich der Länge der Vokale (vgl. Tabelle 2.2):

| graphemisches Wort (hier: Pseudowort) | Silben | Regel zur Vokaldauer |
|---|---|---|
| brogen | bro-gen | erste Silbe offen, Vokal lang |
| bristen | bris-ten | erste Silbe geschlossen, Vokal kurz |

Tabelle 2.2: Abhängigkeit der Vokaldauer von der graphemischen Silbenstruktur

Die meisten Erwachsenen werden das Graphem <e> in den jeweils zweiten Silben als unbetonten Schwa-Laut [ə] lesen – auch hier zeigt sich die Anwendung eines bekannten Musters: Die zweite Silbe im Trochäus ist immer unbetont; typisch in dieser Position sind die Reduktionssilben <e>, <en>, <er>, <el>.

Silbische Strukturen sind auch in anderen Kontexten relevant; jedoch ist die Bezeichnung „Silbenschrift“ für das Deutsche zumindest missverständlich: In Silbenschriften wie dem japanischen *Hiragana* kommt jeder

Silbe ein eigenes Zeichen zu und zwischen manchen lautlich ähnlichen Silben wie /nu/ und /ni/ sind keine grafischen Ähnlichkeiten zu erkennen. Eine eigentliche Silbenschrift eignet sich auch nur für Sprachen mit relativ wenigen verschiedenen Sprechsilben. Im Deutschen mit mindestens 5 000 verschiedenen Silben wäre der Lernaufwand erheblich …

## 2.3 Das morphologische Prinzip

Das morphologische Prinzip wirkt auf der Bedeutungsebene: Morpheme sind die kleinsten *bedeutungstragenden Einheiten* der Sprache, wobei Bedeutung lexikalisch oder grammatisch definiert sein kann: In einem Wort wie <rennst> ist <renn> der lexikalische Stamm und <st> das Flexionsmorphem für die zweite Person Singular Präsens der Konjugation. Das morphologische Prinzip fordert die *Morphemkonstanz,* d. h. die Gleichschreibung gleicher oder nah verwandter Morpheme, wenn dies mit dem phonografischen Prinzip vereinbar ist. So klingt das oben angesprochene Flexionsmorphem <st> in Abhängigkeit vom vorangehenden lautlichen Kontext unterschiedlich, wird aber immer gleich verschriftet.

„Klassiker" beim Hinweis auf Wortverwandtschaften sind die schon erwähnte Negierung der Auslautverhärtung in der Schrift und die Einführung von Umlauten: Wir schreiben <Kin*d*> – und nicht entsprechend der Lautung *<Kin*t*> wegen <Kin*d*er> und <k*ä*lter> mit dem Umlaut <*ä*> wegen <k*a*lt>. Deutlich wird das morphemische Prinzip auch bei Komposita; beim Sprechen werden oft Laute verschliffen, die in der Schreibung erhalten bleiben: So schreiben wir <Handtasche>, sprechen [han.taʃə].

## 2.4 Das syntaktische Prinzip

Das syntaktische Prinzip wird auf der Satzebene wirksam: Es bestimmt die Großschreibung von Satzanfängen, die satzinterne Großschreibung, die Getrennt- und Zusammenschreibung und die Zeichensetzung. Die unterschiedliche Schreibung von /das/ – <das> und <dass> wird ebenfalls syntaktisch geregelt. Da die Großschreibung von Nominalgruppen im Satz in den ersten Klassen der Grundschule zumeist über die Wortart (Nomen) vermittelt wird und auch die Anforderungen an die Zeichensetzung noch nicht sehr hoch sind, werde ich das syntaktische Prinzip hier nicht weiter ausführen.

Es soll aber noch einmal darauf hingewiesen werden, dass das syntaktische Prinzip, ebenso wie das morphologische, das *Lesen* erleichtert. Die sichtbare Gliederung eines Textes in Sätze durch Punkte am Satzende, die Großschreibung der Satzanfänge sowie die weitere Untergliederung der Sätze durch Kommata geben Hinweise auf grammatische – und damit verbunden zumeist auch semantische – Strukturen und Einheiten.

## 2.5 Wie gut kann man „nach Gehör" schreiben?

Auch wenn dies oft in den Medien unterstellt wird, sind sich die Vertreterinnen und Vertreter des frühen phonemorientierten Schreibens bewusst, dass diese Schreibstrategie *allein* nicht zur Beherrschung der Orthografie führt. Trotzdem ist es interessant, zu schauen, wie weit dieses Prinzip trägt. Morphologisch und syntaktisch bedingte Schreibungen erfordern ein zusätzliches Wissen und bevor dieses erworben wurde, ist mit Abweichungen von korrekten Schreibungen zu rechnen. Hinzu kommt, dass phonembezogene Schreibungen nur dann einigermaßen korrekt sein können, wenn sie nicht von einer dialektalen Aussprache oder der Umgangssprache abgeleitet werden. Weniger fehlerträchtig ist die *Standardlautung*, aber auch die Standardlautung weicht von der Schriftsprache ab, z. B. durch die Schwa-Tilgung, vor /n/ wie in [blu:mn] (Blumen) oder bei Verben wie in [haltn] (halten) und die Vokalisierung des /r/ wie in [to:ɐ] (Tor). Näher an der Schriftform ist die *Explizitlautung*, die früher auch als Bühnensprache bezeichnet wurde (vgl. Eisenberg 2017). Allerdings orientiert sich diese an der Schrift (!), die die Kinder ja erst lernen und über die sie natürlich in den ersten Schuljahren noch nicht aus eigener Kraft verfügen!

Bedeutet all dies, dass phonemorientiertes Schreiben, das auch als *alphabetische Schreibstrategie* bezeichnet wird, in eine Sackgasse führt? Ganz sicher nicht, denn das phonografische Prinzip ist die Grundlage unserer Schrift. Phonembezogene Schreibungen bieten *Raster* oder *Schemata*, in die im weiteren Lernprozess sowohl dialektbedingte Korrekturen als auch strukturelle orthografische Elemente eingefügt werden können. Aber erst dann, wenn ein Kind – wie im folgenden Fallbeispiel – sehr große Probleme mit der alphabetischen Schreibstrategie hat, wird ihre Unverzichtbarkeit sichtbar.

## 2.6 Fallbeispiel Maria[13]

*Maria*, ein durchschnittlich intelligentes Mädchen, hatte große Schwierigkeiten mit dem Erwerb des Lesens und der Rechtschreibung, obwohl sie sich beim Lernen große Mühe gab. Ohne Zweifel traf auf sie die Diagnose „lese-rechtschreib-schwach" zu.

Zum Zeitpunkt der Beobachtung besuchte *Maria* das dritte Schuljahr. Sie kannte zu allen Phonemen die Basisgrapheme und konnte perfekt abschreiben. Die Schreibung einiger – zumeist häufiger – Wörter hatte sie auswendig gelernt; diese schrieb sie auch ohne Vorlage orthografisch korrekt. Kannte sie die Schreibweise eines Wortes nicht, konnte sie diese lautorientiert nur in Ansätzen konstruieren. Sie hatte große Probleme damit, Wörter in Laute bzw. Phoneme zu analysieren. Abbildung 2.1 zeigt einen Ausschnitt aus einer Nacherzählung zu einer Gespenster-Geschichte.

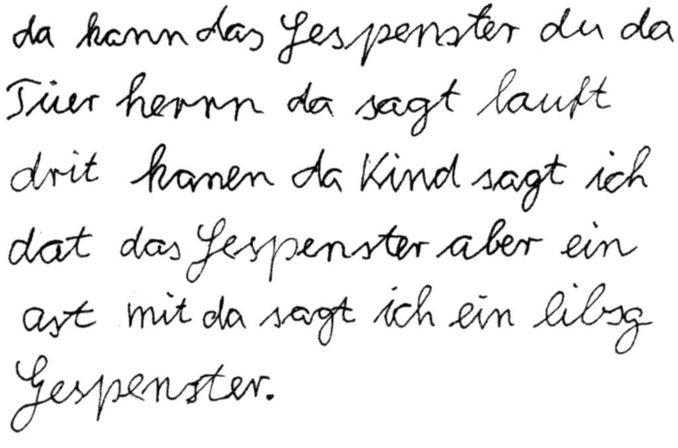

da kann das Gespenster du da
Tüer herrn da sagt lauft
drit kanen da Kind sagt ich
dat das Gespenster aber ein
ast mit da sagt ich ein libsg
Gespenster.

Abbildung 2.1: Ausschnitt aus einer Nacherzählung von *Maria*, Januar 3. Schuljahr. Das Wort <Gespenster> stand an der Tafel. Im Nachhinein konnte *Maria* ihren Text zwar nicht lesen, aber in etwa rekonstruieren, was sie schreiben wollte: *Da kam das Gespenst durch die Tür herein und sagte: „Lauft nicht fort." Das Kind sagte: „Ich dachte, Gespenster machen einem Angst." Da sagte das Gespenst: „Ich bin ein liebes Gespenst."*

Möglicherweise gibt das Transkript nicht genau die Wörter und deren Folge wieder, die *Maria* beim Schreiben im Sinn hatte. Trotzdem lassen sich

13 Name geändert, ausführliche Fallbeschreibung in Scheerer-Neumann (2016)

beim Vergleich von *Marias* Text mit dem Transkript Muster feststellen: Einige Wörter, die zu *Marias* Lernwortschatz gehörten, schrieb und verwendete sie völlig korrekt: <sagt>, <lauft>, <Kind>, <ich>, <ein>. Dann gibt es in Abbildung 2.1 korrekt geschriebene Wörter, bei denen es sich aber um *Wortersetzungen* zu phonologisch ähnlichen Wörtern handelt: <kann> anstelle von <kam>, <du> anstelle von <durch>, <da> anstelle von <die>. *Maria* griff hier auf ihren Lernwortschatz zurück; wegen ihrer phonemanalytischen Schwäche gelang dieser Zugriff jedoch nur ungenau. Neben Wortersetzungen finden sich im Text auch *phonembezogene Konstruktionsversuche,* z. B. *<ast> (Angst), *<libsg> (liebes Gespenst), *<dat> (dachte). Die Schreibungen *<Tüer> und *<herrn> (herein) könnten Kombinationen aus Lernwörtern und Konstruktionen sein. Bei <Gespenster> übernahm *Maria* immer den Plural, so wie das Wort an der Tafel stand, auch wenn sie es eigentlich für ihren Text in den Singular hätte setzen müssen. Offenbar hatte sie das Wort von der Tafel abgeschrieben, ohne es zu lesen. Trotz ihrer großen Schwierigkeiten war *Maria* sehr motiviert und übte vor Diktaten Wörter mithilfe eines Karteikastenverfahrens. Leider schrieb sie aber oft Wörter, die beim Üben schon mehrfach korrekt waren, im Diktat doch wieder fehlerhaft: So konnte z. B. aus <Tomate> *<Toamte> werden, <Blume> zu *<Bume> und <Briefmarke> zu *<Briefamrke>. Diese Fehler zeigen, wie schwierig es ist, eine alphabetische Schrift ohne – oder mit nur geringer – Unterstützung durch die Korrespondenz zwischen der phonologischen und der graphemischen Wortform zu erwerben.

Die zentrale Stellung des phonografischen Prinzips beim Schriftspracherwerb bedeutet nun aber nicht, dass das phonemorientierte Schreiben zunächst *ausschließlich* vermittelt und geübt werden müsste! Ebenso kann es von Anfang an mit vorgegebenen *Lernwörtern* verknüpft werden, und erste orthografische Strukturen lassen sich ebenso schon früh vermitteln. Das Spannungsverhältnis zwischen dem phonografischen Prinzip und den anderen Prinzipien unserer Schrift ist aus linguistischer wie auch aus didaktischer Sicht ein „Dauerbrenner" in der relevanten Fachliteratur und spiegelt sich auch in der Vielfalt der Ansätze im Anfangsunterricht. Kapitel 3 gibt in historischer Perspektive einen Überblick über die Lehrmethoden, auch mit ihren Annahmen zu den Prozessen beim Lesen- und Schreibenlernen; Kapitel 4 wird diesen Aspekt aus heutiger Sicht vertiefend diskutieren.

# 3 Die Vielfalt der Methoden im Erstlese- und Schreibunterricht und ihre Begründungen

Die Methoden des Erstlese- und Schreibunterrichts zeigen in historischer Perspektive und ebenso aktuell eine erstaunliche Vielfalt: Am Anfang des Lese- und Schreibunterrichts konnten und können einzelne Buchstaben und Laute stehen (synthetische Methoden), Silben (silbenanalytische Methoden), einzelne Wörter (Ganzwortmethoden und analytisch-synthetische Methoden) oder ganze Sätze (Ganzheitsmethode). Lesen und Schreiben können gleichzeitig beginnen oder zeitlich versetzt. Die Einführung in die Schrift erfolgt primär über deren Funktion oder über linguistische Strukturen. Begründet werden alle Verfahren mit den Eigenschaften unserer Schriftsprache, den kognitiven Lernvoraussetzungen von Erstklässlern und ausgewählten pädagogischen Zielen. Dass die Praxis trotzdem so unterschiedlich sein kann, liegt an der Komplexität sowohl unserer Schriftsprache als auch der kindlichen kognitiven Entwicklung und der Fokussierung – und gelegentlichen ideologischen Überhöhung – einzelner, zumeist durchaus richtiger Erkenntnisse.

## 3.1 Die Buchstabiermethode

Werfen wir einen Blick zurück: Sowohl im antiken Griechenland als auch durch Übernahme der griechischen Verfahren im „alten Rom" lernten Kinder und Erwachsene nach der *Buchstabiermethode* lesen. Am Anfang des Lesenlernens standen bei dieser Methode die *Namen der Buchstaben* (also a, be, ce, de). Der Lehrer sprach die Buchstabennamen zusammen mit Silben oder einsilbigen Wörtern vor, z. B. [a:] – [be:] – [ab]; von den Schülern wurde dies wiederholt und so geübt. In der nächsten Phase des Unterrichts waren mit dem gleichen Verfahren auch längere Wörter,

Sätze und Texte zu lesen[14]. Die Bezeichnung der Lerngruppen im alten Rom, die „abcedarii, syllabarii und nominarii" zeigt die strenge Stufung des Verfahrens (vgl. Asmuth 1996). Mit Latein als Schriftsprache für Kirche und Verwaltung wurde auch die Buchstabiermethode in den heute deutschsprachigen Raum importiert. Die Methode änderte sich auch nicht, als im Mittelalter deutsche Texte mithilfe des lateinischen Alphabets verschriftet wurden. Insgesamt konnte nur eine kleine Oberschicht lesen und schreiben. Bei *Hartmann von Aue* heißt es im Prolog zu *Der arme Heinrich* (etwa 1190):

> Ein ritter so geleret was
> daz er in den buochen las

Lesen zu können war also eher ungewöhnlich für einen Ritter! Der zunehmende Handel und die Notwendigkeit zur Buchführung auch im herstellenden Gewerbe beförderten im späteren Mittelalter die Alphabetisierung. Einen weiteren Anstieg gab es im 16. Jahrhundert als Folge der Erfindung des Buchdrucks mit beweglichen Lettern durch *Gutenberg*, die Gedrucktes erschwinglich machte – und ebenso durch die Reformation mit ihrer Aufforderung an jeden Menschen, selbst in der Bibel zu lesen. Leselehrmethoden und ihre Effizienz wurden damit zum Thema.

## 3.2 Lautieren und die synthetische Methode

Auch wenn mündliche Wortformen nicht als „Lautketten" aus unverbundenen Elementen aufgefasst werden dürfen und vor allem Plosive (Stoppkonsonanten) wie /t/, /k/ und /p/ isoliert gesprochen immer von einem Schwa-Laut begleitet sind ([tə], [kə] und [pə]), führen die *Lautwerte* der Buchstaben beim Lesen eher zum korrekten Wort als die *Buchstabennamen*. Man vergleiche: [bə r o: tə] und [be: ɛr o: te:] zu <Brot>. Ausgehend von dieser Erkenntnis entwickelte sich im 18. und 19. Jahrhundert die *synthetische Leselehrmethode*, die bereits von *Heinrich Stephanie* (1808) sehr systematisch ausgearbeitet wurde. Die tragenden Einheiten im Leseunter-

14 Wie die Kinder (und Erwachsene!) dabei das Lesen gelernt haben, muss offen bleiben: Möglicherweise haben sie die Aussprache der Silben auswendig gelernt, möglicherweise sind sie aber auch selbstständig – trotz der Buchstabennamen – zu den Lauten vorgedrungen. Das Lesenlernen beanspruchte offenbar viel Zeit und hatte auch keine geringe Versagerquote.

richt waren jetzt also die Lautwerte der Buchstaben und nicht mehr ihre Namen. Die Buchstabiermethode wurde im Jahr 1802 in Bayern verboten, 1872 in Preußen. Kontroversen um die optimale Methode im Erstleseunterricht sind also nicht neu.

Die synthetische Methode war bis in die frühen 70er-Jahre des 20. Jahrhunderts neben der Ganzheitsmethode an bundesdeutschen Schulen weit verbreitet. Die folgende Beschreibung orientiert sich an den Veröffentlichungen von *Otto Heuser* (1970, 1971), der nach dieser Methode auch selbst unterrichtete. Der Autor begründet die lautsynthetische Methode vor allem aus dem *Lerngegenstand* und einem allgemeinen *didaktischen Prinzip*:

> „Das lautsynthetische Lesenlernen geschieht in einem nach sachlogischen Gesichtspunkten systematisch aufgebauten Lehrgang, der ständig vom Leichteren zum Schwereren fortschreitet ..." (Heuser 1971, S. 147)

Für Heuser war klar, dass eine der „Hauptaufgaben" beim Erwerb einer alphabetischen Schrift die „gedächtnismäßige Aneignung der lautlichen und schriftlichen Formen der alphabetischen Schriftzeichen" sein muss (Heuser 1970, S. 29). Die beiden anderen Hauptaufgaben waren

> „die Bewältigung der Lautverschmelzung und die Erfassung der Lautvariationen im Buchstabenverband des geschriebenen Wortes und der sprachlichen Melodik in Sätzen und zusammenhängenden Lesetexten." (a. a. O. S. 29/30)

Die Einführung der Buchstaben (Grapheme) und der korrespondierenden „Normallaute"[15] erfolgt bei *Heuser* ohne Umweg über *Sinnlaute* (z. B. Interjektion *mmm* – das schmeckt – zum Buchstaben M, m) oder *Naturlaute* (iii – der Hahn kräht kikeriki) direkt. Der Autor nahm an, dass die Schulanfänger der 2. Hälfte des 20. Jahrhunderts schon bei Schulbeginn über das verfügten, was wir heute als *Buchstabenkonzept* bezeichnen: eine prinzipielle Vorstellung davon, dass Buchstaben und die entsprechenden Laute eine Funktion beim Lesen und Schreiben haben.

Der „Knackpunkt" bei den synthetischen Leselernverfahren ist die von Heuser genannte 2. Hauptaufgabe: die sogenannte *Lautverschmelzung*, durch die beim Lesen aus einer Buchstabenfolge zunächst Silben und

15 Unter „Normallaut" wird der Laut verstanden, den wir zu einem isolierten Graphem üblicherweise angeben.

dann Wörter entstehen sollen. Wie schon in Kapitel 2 erläutert, sind die Laute der gesprochenen Sprache nicht wie Perlen auf einer Schnur aufgereiht, *sondern überlagern sich innerhalb der Silben.* Die Synthese beim Lesen ist deshalb auch keine einfache Addition der Laute; sie muss vielmehr als produktiver Akt verstanden werden, in dem Neues entsteht.

Die erste Syntheseaufgabe der Kinder bestand darin, Laute zu *Silben* zu synthetisieren, beginnend mit einfachen Bigrammen wie <mi>, <ma>, <mo>. Die Wahl von Silben macht Sinn, da diese die kleinsten Einheiten der gesprochenen Sprache sind und auf der Silbenebene eine relativ konstante Buchstaben-Laut-Beziehung besteht. Auch beim späteren Lesen von Wörtern wurden diese zunächst in Silben gegliedert vorgegeben. Auf Abbildung 3.1 aus der Fibel *Die goldene Brücke* von 1975 sieht man, dass zusätzlich kurze Vokale und unbetonte Endungen wie <en> und <er> zur Leseerleichterung markiert wurden.

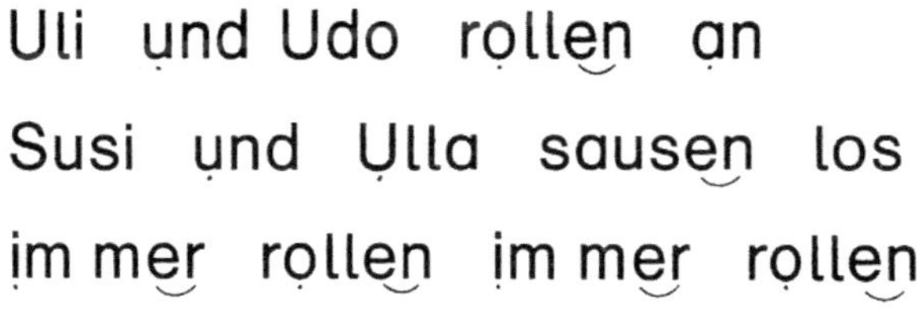

Uli und Udo rollen an

Susi und Ulla sausen los

im mer rollen im mer rollen

Abb. 3.1: Silbengliederung, Kennzeichnung kurzer Vokale durch einen Punkt und Markierung der Reduktionssilben <en> und <er> aus: Behrendt, M. (1975): *Die goldene Brücke.* Eine Lese- und Arbeitsfibel auf synthetischer Grundlage. Hannover/Dortmund/Darmstadt/Berlin: Schroedel, S. 19

Die Progression vom „Leichten zum Schweren“ wurde in der synthetischen Methode durch zwei Faktoren realisiert: durch die Reihenfolge der eingeführten Buchstaben (Grapheme) bzw. der korrespondierenden Laute und durch die Struktur der zu lesenden Wörter. Bezogen auf die Laute sind sogenannte *Dauerlaute*, die *einer festen Stellung der Artikulationsorgane* entsprechen, wie [l], [m], [n] und [s], leichter mit einem nachfolgenden Vokal zu synthetisieren als Laute, die einer *Artikulationsbewegung* entsprechen, wie [p], [t], [g]. Bei der Auswahl der Wörter wurden zunächst ein- und zweisilbige gewählt; auf Wörter mit Konsonantenhäufungen wurde zu Beginn weitgehend verzichtet, da hier die Synthese besonders schwierig ist (z. B. *Glas, Kranz*). Diese Aspekte werden auch heute noch in vielen Fibeln, beim Verfassen von Texten für Leseanfängerinnen und -anfänger (vgl. Scheerer-Neumann, Kretschmann & Scheerer 2009) sowie in der Förderung leseschwacher Kinder (vgl. Dummer-Smoch & Hackethal 1984/2022) berücksichtigt.

Das *Schreibenlernen* erfolgte bei der lautsynthetischen Methode zwar prinzipiell parallel zum Lesenlernen, bestand zunächst jedoch nur im *Abschreiben*, später im Schreiben auswendig gelernter Wörter. Im Unterricht schrieb die Lehrerin Wörter und Texte buchstabenweise und mit Silbengliederung an die Tafel. Die Kinder sollten das Schreiben verfolgen und mitlautieren; so erlebten sie lautierendes Schreiben am Modell. Schreibenlernen war in hohem Maße graphomotorisches Lernen und wurde auch als „Schönschreiben" geübt.

Die *Kritik* an der synthetischen Methode bezog sich vor allem auf zwei Beobachtungen: Ein Teil der Kinder hatte große Probleme bei der Lautsynthese und musste das erste Schuljahr wiederholen; andere konnten altersangemessene Texte zwar flüssig, aber ohne Ausdruck vorlesen („Leiern", „Silbenbellen"). Die Wörter wurden von den Kindern häufig nur in Annäherung an die korrekte phonologische Wortform ausgesprochen, in einer „Pseudowortform" (Kern & Kern 1937), die man – bezogen auf den zeitlichen Verlauf des Leseprozesses – auch als „Wortvorform" bezeichnen kann (vgl. Scheerer-Neumann 1996). So wurde ein Wort wie <Mutter> zunächst [’mu:’te:r] gesprochen und erst dann zu [mʊtɐ] korrigiert. Auch bei der heute verbreiteten analytisch-synthetischen Leselehrmethode (s. u.) kann man solche Wortvorformen beobachten. Ob ein Kind schon der Wortvorform einen Sinn entnimmt oder erst der lexikalisch angemessenen phonologischen Form, muss man im Einzelfall prüfen. Auf jeden Fall ist in einer alphabetischen Schrift ein Erlesen *ohne* semantischen Bezug prinzipiell möglich.

## 3.3 Die Ganzheitsmethode

Während also beim Leseanfänger, der nach der synthetischen Methode unterrichtet wurde, der Prozess beim Lesen eines Wortes von der Lautsynthese über die Wortvorform zu einer dem Kind bekannten phonologischen Wortform und mit dieser zum Leseverständnis voranschritt, erhielt bei der *Ganzheitsmethode* die *Sinnentnahme* Priorität. Der Leseunterricht begann damit, dass ein ganzes Wort oder ein ganzer Satz den Kindern vorgelesen und von ihnen nachgesprochen wurde; einzelne Wörter wurden häufig wiederholt und sollten von den Kindern dann auch in einem anderen Kontext wiedererkannt werden. Dies geschah ohne Einführung in die entsprechenden Graphem-Phonem-Korrespondenzen. Frühe Ganzheitsmethodiker wie *Friedrich Gedike* (1754 – 1803) begründeten die Methode aus einer angenommenen Parallelität zwischen Phylogenese und Ontogenese: So wie sich die Schrift menschheitsgeschichtlich von Bilderschriften zu einer alphabetischen Schrift entwickelte, so sollten auch die Kinder Schrift zuerst als Bilderschrift wahrnehmen und erst später in die Funktion und Bedeutung der Buchstaben eingeführt werden.

Im deutschen Sprachraum gab es weitere Protagonisten für einen ganzheitlichen Leseunterricht und in den USA war die *whole word method* („look and say") seit 1925 sehr populär. Im Folgenden werde ich mich an den Ausführungen der Brüder *Kern* (Kern & Kern 1937) orientieren, die den größten Anteil an der Entwicklung und Verbreitung der Ganzheitsmethode in Deutschland hatten[16]. Ihre Methode basierte sowohl auf eigenen Erfahrungen in der Schulpraxis als auch auf Aussagen der genetischen Ganzheitspsychologie. Die Ganzheitsmethode sah sich deshalb auch als *entwicklungsgetreue* Methode. Der Psychologe der Leipziger Schule *Hans Volkelt* würdigte entsprechend bei der Ganzheitsmethode

> „[...] die Achtung vor dem das kindliche Seelenleben beherrschenden ***Primat der kindeswesentlichen Erlebnisganzen***. Diese Ganzen sind aber bis weit ins Schulalter hinein verhältnismäßig ***primitive*** Ganze, von der genetischen Ganzheitspsychologie kurz ‚Primitiv-Ganze' genannt." (Volkelt 1954/55, S. 6)

Beim Lesenlernen nach der Ganzheitsmethode von Kern & Kern wurden die Kinder von Anfang an mit ganzen Sätzen konfrontiert (vgl. Abb. 3.2). Sie sollten die Sätze und Wörter zunächst ohne Buchstabenkenntnis als *ungegliederte Ganze* erfassen und benennen; dieses „Lesen" wurde deshalb als *voranalytisch* oder *naiv-ganzheitlich* bezeichnet. Der Satzkontext und Illustrationen waren zu nutzen, um Wörter zu *antizipieren*. Nach frühestens 7 Wochen im ersten Schuljahr, in denen 50 bis 70 *Wortbilder* naiv-ganzheitlich gelernt wurden, begann dann die *Analyse*, zunächst nur *visuell*: In vorgegebenen Wörtern sollten die Kinder die identischen Teile (Silben, Buch-

16 Die Ganzheitsmethode bei Kern & Kern war eine Ganzsatzmethode; daneben gab es auch Ganzwortmethoden.

Abb. 3.2: Ausschnitt aus einem frühen Lesetext (S. 6) aus: Kern, Ingomar M. J. / Kern, Artur S. W., *Wir lernen lesen* © 1970 Verlag Herder GmbH, Freiburg i. Br.

stabengruppen, Buchstaben) entdecken. Erst zu einem späteren Zeitpunkt ging es um das *Heraushören* gleicher Silben und Laute und noch später wurde ein Zusammenhang zwischen der geschriebenen und der gesprochenen Sprache hergestellt. Das Schreiben folgte zeitlich versetzt und bestand zunächst nur im Abschreiben und in schreibmotorischen Übungen; allerdings erhielten die Kinder Wortkärtchen, mit denen sie selbstständig Sätze legen konnten. Später sollten die Wörter als „Schriftbilder" auch rechtschriftlich gelernt werden (vgl. z. B. Kern 1973).

Nach ersten Erfahrungen in den 1920er- und frühen 1930er-Jahren wurde in Deutschland die weitere Verbreitung der Ganzheitsmethode 1936 in einem Beschluss des Reichserziehungsministeriums verboten, ohne dass sich die Begründung heute ausreichend rekonstruieren ließe. Ab etwa 1950 war sie dagegen wieder eine von den Schulbehörden akzeptierte Alternative zur synthetischen Methode, wobei die meisten Bundesländer der BRD den Lehrenden Methodenfreiheit gewährten (zur Situation in der DDR s. u.). Kritik an der Methode kam von Eltern sowie von „Synthese-Didaktikern". Vor allem Eltern, die bei ihren älteren Kindern ein frühes selbstständiges Lesen im synthetischen Leseunterricht beobachtet hatten, waren von der Ganzwortmethode nicht zu überzeugen. Der SPIEGEL 26/1953[17] berichtete über eine Familie auf Norderney, die sogar eine Klage gegen ihre Schule einreichen wollte.

17 Abgerufen unter http://www.spiegel.de/spiegel/print/d-25656569.html am 22.4.2018

Zwischen den Fachvertretern der synthetischen Methode und der Ganzheitsmethode war der Streit sehr heftig und steht dem heutigen um das *„Schreiben nach Gehör"* in nichts nach. In der Diskussion findet man Formulierungen wie „grandiose Fehlspekulation der Schulpolitik", „Schreckgespenst Ganzheitsmethode" oder gar: „Conterganfall Ganzheitsmethode[18]".

## 3.4 Forschung zum Methodenstreit

Bei Kontroversen in didaktischen Fragen liegt es nahe, den jeweiligen Lernerfolg empirisch zu überprüfen. Drei Studien sind besonders erwähnenswert: die von *Schmalohr* (1961), *H. Müller* (1964) und *Ferdinand* (1970). Dass synthetisch unterrichtete Kinder schon früher selbstständig und genauer lesen können als ganzheitlich unterrichtete Kinder, ist der Methode inhärent und wurde von *H. Müller* am Ende des 1. und des 2. Schuljahrs bestätigt (von Ferdinand allerdings nur für das 1. Schuljahr). Die spannende Frage war, ob sich Methodeneffekte auch jenseits des Anfangsunterrichts zeigen würden. Das Überraschende: Im 4. und 5. Schuljahr fanden alle Wissenschaftler in ihren Studien weitgehend ähnliche Leistungen der Kinder, unabhängig von der Leselernmethode!

Es gab auch differenzielle Befunde, die allerdings nicht immer übereinstimmten. Nach den Daten von *H. Müller* erreichten weniger intelligente Kinder bessere Rechtschreibleistungen bei der synthetischen Methode, ein Ergebnis, das *Ferdinand* nicht bestätigen konnte. Im Gegenteil wirkte sich in seinen Daten die Ganzheitsmethode positiv auf die Rechtschreibleistungen der unterdurchschnittlich Intelligenten aus. In der Studie von *Schmalohr* ergaben sich tendenziell bessere Rechtschreibleistungen bei der synthetischen Methode. *Ferdinand* fand weiterhin einen leichten Vorteil der ganzheitlich Unterrichteten bei der Aufsatzgestaltung.

Studien im pädagogischen Feld sind methodisch nicht unproblematisch und so gab es von *Heller* (1967) Kritik an der Zusammensetzung der Stichproben bei *Schmalohr* und *H. Müller*, die die ganzheitlich unterrichteten Kinder benachteiligt hätten. Diese Kritik mag teilweise berechtigt sein,

18 https://www.zeit.de/1966/20/doch-besser-lesen-lernen-nach-ganzheits-methode

wird aber kaum die allgemeinen Aussagen über vergleichbare Leistungen jenseits der Grundschule erschüttern, die auch von Studien in Österreich (Holzinger 1964) gestützt wird. Wenn sich also die Erwartung der Ganzheitsmethodiker, über die *erfolgreichere Methode* zu verfügen, nicht erfüllt hat, wurden auch die Kritiker des Verfahrens nicht bestätigt.

Untersuchungen zu Wahrnehmungsleistungen bei Vorschulkindern stellten dagegen die Annahme *Kerns* infrage, Schulanfänger seien erst mit „zunehmender Reife" dazu in der Lage, visuell Teile aus einem Ganzen auszugliedern. Wie *Kern* 1977 selbst einräumt, haben diese Wahrnehmungsexperimente gezeigt, dass auch schon Vorschulkinder sehr wohl Details differenziert wahrnehmen können (Kleinhans 1966). Ein Worterkennen wie das beschriebene naiv-ganzheitliche kann man allerdings durchaus beobachten: Viele Vorschulkinder können ihren Namen und vielleicht auch MAMA, PAPA, OMA und OPA erkennen, auch wenn sie noch nicht lautbezogen lesen können. Allerdings wissen wir heute, dass die Kinder bei diesem – in Anlehnung an das Worterkennen in primär logographischen Schriften wie dem Chinesischen als „logographisches Lesen" bezeichneten Lesen – die Wörter zumeist nicht an ihrer Gesamtform, ihrer „Gestalt" wiedererkennen, sondern an einzelnen Buchstaben oder besonderen Merkmalen (vgl. Scheerer-Neumann 1987).

Die Ganzheitlichkeit in der Wahrnehmung der Kinder gilt nach *Kern* nicht nur für die visuelle Wahrnehmung, sondern auch für die auditive, und hier bestätigt ihn die heutige Forschung: Es fällt Vorschulkindern schwer, einzelne Laute aus vorgesprochenen Wörtern herauszuhören. Dies hat aber vor allem damit zu tun, dass Laute wegen der schon erwähnten Koartikulation nicht als „Teile" unmittelbar wahrnehmbar sind, sondern eine Analyse erfordern.

Die in den empirischen Studien gefundene vergleichbare Effektivität der synthetischen Methode und der Ganzheitsmethode am Ende der Grundschulzeit ist nicht überraschend. Beide Methoden vermitteln Prozesse der Synthese und der Analyse, allerdings nicht in der gleichen Reihenfolge – und eingebettet in verschiedene Theorien! Ob es die Ergebnisse der erwähnten Studien waren, ein Generationenwechsel in der Lehrerschaft oder der Einfluss der kognitiven Psychologie und der Psycholinguistik – auf jeden Fall ist seit der zweiten Hälfte der 1970er-Jahre eine Abkehr von den konsequent synthetischen oder ganzheitlichen Fibeln zu beobachten und eine Tendenz zur Methodenintegration.

## 3.5 Methodenintegration

Methodenintegrierende Verfahren enthalten sowohl Elemente der ganzheitlichen als auch der synthetischen Methode. In *Die Fibel* von *Menzel, Baurmann & Schuberg* (1986) führen Illustrationen in eine Situation ein. Dann liest die Lehrerin – wie bei der Ganzheitsmethode – einen Satz vor; einige Wörter sollen von den Kindern naiv-ganzheitlich gelesen und gelernt werden; andere Wörter sind „Analysewörter", zu denen die Graphem-Phonem-Korrespondenzen eingeführt werden. Die Synthese (und Lautanalyse) wird an diesen Wörtern demonstriert und von den Kindern nachvollzogen.

Durch die Einfügung von Ganzwörtern sind schon früh sinnvolle Sätze möglich; gleichzeitig werden die Kinder von Anfang an in die Funktion von Buchstaben und die Operationen der Synthese und Analyse eingeführt. So sollen z. B. in dem Satz: „auf dem Foto ist Fine" <Fine> und <Foto> erlesen, die Wörter <auf> <dem> und <ist> jedoch ganzheitlich wiedererkannt werden. Ganzwörter, die als „Schema" gespeichert werden sollen, sind oft kurze Funktionswörter.

Als Begründung für die Einführung von Ganzwörtern weist *Menzel* (1990) darauf hin, dass auch Erwachsene über Wortschemata verfügen, also Wörter „direkt" ohne Synthese erkennen können. Dieses Argument ist uns schon bei *Volkelt* (1954/55) im Zusammenhang mit der Ganzheitsmethode begegnet und in der Tat nimmt die derzeitige Leseforschung an, dass es beim Wortlesen „zwei Wege" gibt, einen eher kleinschrittigen, der die Graphem-Phonem-Korrespondenzen nutzt, und einen wortbezogenen, der auf größeren Einheiten basiert (vgl. Scheerer-Neumann 1996, 2018); allerdings ist keine Kontinuität zwischen dem naiv-ganzheitlichen Lesen des Kindes und dem wort- oder morphembezogenen Lesen des geübten Lesers anzunehmen (vgl. Kap. 4).

## 3.6 Die analytisch-synthetische Methode

Die analytisch-synthetische Methode wird manchmal zu den methodenintegrierenden Verfahren gerechnet, hat jedoch eine eigenständige Tradition mit Vorläufern im frühen 19. Jahrhundert (Jacotot 1818/1833). Aus dem deutschsprachigen Raum ist vor allem *Hollkamm* (1898) zu nennen. Bei dem – von ihm schon so genannten – analytisch-synthetischen Verfahren wurden Wörter zunächst in einem inhaltlich bedeutsamen Kontext eingeführt, z.B. im Rahmen eines Märchens, das erzählt oder vorgelesen wurde. Danach ließ die Lehrkraft die Kinder einzelne, nach Schwierigkeitsgrad ausgewählte Wörter nachsprechen, lautlich analysieren, schreiben und wieder lesen. Noch unbekannte Phonem-Graphem-Korrespondenzen wurden eingeführt. Die analytisch-synthetische Methode wird den *Schreiblesemethoden* zugerechnet. Während sowohl die synthetische Lautiermethode als auch die Ganzwortmethode das Schreiben im Vergleich zum Lesen zeitlich verschieben, fordert die analytisch-synthetische Methode einen synchronen Beginn.

In der DDR wurden die Leseanfänger seit Anfang der 1970er-Jahre nach der analytisch-synthetischen Methode unterrichtet. Sehr prägnant wird die Methode in den Unterrichtshilfen Klasse 1 Deutsch von 1977 beschrieben:

> „Das Wesen der analytisch-synthetischen Methode besteht darin, dass die Kinder von Anfang an Wörter erlesen lernen und zugleich mit deren Elementen, den Buchstaben und Lauten, vertraut gemacht werden. Sie werden dazu befähigt, die Wörter in ihre optischen und akustischen Elemente aufzugliedern (Analyse) und mit diesen Elementen zu operieren (Synthese)." (Dathe 1977, S. 16)

In der Mitte der 1980er-Jahre wurde in der DDR-Fibel *Unsere Fibel* das konsequente analytisch-synthetische Prinzip durchbrochen: Auf den ersten Seiten der Fibel wurden als Ganzwörter <ist>, <sind> und <und> eingeführt; dies geschah, um möglichst bald syntaktisch korrekte Sätze bilden zu können: „Mama ist am (Bild: Telefon)" anstelle von „Mama am (Bild: Telefon)".

Die Schwierigkeit, mit zunächst nur wenigen Graphem-Phonem-Korrespondenzen sprachlich akzeptable Sätze zu formulieren, ist allen synthetischen und analytisch-synthetischen Leselehrgängen inhärent. In der *Bunten Fibel* (1976), einer der ersten konsequent analytisch-synthetischen Fibeln im Westen Deutschlands, wurde als ein frühes „Schlüsselwort" <ruft> gewählt; aus den analysierten Buchstaben und Lauten war immerhin gleich der Satz „Fu (Handpuppe) ruft Uta" zu lesen, mit Buchstabenkärtchen zu legen oder zu schreiben. Die bald folgende Einführung von <O, o> und <L, l> erweiterte den möglichen Fibelwortschatz. Trotzdem bleibt das Problem, dass bei allen bisher beschriebenen Lehrgängen (einschließlich der Ganzheitsmethode, bei der die Lehrerin nicht zu viele neue

Wörter auf einmal einführen darf) eine Diskrepanz zwischen Wortschatz und Sprachvermögen eines Schulanfängers und dem sprachlichen Niveau in den Lese- und Schreibaufgaben des Lehrgangs besteht.

## 3.7 Die Öffnung des Erstlese- und Schreibunterrichts: Der *Spracherfahrungsansatz* und *Lesen durch Schreiben*

Mit Variationen in der konkreten Realisierung hat sich die analytisch-synthetische Methode weitgehend durchgesetzt. Auffallende Veränderungen gab es seit den 1980er-Jahren weniger im *methodischen* als im *schulpädagogischen Ansatz*: Das Zauberwort hieß *Öffnung des Unterrichts*, mit dem Ziel, den Kindern ein aktives, interessengeleitetes und an das individuelle Lerntempo angepasstes Lernen zu ermöglichen. Offener Unterricht ist allerdings kein einheitliches didaktisches Konzept, sondern hat verschiedene Facetten, die im konkreten Unterricht in unterschiedlichem Maße realisiert werden.

Im Bereich des Lesen- und Schreibenlernens am bekanntesten ist der entwicklungsorientierte *Spracherfahrungsansatz*, wie ihn z. B. Hans Brügelmann (1983) beschreibt (vgl. Kap. 6). Im Rahmen dieses Unterrichts sollen die Kinder von Anfang an das aufschreiben und lesen dürfen, was sie bewegt und woran sie Interesse haben. Auf eine Einführung in die Grundlagen der Schrift wird trotzdem nicht verzichtet.

Das Vorgehen ist differenziert bis individualisiert und umgeht damit das Problem der klassischen Fibellehrgänge: Für Kinder, die schnell voranschreiten, vielleicht schon mit Vorkenntnissen in die Schule kommen, sind viele Fibelsätzchen einfach zu wenig herausfordernd; umgekehrt können langsam Lernende schon nach einigen Wochen im ersten Schuljahr in Rückstand geraten. Wenn sie laut vor der Klasse vorlesen müssen, kann das langfristig ihre Lesemotivation beeinträchtigen und allgemein eine negative Einstellung zur Schule bedingen. Heutige Fibellehrgänge bieten nun durchaus Materialien zur inneren Differenzierung, aber letztlich müssen doch gemeinsame Ziele erreicht werden.

Die Öffnung des Unterrichts sollte die Bedingungen für eine echte Individualisierung schaffen, nicht nur kognitiv, sondern auch interessenbezogen: Schreiben als Schreiben eigener Wörter und Ideen, wobei auch die Funktion der Schrift als Mittel der Kommunikation (Briefe, Wunschzettel usw.) erfahren werden sollte. In einem solchen Kontext wählen die Kinder natürlich nicht nur „leichte" Wörter – und so ist es unvermeidlich, dass sie anfänglich viele orthografische Fehler machen. Konkrete Vorschläge, wie man freies Schreiben und Lesen mit dem Erwerb der Rechtschreibung und dem Einblick in die Strukturen der Schriftsprache verbinden kann (z. B. Brinkmann 2009, Leßmann 2007) werden in Kapitel 6 vorgestellt und diskutiert.

Weniger transparent in dieser Hinsicht ist der Ansatz *Lesen durch Schreiben* von *Jürgen Reichen* (1982, 2006), der in Deutschland oft als Prototyp des „freien Schreibens von Anfang an" gilt. Richtig ist, dass *Reichen* die Kinder sehr konsequent über das selbstständige, lautbezogene Schreiben mithilfe einer Anlauttabelle in die Schrift einführt. Seine didaktischen Aussagen zum Erwerb der Rechtschreibung bleiben aber oft unklar und sind manchmal auch widersprüchlich (vgl. Kapitel 5). Dies ist natürlich gerade in der derzeitigen Situation problematisch, in der das freie Schreiben so sehr in der Kritik steht.

## 3.8 Silben als Gliederungshilfe und der silbenanalytische Ansatz

Im Gegensatz zu synthetischen Fibeln machten die analytisch-synthetischen Fibeln der 1980er- und 1990er-Jahre nur noch sehr spärlich Gebrauch von der Silbengliederung als Lesehilfe. Im Bereich der Lese- und Rechtschreibförderung war und ist die Silbe dagegen eine wichtige Verarbeitungseinheit zwischen der Buchstaben- und Wortebene (Dummer-Smoch & Hackethal 1984, 2022; Reuter-Liehr 1992, 2006; Scheerer-Neumann 1977, 1981; Ritter & Scheerer-Neumann 2009). Interessanterweise hat inzwischen eine „Renaissance" der Silbe auch in regulären Schulbüchern stattgefunden und neben einer reinen Silbenfibel (z. B. ABC der Tiere) geben auch andere Fibeln die Wörter in ihren Lesetexten in Silbengliederung vor (vgl. Kap. 7).

Über die Gliederungsfunktion der Silbe hinaus lernen die Kinder beim *silbenanalytischen* Ansatz von *Röber* (2009, 2015), den Schreibsilben unmittelbar phonologische Informationen zu entnehmen, z. B. über die Länge des Vokals (vgl. Kap. 2). Ein Kind, das weiß, dass der Vokal in einer geschlossenen Silbe (z. B. <Fal> in *Falke)* in der Regel kurz gesprochen wird und ein <e> in der Endsilbe als unbetonter Schwa-Laut, wird schnell zur Wortbedeutung kommen, schneller als ein Kind, das über den Versuch [fa:lke:] nach einem sinnvollen Wort sucht (vgl. Kapitel 8).

## 3.9 Begründungen der verschiedenen Methoden im Erstlese- und Schreibunterricht

Die Unterschiede in den Methoden des Erstlese- und Erstschreibunterrichts sind bemerkenswert – selbst ohne Berücksichtigung der verschiedenen Ausgangsschriften, die diese Vielfalt noch erhöhen. Schließlich geht es immer um den gleichen Lerngegenstand und um Kinder, die zwar im Laufe der Zeit mit unterschiedlichen Vorerfahrungen in die Schule kamen und kommen – deren kognitives System sich über die letzten Jahrhunderte aber nicht sehr verändert haben dürfte. Die Heterogenität der Methoden ergibt sich aus unterschiedlichen theoretischen Vorannahmen und der Fokussierung jeweils ausgewählter Aspekte im komplexen Zusammenspiel zwischen Lerngegenstand, Schulpädagogik und kindlichem Lernen. Anhand von Abbildung 3.3 versuche ich eine Systematisierung der Begründungen der verschiedenen Methoden des Erstlese- und Schreibunterrichts, historisch beginnend mit der synthetischen Methode.

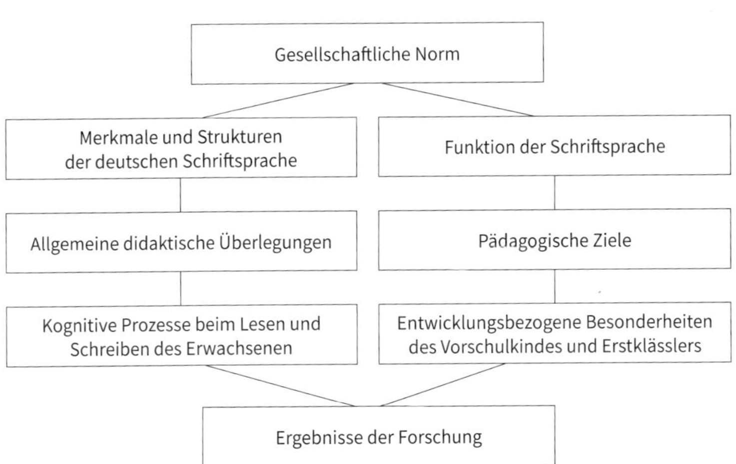


Abb. 3.3: Systematisierung der Argumente zu verschiedenen Ansätzen im Erstlese- und Schreibunterricht

Die *synthetische Methode* wurde vorrangig über die Struktur der deutschen Schrift als *Alphabetschrift* und dem *didaktischen Prinzip vom Einfachen zum Schweren* begründet. Lernpsychologisch galt vor allem ein Prinzip: das der

Wiederholung. Die *Ganzheitsmethode* nach *Kern & Kern* bezog sich dagegen primär nicht auf die *Struktur,* sondern auf die *Funktion* der Schrift: Lesen als *Sinnentnahme* aus einem Text sollte deshalb im Fokus des Lernziels und des Lernprozesses stehen. Mit dem Ausgang vom Ganzen und der – auch individuell anzupassenden – allmählichen Analyse verstand sich die Ganzheitsmethode zudem als *entwicklungsorientiert,* auch wenn wir heute die apodiktisch gesetzte Entwicklungstendenz „vom Ganzen zu den Teilen" nicht mehr akzeptieren können. Nicht zu übersehen sind auch die reformpädagogischen Züge der Ganzheitsmethode: Vor allem beim Übergang vom naiv-ganzheitlichen Lesen zur Analyse wurde den Kindern Raum zum *Entdecken* gegeben. Die zu lesenden Texte, teilweise von der Lehrerin selbst verfasst, stammten aus der Erfahrungswelt der Kinder und sollten sie *motivational* und *emotional* ansprechen. Nach Volkelt (1954/55) bestätigt auch der *Leseprozess beim geübten erwachsenen Leser* das Vorgehen der Ganzheitsmethode, da auch dieser beim Lesen nicht einzelne Laute synthetisiert.

Relevant für die Begründung der *methodenintegrierenden Verfahren* waren die Befunde aus *empirischen Studien,* die zeigten, dass beide Wege, der synthetische und der ganzheitliche, erfolgreich sein können. Die *analytisch-synthetische Methode* basiert primär auf dem *phonografischen* Prinzip der deutschen Schrift und sieht im lautbezogenen Lesen und Schreiben einen ersten wichtigen Entwicklungsschritt. Wenn dies auch heutzutage nicht immer so formuliert wird, berücksichtigen die entsprechenden Fibeln in ihrem systematischen Aufbau das didaktische Prinzip „vom Einfachen zum Schwierigen". Genau auf dieses verzichtet der *Spracherfahrungsansatz*: Er möchte einen pädagogischen Rahmen bieten, in dem neugierige Schulanfänger – die vorschulisch ja schon unglaublich viel spontan gelernt haben – über die *kommunikative Funktion* der Schriftsprache sich diese aktiv, selbstständig und motiviert aneignen können. Mit dem Einstieg in die Schrift über das lautbezogene Schreiben versteht er sich zudem als *entwicklungsorientiert.* Die im Rahmen der kognitiven Psychologie entstandenen Phasenmodelle des Schriftspracherwerbs sehen im lautbezogenen Schreiben und Lesen, der *alphabetischen* Strategie, einen zentralen ersten Entwicklungsschritt (Frith 1986, Scheerer-Neumann 1996, vgl. Kap. 4). Dagegen ist der Ausgangspunkt der *silbenanalytischen Methode* die *linguistische Analyse* der deutschen Schriftsprache, die als primär silbenbezogen interpretiert wird.

Die Orthografie als *gesellschaftliche Norm* akzeptieren letztlich alle Ansätze. Unterschiede gibt es in der Frage, ob das Ziel des orthografisch korrekten Schreibens von Anfang an verfolgt werden muss.

Die Argumente sind also vielfältig; sie werden in den folgenden Kapiteln vertiefend analysiert. Kapitel 2 machte bereits Aussagen zu einem wichtigen Baustein vieler Begründungen, der *Struktur und Merkmale der deutschen Schriftsprache.* Das folgende Kapitel 4 befasst sich mit den *kognitiven Prozessen beim Lesen und Schreiben* und den entsprechenden *Entwicklungsprozessen.* Hier hat es in den letzten Jahrzehnten relevante neue Erkenntnisse gegeben, auf die sich einige aktuelle didaktische Ansätze zum Erstlese- und Schreibunterricht explizit berufen. In Kapitel 5 bis 8 werden die verschiedenen Ansätze dann vorgestellt und diskutiert.

# 4 Kognitive Prozesse beim Rechtschreiben und ihre Entwicklung

Das vorliegende Kapitel befasst sich mit dem heutigen Stand der Modellierung des Lesens und des Rechtschreibens beim Erwachsenen und mit Beobachtungen zum vorschulischen Lesen und Schreiben sowie der Weiterentwicklung im Grundschulalter. Viele Erkenntnisse sind relevant für die Diskussion um die Akzeptanz des freien Schreibens in der Schule.

## 4.1 Die Modellierung des Lesens und Schreibens beim Erwachsenen: Das 2-Wege-Modell

Nachdem in den 1960er-Jahren die Psychologie erkannt hatte, dass weder globale Konzepte wie *Ganzheitlichkeit* noch die Reiz-Reaktions-Einheiten des *Behaviorismus* komplexe mentale Prozesse wie das Lesen zufriedenstellend erklären können, begann die *Kognitive Psychologie* mit der Modellierung der spezifischen Teilprozesse kognitiver Leistungen (grundlegend: Neisser 1967).

Ein Anstoß kam dabei aus der aufstrebenden Computerwissenschaft: Soll eine Maschine ein Wort visuell erkennen (damals noch Neuland!), müssen die einzelnen Schritte und die funktionalen Abhängigkeiten voneinander programmiert werden – und es stellt sich auch die Frage, über welche Prozesse der Mensch diese Leistung vollbringt. Heute kann man über Computersimulationen die prinzipielle Stimmigkeit von Modellen der menschlichen Informationsverarbeitung überprüfen (Ziegler, Perry & Coltheart 2000).

Methodisch zentral war und ist in der Lese- und Schreibforschung aber das *Experiment* mit menschlichen Versuchspersonen; hierzu ein Beispiel: In einem Reaktionszeitexperiment, in dem Wörter schnell von Nicht-Wörtern unterschieden werden müssen, kann man herausfinden, ob geübte Leser mit der graphemischen Struktur deutscher Wörter vertraut sind: Wörter mit „illegalen" Buchstabenfolgen wie <fohmmt> sollten dann schneller als Nichtwort erkannt werden als „legale" Folgen wie <fommt>. Natürlich muss dieser Effekt differenziert für unterschiedliche orthografische Strukturen untersucht werden.

Für die Analyse der Lese- und Schreibprozesse bietet zudem ein angewandter Wissenschaftsbereich relevante Informationen: die *klinische Neuropsychologie*. Nach einem Schlaganfall oder einer exogenen Hirnschädigung zeigen sich bei Patienten oftmals partielle Ausfälle, so z. B. beim Erlesen längerer Wörter, während kurze, häufige Wörter noch korrekt erkannt werden. Beobachtungen dieser Art legten es nahe, bestimmte Teilkompetenzen des Lesens auch beim Gesunden getrennt zu modellieren (vgl. z. B. Coltheart, Patterson & Marshall 1980). So entstand für das *basale* Lesen, das *Worterkennen*, das 2-Wege-Modell, das sowohl regel- und strukturbasierte Lesestrategien annimmt als auch eine wort- bzw. morphemspezifische Speicherung. Für die Fragestellung dieses Buches interessiert vor allem das analoge Modell zum Rechtschreiben, das in Abbildung 4.1 skizziert wird.

Die frühen Modelle des Lesens und des Rechtschreibens postulierten relativ abgeschlossene Teilprozesse oder Operationen. Seit Ende der 1980er-Jahre richtet der Konnektionismus den Blick auf Vernetzungen zwischen den verschiedenen Operationen und Speicherkomponenten. In der Version des 2-Wege-Modells auf Abbildung 4.1 ist der konnektionistische Einfluss erkennbar.

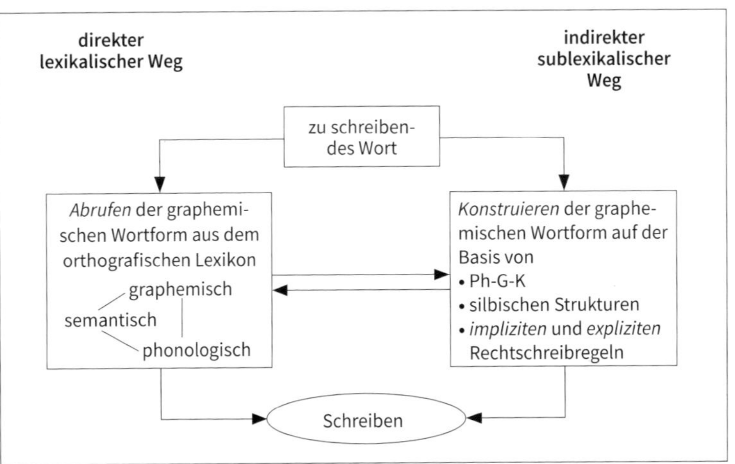


Abb. 4.1: Das 2-Wege-Modell des Rechtschreibens (Darstellung aus Scheerer-Neumann 2018, angelehnt an Coltheart 2007)

Abbildung 4.1 gibt die Grundstruktur des Modells wieder. Die „zwei Wege" sind zum einen der *indirekte* Weg, bei dem die Grapheme eines Wortes erst im Augenblick des Schreibens von linguistischen Regularitäten – Phonem-Graphem-Korrespondenzen, silbischen bzw. morphemischen Strukturen oder Rechtschreibregeln – *abgeleitet* werden, zum andern der *direkte* Weg, der sich auf das Abrufen *gespeicherter Graphemfolgen* bezieht.

Beide Wege greifen auf im Gedächtnis gespeicherte Informationen zurück: Der indirekte Weg auf Regel- und Strukturwissen im weitesten Sinne, der direkte Weg auf eine Gedächtniskomponente, die metaphorisch *inneres orthografisches Lexikon* genannt wird und Teil des lexikalischen Gedächtnisses eines Menschen ist. Die Bezeichnung „inneres Lexikon" kann zu Missverständnissen Anlass geben, die hier gleich ausgeräumt werden sollen: Die Eintragungen im Gedächtnis darf man sich keineswegs als *visuelle Wortbilder* vorstellen; es sind vielmehr abstrakte Graphemfolgen, die in enger Beziehung sowohl zu den phonologischen als auch zu den semantischen und grammatischen Eigenschaften der Wörter bzw. Morpheme und ihrer orthografischen Struktur stehen. Häufig geschriebene Wörter können mit der Zeit automatisiert abgerufen werden, d. h. unter Einsatz von nur wenig Aufmerksamkeitskapazität. Bei anderen Wörtern greift man beim Schreiben oft auf beides zurück: Auf Regeln/Strukturen wie auch auf wortspezifisches Wissen, das zudem die Schreibmotorik mit einbeziehen kann.

## 4.2 Entwicklungsprozesse beim Lesen und Schreiben im Vorschulalter und im frühen Schulalter

Welche der Komponenten des 2-Wege-Modells sind beim kindlichen Lesen und Schreiben vorrangig aktiv? Auf diese Frage gibt es keine allgemeine Antwort, da die jeweils dominierenden „Wege" im Laufe der Entwicklung wechseln. Ich beginne die Beschreibung des Entwicklungsverlaufs im Vorschulalter, in dem bei allen Kindern Vorläufer der späteren Schriftkompetenz zu sehen sind – und bei einigen Kindern auch schon spontane Lese- und Schreibaktivitäten. Im Vorschulalter findet noch keine systematische Instruktion statt, so dass man das Lesen- und Schreibenlernen weitgehend „methodenfrei" beobachten kann. Trotzdem beeinflussen natürlich selbst zurückhaltende Antworten von Erwachsenen auf kindliche Fragen zur Schrift den Entwicklungsprozess, wenn auch in deutlich geringerem Umfang als in der Schule.

**Lernen im Vorschulalter**

Schon kleine Kinder sind ausgewiesene „Lerner“: Was sie in den ersten Lebensjahren lernen und kennenlernen, ist enorm. Dass das Interesse auch vor Buchstaben und Zahlen nicht Halt macht, ist nicht verwunderlich, zumal wenn es ältere Geschwister gibt, die schon in die Schule gehen oder die Eltern oft vorlesen und selbst viel lesen und schreiben.

Die Kinder lernen, Schriftzeichen von Bildern und anderen Zeichen zu unterscheiden, und sie lernen viel über die Funktion der Schrift: Sie transportiert Geschichten, über Briefe kann man mit anderen Menschen „sprechen“, man schreibt Einkaufszettel, um nichts zu vergessen, Ärzte schreiben Rezepte für die Apotheke. Dass Buchstaben für all dies zentral sind, erkennen die Kinder früh; was es aber genau mit den Buchstaben auf sich hat, was sie letztlich zu Sprache werden lässt, ist bei einer alphabetischen Schrift nicht leicht zu durchschauen und wird zumeist erst durch die Instruktion in der Schule verstanden.

Die vorschulischen Herangehensweisen der Kinder an die Schrift sind deshalb nicht weniger interessant und für die spätere Schulzeit didaktisch durchaus relevant, zumal sich bei den meisten Kindern ähnliche Entwicklungslinien aufzeigen lassen.

**Erstes Lesen**

Ein Vorläufer des Lesens ist das Erkennen von Symbolen; in unserer Umwelt sind es oft Firmenembleme, die sogar von manchen 2-Jährigen schon von Weitem erkannt werden: Hier gibt es Hamburger, dort Eis … *Brügelmann & Mannhaupt* (1990) fanden heraus, dass Vorschulkinder sich dabei sowohl an einzelnen Buchstaben als auch an bildlichen und gestalterischen Merkmalen orientieren.

Auch schon vorschulisch lernen fast alle Kinder, einige Wörter zu „lesen“, den eigenen Namen, vielleicht noch MAMA, PAPA und die Namen von Geschwistern und Freunden oder Freundinnen im Kindergarten. Dieses Lesen ist zumeist kein *Erlesen,* sondern entspricht im Prozess eher dem Erkennen und Benennen eines Bildes. In gewisser Weise ist es das *naiv-ganzheitliche* Worterkennen, das *Kern & Kern* (vgl. Kap. 3) postulierten, aber eben nur in gewisser Weise: Wir wissen heute, dass Kinder die Wörter nicht *ganzheit-*

*lich* wahrnehmen und speichern, sondern sie an von ihnen ausgewählten visuellen Merkmalen wiedererkennen. Dies können auch einzelne Buchstaben sein; Anfangs- und Endbuchstaben werden dabei bevorzugt, auch die ungefähre Wortlänge ist relevant (Seymour & Elder 1986, vgl. Scheerer-Neumann 1987). Wie viele und welche Merkmale ein Kind fokussiert, hängt von der Größe seines Lesewortschatzes ab: Kinder wählen zunächst nur die Merkmale aus, die dieses Wort von den anderen in ihrem Lesewortschatz unterscheiden, wobei auch der Kontext Berücksichtigung findet: Das Wort mit dem <T> am Anfang bedeutet *Taxi*, wenn das Schild auf einem weißen Auto angebracht ist – im Restaurant des Kaufhauses meint es *Toilette*. Gibt es in der Kindergartengruppe nicht nur JANA, sondern vielleicht auch noch JAN und JANINA, müssen zum Auffinden der richtigen Namenskärtchen schon mehrere Buchstaben und/oder auch die Wortlänge berücksichtigt werden.

Die beschriebene Art des frühen Lesens ist im Sinne des 2-Wege-Modells ein *direktes* Worterkennen: Die Kinder können nur ihnen *bekannte* Wörter lesen, deren Buchstaben oder Merkmale sie zuvor gespeichert haben. Dieses Worterkennen wird heute auch als *logographisches Lesen* bezeichnet (Frith 1986); der Zugang der Kinder zur Schrift wird hier analog zum Lesen einer vorrangig logographischen Schrift wie dem Chinesischen gesehen. *Valtin & Sasse* (2018) sprechen von einer *figurativen Strategie* und betonen damit den primär *visuellen* Charakter des frühen Worterkennens.

### Erstes Schreiben

Die ersten Spuren, die kleine Kinder mit einem Stift auf Papier hinterlassen, sind zumeist kreisförmig, konzentrisch; manchmal geben auch schon Kleinkinder an, etwas „geschrieben" zu haben.

Eindeutig schriftorientiert ist *Kritzeln*, das vor allem zwei Merkmale unserer Schrift wiedergibt: die *Linearität* und die (ungefähr) *waagrechten Zeilen* (vgl. Abb. 4.2). Die Kinder verstehen ihre Tätigkeit dabei durchaus als ein „Als-ob-Schreiben" – wie Kochen auf dem Puppenherd! Gleichzeitig entstehen oft schon Schriftstücke mit Buchstaben oder buchstabenähnlichen Formen.

Schließlich kommt die Bitte, den eigenen Namen, MAMA, PAPA, vielleicht auch OMA und OPA vorzuschreiben; die Buchstaben werden vom Kind zunächst kopiert, später auswendig geschrieben. Analog zum ganzheitlichen Worterkennen wird dieses Schreiben als *logographisches* oder *lo-*

*gographemisches* Schreiben bezeichnet. Es folgt dem *direkten* Weg: Die Kinder können nur Wörter schreiben, deren Buchstabenfolge sie zunächst nach Vorlage kopiert und sich gemerkt haben; in Teilen werden diese auch wieder vergessen. So kann aus <COSIMA> *<COSIA>, *<COSA> oder *<COSMA> werden. Die Abweichung *<AMAMAM> zu <MAMA> ist besonders interessant, da sie bestätigt, dass hier nicht ein „Wortbild" gespeichert wurde, sondern ein Muster aus den beiden Buchstaben <M> und <A>. Bei einer großen Variationsbreite findet die Entwicklung vom ersten Kritzeln bis zum ersten logographischen Schreiben im Alter zwischen 3 und 5 Jahren statt.

Abb. 4.2: Schreiben im Vorschulalter: Kritzeln, einzelne Buchstaben und der eigene Name

**Entwicklung zum lautorientierten Lesen und Schreiben**

Viele Kinder kennen auch schon vorschulisch die Lautwerte einiger Buchstaben, aber nur wenige nutzen diese Kenntnis, um Wörter auch schon vollständig zu erlesen. Häufiger ist eine Mischstrategie, bei der über den Lautwert des Anfangsbuchstabens und den sprachlichen oder bildlichen Kontext ein Wort erraten wird.

*Spontanes lautorientiertes Schreiben* beginnt oft mit dem Schreiben eines einzigen Buchstabens für ein Wort: *<M> für *Maus*, *<K> für *Krokodil*; mit zunehmender Buchstabenkenntnis werden die Schreibungen jedoch bald vollständiger, vielleicht zu *<MS> und *<KD> oder sogar schon *<KDL>. Meistens vollzieht sich dieser Entwicklungsschritt im frühen 1. Schuljahr; einige Kinder beginnen mit dem lautorientierten Schreiben jedoch schon in der Vorschulzeit noch ohne direkte Instruktion und deshalb lassen sich an ihren Schreibungen Entwicklungsprozesse besonders gut ablesen. Fasst man die Beobachtungen zur Entwicklung von Spontanschreibungen aus vorschulischen Fallstudien (Eichler 1976, Scheerer-Neumann et al. 1986, Scheerer-Neumann 1988, Brinkmann 1992) und aus der frühen Schulzeit (Spitta 1998, Scheerer-Neumann & Schnitzler 2009) zusammen, so zeigen sich in vielerlei Hinsicht Übereinstimmungen (vgl. Tabelle 4.1). In der Schule sichtbar werden diese Entwicklungsschritte allerdings nur, wenn der didaktische Ansatz selbstständiges Verschriften akzeptiert. Ist am Anfang ausschließlich Abschreiben erlaubt oder das Schreiben zuvor geübter Wörter, kann man das lautorientierte Schreiben nur an Fehlern erkennen.

Schreibungen wie *<MS> und *<KDL> sind typisch für frühes lautorientiertes Schreiben: Verschriftet werden primär Konsonanten; man spricht deshalb auch von *konsonantischen Skelettschreibungen*. Dass zunächst nur wenige Laute verschriftet werden, liegt zum einen an der noch unzureichenden Kenntnis von Phonem-Graphem-Korrespondenzen (Ph-G-K), zum andern an der für Vorschulkinder und Schulanfänger sehr schwierigen Aufgabe, die Laute aus einem gesprochenen Wort „herauszuhören", d. h. zu analysieren. Die Bevorzugung der Verschriftung von Konsonanten gegenüber Vokalen ist darauf zurückzuführen, dass Kinder sich beim Schreiben auch an ihrer *eigenen Artikulation* orientieren und Konsonanten kinästhetisch stärker „fühlbar" sind als Vokale. Das *„Schreiben nach Gehör"* ist also auch – und vielleicht sogar primär – *ein Schreiben nach dem eigenen (Vor)sprechen*. Mit dem Erlernen weiterer Ph-G-K und durch Übung in der Lautanalyse werden die Schreibungen der Kinder immer vollständiger; so wird das *Krokodil* vom *<K> über *<KD> – *<KDL> – *<KOKDIL> – *<KOKODIL> schließlich doch zum <KROKODIL>. Auf diesem Weg besonders schwierig zu bewältigen ist die Verschriftung von *Konsonantenclustern* (Konsonantenhäufungen wie [kr], [nt]) am Silbenanfang und am Silbenende: Hier fallen zunächst oft Laute aus wie z. B. in *<KOKODIL> und *<ELEFAT>.

Schon bei den ersten Anfängen des *lautorientierten Schreibens* wird deutlich, dass die Kinder hier einen prinzipiell anderen Weg beschreiten als beim *logographischen* Schreiben: Beim *logographischen Schreiben* haben sie die Vorlagen der Erwachsenen nachgeschrieben und die Buchstaben eines Wortes und ihre Reihenfolge auswendig gelernt (direkter Weg); lautorientiertes Schreiben ist dagegen ein *selbstständiges regelgeleitetes Konstruieren* und entspricht dem *indirekten* Weg. Die Kinder berücksichtigen hier das wichtigste Prinzip unserer Schriftsprache, das *phonographische* oder *alphabetische Prinzip*. Lautorientiertes Schreiben bezeichnet man deshalb auch als *alphabetische Strategie* (vgl. Frith 1986). Das alphabetische Prinzip wird von einigen Kindern schon vorschulisch entdeckt, meistens jedoch im analytisch-synthetischen Erstleseunterricht oder im Rahmen des Spracherfahrungsansatzes vermittelt.

Sowohl die Vertreterinnen und Vertreter eines analytisch-synthetischen Ansatzes im Erstleseunterricht als auch die Protagonisten des freien Schreibens würdigen die alphabetische Schreibstrategie als Basis für die weitere Schreibentwicklung. Die lautbezogene Verschriftung bietet eine *Grundstruktur* für das geschriebene Wort, die *graphemische Wortform*.

| | **Rechtschreibstrategie**<br>**Schreiben als Konstruieren**<br>**(indirekter Weg)** | **Abrufen von** *Lernwörtern* **aus dem** *inneren orthografischen Lexikon*<br>**(direkter Weg)** |
|---|---|---|
| **logographisch** | 1 logographisch<br>einzelne Buchstaben<br>Kritzeln | sehr wenige Lernwörter<br><MAMA>, <OPA>, eigener Name |
| **alphabetisch** | 2a beginnend phonemorientiert<br>*<LP> für <Lampe> | immer noch sehr wenige Lernwörter |
| | 2b entfaltet phonemorientiert<br>*<BUME> *<KOKDIL> | Erwerb von Lernwörtern schon etwas leichter |
| | 2c phonemorientiert vollständig<br><BLUME>, *<ROLA> | Lernwörter werden durch phonemische Stützung recht gut erworben |
| **orthografisch** | 3a beginnende Einsicht in orthografische und morphematische Strukturen<br>*<Roler>, <Kind> | Lernwörter mit diesen Strukturen können leicht erworben werden |
| | 3b zunehmend weitere Einsichten in orthografische und morphematische Strukturen<br><Roller>, <Hände> | Erwerb von Lernwörtern wird weiter erleichtert<br>Schreiben wird immer mehr zum Abrufen von Lernwörtern (direkter Weg)<br>zunehmende Automatisierung |

Tabelle 4.1: Stufenmodell der basalen Rechtschreibentwicklung nach Scheerer-Neumann (1989, 2018) in Anlehnung an Frith (1986)

**Die orthografische Strategie und der Erwerb von Lernwörtern (direkter Weg)**

Trotz der großen Bedeutung der alphabetischen Strategie als Grundlage des Rechtschreibens ist offensichtlich, dass sie eher selten zu orthografisch *ganz* korrekten Schreibweisen führt, (vgl. *<LIBA>, *<SINT> , *<BEKA>, *<SER> und *<DOF> in Abb. 4.3). Sie muss deshalb ergänzt werden und dies geschieht im weiteren Verlauf des Rechtschreiberwerbs vor allem in der Schule, zum einen durch die Hinführung zu *orthografischen Strukturen* und zum andern durch die Vorgabe von *Lernwörtern*. Die Überformung der alphabetischen Strategie durch den Einblick und die Nutzung orthografischer Strukturen wird als *orthografische Strategie* bezeichnet. Manche Regularitäten werden von besonders interessierten Kindern selbstständig erkannt wie die Verschriftung des auslautenden [ɐ] als <R> in <WIR>, <WAR> und *<SER> in Abbildung 4.3.

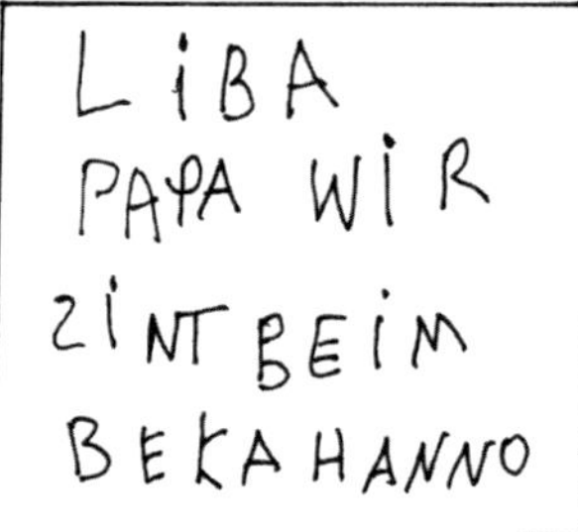

Abb. 4.3: Phonembezogen angemessen geschriebene Notizen eines Vorschulkindes (5; 6 Jahre). Die korrekte Verschriftung des auslautenden [ɐ] als <R> in <WIR>, <WAR> und *<SER> war über das Lesen vom Kind selbst entdeckt worden.

Parallel zum selbstständigen *Konstruieren* von Wörtern aufgrund von Ph-G-K und ersten orthografischen Einsichten können sich auch Schulanfänger die korrekte Schreibweise phonologisch wenig transparenter Wörter (z. B. <Garten> – dialektal: [ga:tn]) und von Wörtern mit orthografischen Besonderheiten merken – <A*nn*a re*nnt*>, <Hun*d*>, <Schu*h*> usw. Dieses Einprägen und Abrufen von Wörtern, den *Lernwörtern*, entspricht dem *direkten Weg*. Auch Kinder können schon früh in ihrer Schreibentwicklung wie Erwachsene beide Wege des Schreibens nutzen.

**Wichtige Lernhilfe: Die Vernetzung zwischen den gespeicherten Informationen und Wegen**

Die Graphemfolgen der Lernwörter im orthografischen Lexikon sind eng mit anderen Merkmalen eines Wortes/Morphems verknüpft, die das Behalten erleichtern. Welche Merkmale dies sind, hängt vom Entwicklungsstand eines Kindes ab: Auf der *logographischen Stufe* müssen die Kinder die Buchstaben eines Wortes und ihre Reihenfolge ohne weitere Hilfen auswendig lernen; der Schreibwortschatz umfasst deshalb zumeist nur wenige Wörter. Nach Beginn der *alphabetischen Schreibstrategie* können Lernwörter leichter behalten werden, *weil sie durch die phonologische Analyse und die Kenntnis von Ph-G-K gestützt werden.*

Konkret kann man sich das so vorstellen: Ein Kind, das ein Wort wie *Brot* lautlich noch nicht ganz durchgliedern kann, würde spontan vielleicht *<BOT> schreiben; es müsste sich dann zusätzlich nur das Graphem <R> und seine Position merken, um das Wort korrekt zu Papier zu bringen. Wahrscheinlich kann es die vollständige lautliche Gliederung sogar nachvollziehen, wenn es auf das Graphem hingewiesen wird – dies ist im Modell in Abbildung 4.1 (s. S. 43) der Pfeil vom Lernwortgedächtnis zum regelgeleiteten Schreiben. Analoges gilt für die orthografische Strategie: Schreibt ein Kind spontan *<Beume>, muss es sich als „kritische Stelle" im Wort das Graphem <äu> merken, das an der Regel zur Ableitung morphematisch begründeter Schreibungen verankert werden kann. Umgekehrt können über Lernwörter auch orthografische Strukturen entweder explizit erkannt oder über implizites Lernen angeeignet werden.

Wie wichtig der regelgeleitete Weg – sowohl über die Phonemanalyse und Ph-G-K als auch mittels orthografischer Strukturen – auch für das Einprägen von Lernwörtern ist, wird klar, wenn man die extrem hohe Gedächtnisbelastung betrachtet, die ohne diese Stützen bestünde: Ein Wort wäre dann eine beliebige Folge von Buchstaben – ähnlich wie die Ziffern von PINs oder Telefonnummern – und uns allen ist bekannt, wie mühsam es ist, sich auch nur ein Dutzend davon zu merken!

Diese Überlegungen implizieren auch, dass Kinder erst dann eine größere Anzahl an Lernwörtern erwerben können, wenn sie die meisten Ph-G-K kennen und die Lautanalyse weitgehend beherrschen. Nicht umsonst umfassen Grundwortschätze bzw. Mindestwortschätze für das erste Schuljahr nur etwas über 100 Wörter[19] (Spectra 1985, Wendelmuth 1971). Viele rechtschreibschwache Kinder haben noch im zweiten oder sogar dritten Schuljahr Probleme mit der Phonemanalyse; auch unter großer Anstrengung scheitern sie dann geradezu zwangsläufig an zu vielen Lernwörtern.

Dies wurde schon am Beispiel von *Maria* in Kapitel 2 deutlich. Aber auch geringere phonemanalytische Probleme behindern den Erwerb der

19 Heute werden Grundwortschätze meistens gemeinsam für das 1. und 2. Schuljahr ausgewiesen, z. B. Berliner Grundwortschatz (2016).

Rechtschreibung; Abbildung 4.4 zeigt den Ausschnitt aus einem Diktat von *Oliver* zu Beginn des 3. Schuljahrs. Wie die Lehrerin angibt, war das Diktat lange geübt worden – *Oliver* machte trotzdem viele Fehler, schrieb aber ausgerechnet das schwierige Wort <Drachen> korrekt; vermutlich hatte er sich darauf beim Lernen und Schreiben konzentriert! Phonembezogen sind seine Schreibungen noch lange nicht vollständig; <*Bekm*> ist fast noch eine konsonantische Skelettschreibung. Die nächsten Lernziele für *Oliver* sollten die Steigerung seiner phonemanalytischen Kompetenz sein und die Vervollständigung seiner Kenntnisse der Ph-G-K (so z. B. b-d-Verwechslung in <*Hedst*> und <*Hden*>) – und als Lernwörter sollten zunächst nur wenige Wörter mit einer einfachen phonologischen Struktur ausgewählt werden.

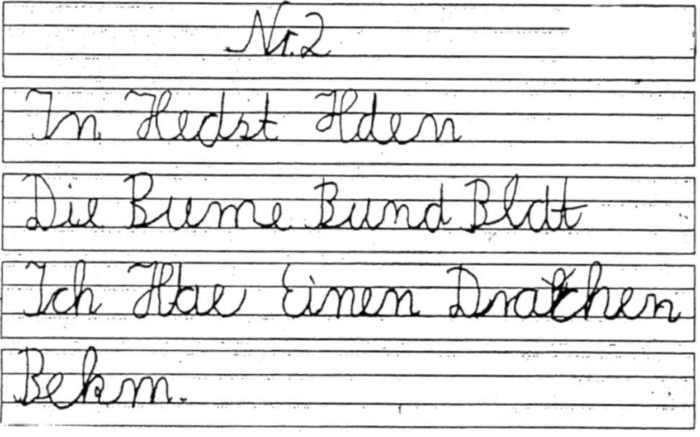


Abb. 4.4: „Im Herbst haben die Bäume bunte Blätter. Ich habe einen Drachen bekommen." Ausschnitt aus einem Diktat von Oliver, einem rechtschreibschwachen Jungen, im Herbst seines 3. Schuljahrs. Das Diktat war im Unterricht lange geübt worden.

Die Beziehung zwischen der alphabetischen – und später auch der orthografischen – Strategie und der Aneignung von Lernwörtern ist für ein Verständnis des Rechtschreiberwerbs bei Kindern fundamental. Tabelle 4.1 (s. S. 49) fasst die Beobachtungen und Überlegungen zusammen und gibt den Entwicklungsverlauf an. Während sich die Entwicklung von der logographischen Strategie bis zum vollständigen alphabetischen Verschriften unmittelbar aus der Auseinandersetzung des Kindes mit einer alphabetischen Schrift ergibt – und von der Schule gefördert oder gebremst werden kann – sind die Einsichten in die orthografischen Strukturen unserer Schrift und der Erwerb von Lernwörtern in hohem Maße vom Unterricht abhängig – und damit in gewissem Umfang variabel. Unterschiede gibt es vor allem in den Zeitpunkten, zu denen die Kinder in orthografische Strukturen eingeführt werden. Kapitel 8 berichtet über einen linguistischen Ansatz, der dieses Lernangebot von Anfang an realisiert (Röber 2015a, b).

Aber auch in der Entwicklung der alphabetischen Strategie sind die Unterschiede zwischen den einzelnen Kindern groß: In einer Untersuchung meiner Arbeitsgruppe in Brandenburg konnten 20 % der Erstklässler, die vorrangig nach einer Fibel unterrichtet wurden, Mitte Februar erst in Ansätzen lautorientiert verschriften; dagegen gelang den besten 25 % bei über 70 % der Wörter schon eine phonologisch vollständige Verschriftung! Die Wörter waren vorher nicht geübt worden. Im September des 2. Schuljahrs gehörten zur Gruppe der beginnend lautorientiert Schreibenden nur noch 5 %; etwa die Hälfte der Kinder schrieb über 70 % der Wörter phonologisch vollständig (Scheerer-Neumann & Schnitzler 2009).

## 4.3 Prägen sich falsche Schreibweisen ein?

Dass sich inkorrekte Schreibungen einprägen, ist ein zentraler Vorwurf der Kritiker des freien lautorientierten Schreibens und wird uns in diesem Buch noch an mehreren Stellen beschäftigen. Welche Implikationen ergeben sich zu dieser Frage aus dem 2-Wege-Modell und dem Entwicklungsmodell? Schreibungen, die über den indirekten Weg *konstruiert* werden, verändern sich mit der Weiterentwicklung der entsprechenden Strategie: Dies zeigt sich in Schreibungen wie den obigen zum *Krokodil*. Das frühe <KOKDIL> behindert nicht das spätere <KROKODIL>. Einzelfallstudien über früh schreibende Vorschulkinder berichten allesamt, dass die Kinder später gute Rechtscheiberinnen und Rechtschreiber wurden. Und wenn *Oliver* gelernt hat, die Grapheme <b> und <d> sicher den entsprechenden Phonemen zuzuordnen, wird er nicht mehr *<Hedst> (Herbst) und *<Hden> schreiben. Umgekehrt kann durch die Thematisierung der häufigsten Schreibweise des langen /i:/ aus dem <Krokodil> ein *<Krokodiel> werden. Selbst in späteren Jahren können sich Schreibweisen durch neue Erkenntnisse noch verändern, so z. B. wenn durch den Einfluss des Englischunterrichts aus <Weihnachten> auf einmal *<Wheinachten> wird!

Gerade am letzten Beispiel wird deutlich, dass die Metapher vom „Einprägen“ den kognitiven Prozessen beim Lernen nicht gerecht wird: Beim Prägen in Metall, Leder oder Siegelwachs entsteht ein dauerhafter Eindruck von Zeichen, der sich über die Jahre kaum verändert. Der Vorgang selbst kennt nur eine Richtung: Der Handwerker überträgt die Zeichen auf das Material.

All dies entspricht nicht den *aktiven Prozessen* beim Lernen und der *Interaktion* zwischen Wissenselementen, von denen die heutige kognitive Psychologie – wie auch die Hirnforschung – überzeugt sind. Gegen das Einprägen von fehlerhaften Schreibungen während des Erwerbsprozesses spricht auch die Beobachtung, dass manche Wörter innerhalb der gleichen Entwicklungsphase unterschiedlich konstruiert werden. In der Laborschule in Bielefeld, in der im Anfangsunterricht die Kinder sehr viel Gelegenheit zum freien Schreiben haben, schrieb *Julius* zu Beginn seines 2. Schuljahrs eine lange Dinosaurier-Geschichte mit 10 (!) Varianten des Wortes *Schreckensklaue*:

**Schreckensklaue**

sch e k sklaue

sch e k   laue

sch e k  sklaue

Sch e k nsk aue

schre k n kl  e

sche   nsklau

sch e k nsklaue (2 x)

schre k ns  laue

sch e k nsklaue

schre k nsklaue

Abb. 4.5: *Julius* schreibt in einer eigenen Geschichte zu Beginn seines 2. Schuljahrs das Wort *Schreckensklaue* in 10 Varianten. Die Reihenfolge in der Abbildung entspricht der Reihenfolge des Auftretens in seinem Text (von Schreibschrift übertragen)

Es ist kaum anzunehmen, dass sich bei *Julius* eine der 10 Varianten der *Schreckensklaue* eingeprägt hat. Kritisch für die Rechtschreibentwicklung sind aber *identische* Fehler bei *häufig* geschriebenen Wörtern, da der Schreibprozess sich bei ihnen *automatisieren* könnte. Deshalb ist es auf jeden Fall ratsam, im Kontext des freien Schreibens schon früh kurze häufige – und fehlerträchtige – Wörter wie <und>, <sehr> und <viele>, Artikel, Pronomen und „Lieblingswörter“ der Kinder orthografisch korrekt einzuüben. Seltenere und orthografisch komplexe Wörter sollten erst dann als Lernwörter gewählt werden, wenn ein Kind über fortgeschrittene phonemanalytische Kompetenzen verfügt und mit den meisten Ph-G-K vertraut ist – sichtbar an lautorientiert weitgehend akzeptablen Spontanschreibungen.

## 4.4 Zuerst lesen oder zuerst schreiben?

Das Entwicklungsmodell von Uta Frith (1986) lokalisiert den Beginn der alphabetischen Strategie beim Schreiben, während es für das Lesen zunächst noch ein Fortbestehen der logographischen Strategie annimmt. Später erfolgt ein Transfer der alphabetischen Strategie auch auf das Lesen.

Das Modell wurde im englischen Sprachraum entwickelt und die wenig transparente englische Orthografie legt eine längere Phase logographischen Lesens nahe als die deutsche. Deutsche Vorschulkinder, die sich schon mit der Schrift befassen, zeigen unterschiedliche Strategie-Muster; einen Einstieg in die Schrift über das alphabetische Schreiben kann man dabei auch beobachten, ebenso jedoch den Beginn mit dem alphabetischen Lesen (Scheerer-Neumann et al. 1986, Scheerer-Neumann 1988). Frühes alphabetisches Schreiben ist für ein Kind subjektiv schneller erfolgreich als frühes Lesen: Schon wenige Buchstaben auf dem Papier geben das Gefühl, etwas Sinnvolles geschrieben zu haben; beim Lesen müssen (fast) alle Buchstaben berücksichtigt werden, um ein Wort korrekt erlesen zu können. Zudem verlangt Lesen einen Zugang zur *Silbengliederung*, die allerdings auch beim Schreiben von den meisten Kindern spontan genutzt wird.

## 4.5 Ist das Entwicklungsmodell ein didaktisches Modell?

Das Entwicklungsmodell ist kein didaktisches Modell, aber es hat didaktische Implikationen. Man versteht nun, wieso sich für den Erwerb des gleichen Lerngegenstands so unterschiedliche Verfahren wie die analytische (ganzheitliche) und die synthetische (einzelheitliche) Methode entwickeln konnten: Die Ganzheitsmethode setzt an der *logographischen* Lesestrategie, die *synthetische* an der *alphabetischen* Strategie an, beides „Stationen" in der

Entwicklung beim Schriftspracherwerb. Angesichts einer relativ transparenten Schrift wie der deutschen – und den Vorerfahrungen, mit denen die meisten Kinder heute in die Schule kommen – besteht sicher keine Notwendigkeit, das Lesenlernen in der Schule für alle Kinder im Sinne der *logographischen* Strategie ganzheitlich zu beginnen. Hilfreich ist ein ganzheitlicher Einstieg nur für die wenigen Kinder ganz ohne Schrifterfahrung. Umgekehrt wäre für Kinder, die schon in Ansätzen lautbezogen lesen oder schreiben können, die Arbeit mit einer ganzheitlichen Fibel verwirrend und kontraproduktiv.

Die didaktischen Zugänge zur Schrift beim Spracherfahrungsansatz, aber auch bei den analytisch-synthetischen Methoden entsprechen der zentralen Stellung der alphabetischen Strategie im Entwicklungsmodell. Innerhalb eines Fibellehrgangs wird phonembezogenes Lesen und Schreiben über die anfängliche Wahl weitgehend lautgetreuer Wörter vermittelt und geübt. Der Spracherfahrungsansatz nimmt keine Wortschatzbegrenzung vor, akzeptiert aber zunächst lautbezogene, wenn auch orthografisch noch nicht korrekte Schreibungen. Kinder, die in der alphabetischen Strategie eine gewisse Kompetenz erreicht haben, gelten als bereit für Ergänzungen und Überformungen ihrer Schreibungen durch orthografische Strukturen.

Das Entwicklungsmodell macht also keine konkreten didaktischen Vorgaben, sondern wirkt vor allem als theoretisches Rahmenmodell. Sein großes Verdienst ist eine neue Sicht auf Fehler und die Hilfestellung bei der Wahl differenzierter Fördermaßnahmen. Schreibungen wie *<KOKDIL> oder *<Farat> (die ja durchaus auch in Klassen mit Fibelunterricht vorkommen!) werden einer Entwicklungsstufe zugeordnet – und nicht primär als Ergebnis unzureichenden Lernens interpretiert! Von der entwicklungsbezogenen Lernstandsanalyse (auch: Lernstandsdiagnose) können spezifische didaktische Hilfestellungen und Übungen abgeleitet werden: zur Phonemanalyse, zu Ph-G-K, zu orthografischen Strukturen, zu Strategien zum Einprägen von Lernwörtern usw.

Das Entwicklungsmodell hat den Erstlese- und Schreibunterricht im Rahmen des Spracherfahrungsansatzes mit geprägt und wurde und wird auch von vielen Fibelkonzeptionen rezipiert. Als – im Sinne einer sich selbst erfüllenden Prophezeiung – didaktisch erzeugt wird es dagegen von Vertreterinnen des silbenanalytischen Ansatzes angesehen (Röber 2015a). Diese Kritik werde ich in Kapitel 5 und 6 aufgreifen.

Die folgende Übersicht über die aktuellen Konzepte des Anfangsunterrichts beginnt mit dem Ansatz *Lesen durch Schreiben* von *Jürgen Reichen* (Kap. 5); im Rahmen dieses Konzepts schreiben die Kinder zunächst lautorientiert und lernen das Lesen erst im Laufe des 1. Schuljahrs. Auch das orthografisch korrekte Schreiben wird zurückgestellt. Kapitel 6 befasst sich dagegen im Rahmen des Spracherfahrungsansatzes mit der Frage, wie man freies Schreiben und Rechtschreiben verbinden kann. Konzepte zum Rechtschreiben von Anfang an, eingebettet in Fibelkonzepte (Kap. 7) bzw. in die alternativen Ansätze von *Marion Bergk* und *Christa Röber,* bilden den Abschluss (Kap. 8).

# 5 Lesen durch Schreiben (LdS) von Jürgen Reichen

Der Schweizer Reformpädagoge Jürgen Reichen gilt in den deutschsprachigen Medien als der Protagonist des „Schreibens nach Gehör“. Bekannt ist vor allem seine Anlauttabelle, mit der die Kinder sich beim freien Schreiben die Buchstaben erschließen können. Andere Aspekte seines Ansatzes, z. B. die frühe Orientierung auf die Standardlautung des Deutschen, sind kaum bekannt. Eine differenzierte Darstellung seiner Überlegungen und methodischen Vorschläge soll diese Lücke füllen.

In den Medien fällt im Zusammenhang mit dem lautorientierten Schreiben, dem *Schreiben nach Gehör*, fast immer der Name *Jürgen Reichen*. Richtig ist, dass das freie Schreiben von Anfang an das zentrale Element in *Reichens* Ansatz *Lesen durch Schreiben* (LdS) ist. Nur teilweise richtig ist die Annahme, dass sich die Kinder im Rahmen von LdS beim Schreiben zunächst ausschließlich an ihrem „Gehör“ orientieren. Und falsch ist es, *Reichen* zum Initiator des freien Schreibens in Deutschland zu machen, zu einer Art „Übervater“, auf den alle heutigen Ansätze zurückgingen.

So sind z. B. die wichtigen frühen Arbeiten zum freien Schreiben von *Gudrun Spitta* (1983, 2010, vgl. Kap. 6) ganz unabhängig von *Reichen* entstanden[20]. Und schon bei *Maria Montessori* sollte das Schreiben dem Lesen vorangehen (Montessori 1913). Der Grund, warum ich trotzdem die Übersicht über didaktische Ansätze zum lautorientierten Schreiben mit *Reichen* beginne, liegt an der Konsequenz seiner Methode – zumindest in der Theorie. Im Rahmen des *Spracherfahrungsansatzes* (vgl. Kap. 6) wird das freie Schreiben weit früher explizit mit dem Rechtschreiben kombiniert.

Der Ansatz LdS steht in der reformpädagogischen Tradition des *offenen Unterrichts*: Die Lernfreude und Lernmotivation von Schulanfängern soll durch den frühen Gebrauch der Schrift und eine größtmögliche Selbstständigkeit lange aufrechterhalten werden. Die Rolle der Lehrenden ist eher die von „Lernhelfern“ als die von Belehrenden und Kontrollierenden.

20 Persönliche Kommunikation mit Frau Prof. Dr. Gudrun Spitta am 24.2.2018

Die Kinder können aus verschiedenen attraktiven Lernangeboten wählen und ihr Arbeitsergebnis oft auch selbst kontrollieren. In diesem pädagogischen Rahmen wurde LdS von Jürgen Reichen ohne direkte Bezugnahme auf andere offene Verfahren des Erstlese- und Schreibunterrichts entwickelt. Seine Biografie trägt zum Verständnis seiner Grundüberzeugungen bei.

## 5.1 Zur Person

Der Schweizer *Jürgen Reichen* (1939–2009) studierte Psychologie und absolvierte zusätzlich eine Ausbildung zum Grundschullehrer. Die von seinem maßgeblichen Psychologieprofessor an der Universität in Basel vertretene Richtung der Psychologie war philosophisch ausgerichtet; insofern ist es nicht verwunderlich, dass *Reichen* in seinen Schriften nur selten auf die neuere, durch die Kognitionspsychologie geprägte, experimentelle Lese- und Schreibforschung verweist.

Schon vor dem Ende seines Psychologiestudiums 1970 unterrichtete *Reichen* in einer Grundschule, 1972 erstmals eine erste Klasse. Als Arbeitsmittel standen eigentlich ein synthetischer und ein ganzheitlicher Fibellehrgang zur Wahl, aber *Reichen* begann, selbst einen alternativen didaktischen Zugang zur Schriftsprache zu entwickeln. Die Suche nach einem neuen Weg war u. a. durch das eigene Scheitern als Schüler beim Lesenlernen im Fibelunterricht motiviert. Offenbar las er lange naiv-ganzheitlich, also logographisch, eine Lesestrategie, die naheliegt, wenn – wie in seiner damaligen Klasse üblich – alle Schülerinnen und Schüler einer Klasse nacheinander immer wieder den gleichen Text vorlesen. Mit dieser Strategie scheitert ein Kind natürlich beim Lesen eines unbekannten Textes. *Reichen* beschreibt dieses Versagen, berichtet aber auch, dass er mit der Hilfe eines Nachbarkindes im zweiten Schuljahr dann sehr schnell lesen gelernt habe (Reichen 2006, S. 207 ff.).

Das eigene Erleben, aber auch Einflüsse aus der Entwicklungspsychologie (z. B. Piaget) und der Schulreformbestrebungen der späten 1960er- und frühen 1970er-Jahre des letzten Jahrhunderts (vgl. Roth 1969) waren für *Reichen* entscheidende Impulse zur Entwicklung eines Verfahrens, bei dem Kinder möglichst selbstständig lernen können – als Gegenentwurf zum Fibelunterricht. Im Jahr 1982 erschien erstmals der didaktische Kommentar zur Methode *Lesen durch Schreiben* (Reichen 1982). Die starke Lautorientierung seines Verfahrens wurde durch die bekannte Studie von *Elkonin* (1964) zum Training der Phonemanalyse beeinflusst, auf die er in einer Publikation von *Lompscher* aufmerksam geworden war. In diesen Jahren hatte die Didaktik in der DDR die enorme Wichtigkeit der phonemanalytischen Prozesse beim Lesen- und Schreibenlernen schon erkannt. Wie in Kapitel 3 beschrieben, begann man im Westen Deutschlands zu dieser Zeit erst mit der Entwicklung analytisch-synthetischer Lehrgänge – und trotz einiger sehr interessanter früher Arbeiten (z. B. Liberman 1973) setzte der „Hype" um die *phonologische Bewusstheit*[21] als zentrale Komponente des Lesen- und Schreibenlernens erst zu Beginn der 1980er-Jahre ein.

Zurück zu *Jürgen Reichen*: Neben seiner Lehrtätigkeit arbeitete er auch als wissenschaftlicher Mitarbeiter in der Schulbehörde des Kantons Zürich. Später (1995–2006) war er Dozent am Institut für Lehrerbildung in Hamburg, versuchte daneben aber immer auch noch selbst zu unterrichten.

## 5.2 *Lesen durch Schreiben* (LdS): Die Methode

### Schreiben mit der Buchstabentabelle

Das zentrale Vorgehen im Unterricht bei LdS lässt sich recht knapp beschreiben: Die Schülerinnen und Schüler schreiben vom ersten Schultag an, zunächst mit der Hilfe der Lehrkraft, die sich ihnen jeweils einzeln zuwendet. Die Aufgabe der Kinder besteht darin, Wörter über eine *Analyse ihrer Laute zu konstruieren*, also entsprechend der alphabetischen Strategie zu schreiben. *Lesen* wird nicht geübt, sondern wird – so *Reichen* – als „automatisches Begleitprodukt" des Schreibens „von selbst" irgendwann im ersten Schuljahr *gekonnt* (vgl. Reichen 2006, S. 28). Täglich sollen zunächst mindestens fünf Wörter geschrieben werden, später 10 bis 15, dann 5 bis 10 und mehr kleine Sätze (Reichen 2006, S. 40). Eine Individualisierung der Anforderungen ist jedoch möglich und Teil des Konzepts.

21 Unter *phonologischer Bewusstheit* versteht man zum einen das Aufmerksamwerden auf die lautlichen Merkmale der gesprochenen Sprache unabhängig von deren Bedeutung und zum andern die Fähigkeit, die gesprochene Sprache in kleinere linguistische Einheiten (Silben, Phoneme) zu gliedern. Die phonologische Bewusstheit im Vorschulalter sagt recht gut die Lese- und Schreibkompetenz in den ersten Schuljahren voraus (vgl. Scheerer-Neumann 2018, Kap. 12).

Beim Schreiben gliedern die Kinder zunächst die gesprochenen Wortformen in Laute (von *Reichen* „auflautieren“ genannt) und ordnen diesen Buchstaben zu. Noch unbekannte Buchstaben finden sie im zentralen Arbeitsmittel von LdS, einer *Buchstabentabelle*[22] nach dem Anlautprinzip (vgl. Abb. 5.1). Dargestellt sind Bilder von Tieren und Gegenständen und die Grapheme der Anlaute ihrer Bezeichnungen, jeweils als Majuskel und Minuskel. Für kurze (ungespannte) bzw. lange (gespannte) Vokale wird jeweils ein gesondertes Bild vorgegeben, z. B. zu /a:/ *Ameise* und zu /a/ *Affe*.

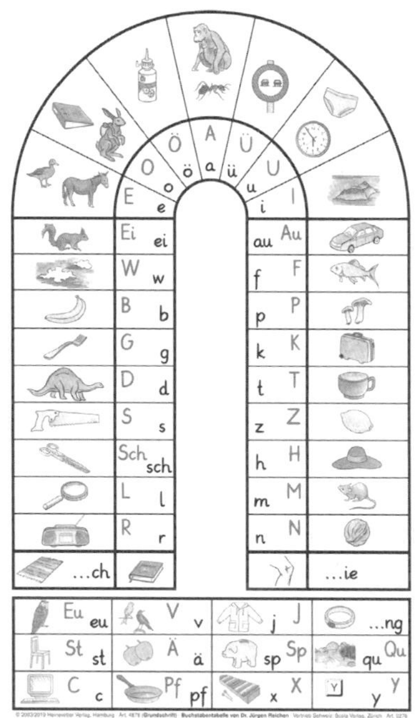


Abb. 5.1: Buchstabentabelle von *Reichen* in der Version von 2003/2019 (© Heinevetter Verlag, Hamburg)

Besonders hervorzuheben ist die Anordnung der Grapheme: Im oberen Teil des Bogens befinden sich die einfachen Vokale, gefolgt von den mehrbuchstabigen Vokalen <ei> und <au>. In den Säulen des Bogens sind die Konsonanten angeordnet; auf den jeweils gegenüberliegenden Positionen werden stimmhafte (z. B. /d/ – < D, d>) und stimmlose (z. B. /t/ – <T, t>) Konsonanten kontrastiert. Die Tabelle hat *Reichen* im Laufe der Jahre überarbeitet; Abbildung 5.1 zeigt eine aktuelle Version, die während des 1. Schuljahrs durch „besondere Buchstaben“ wie <V, v>, <J, j>. <Eu, eu> u. a. ergänzt wird. Bei dieser Überarbeitung von *Wiemer & Hüttenberger* (2019) wurde der *Igel* herausgenommen, weil das lange /i:/

22 *Reichen* spricht nicht von einer *Anlauttabelle,* sondern von einer *Buchstabentabelle,* die nach dem Anlautprinzip funktioniert. Tatsächlich ist vor allem seine letzte Fassung (vgl. Abb. 5.1) aber eher eine Anlauttabelle; ursprünglich verzichtete er zunächst z. B. auf die Grapheme <V, v> und <Eu, eu>, da die entsprechenden Phoneme auch über andere Grapheme wiedergegeben werden können.

mit dem Basisgraphem <ie> korrespondiert; dieses wird jetzt über das neu eingefügte *Knie* verdeutlicht.

### Weitere Materialien

Nun ist das freie Schreiben eigener Wörter und Texte mithilfe der Buchstabentabelle nur ein Baustein im Verfahren von *Reichen*. Mit *Lara und ihre Freunde* (2006/2007, erweiterte Auflage 2018/19) liegt ein *Lern-Bilderbuch mit Denktrainer* vor, in das die Kinder auch schreiben können. Die Bilder zeigen komplexe Szenen, zumeist aus dem Leben von Kindern: *Mit Opa im Zoo, Im Warenhaus, Auf dem Weihnachtsmarkt* ... Dazu gibt es passende Vorlesegeschichten von *Regina Reichen*. Zum Bild- und Textverständnis werden von der Lehrkraft Fragen gestellt; die Kinder können über eine Kontrollkarte selbst ihre Antworten überprüfen. Zu jeder Einheit gibt es auch eine inhaltlich unabhängige Nachdenk-Aufgabe zur Reihenbildung, wie z. B. 99 9 88 8 77 7 – *welche Zahlen folgen*?

Auch in weiteren Arbeitsmaterialien (Kopiervorlagen), z. B. *Lara und Moussa lernen schreiben ... alle Wörter der Welt* (2002/2007) wird nicht nur geschrieben. Es gibt vielfältige Aufgaben in Rätselform: Suchen nach Details in Bildern, Ordnen von Bildergeschichten, Abzeichnen, Suchen von Wegen aus einem Labyrinth usw. Es finden sich auch Kreuzworträtsel und Kammrätsel, die nur über orthografisch korrekte Schreibungen zu lösen sind und insofern nicht im Einklang mit dem lautorientierten Schreiben stehen.

### Rechtschreiben

*Reichen* war sich bewusst, dass das lautorientierte Schreiben nicht direkt zum Rechtschreiben führen kann und deshalb didaktisch ergänzt werden muss. Zu einer eigentlichen Rechtschreibdidaktik findet sich in seinen Publikationen allerdings nur wenig: Im Buch *Hannah hat Kino im Kopf* erfährt man, dass er nicht auf Rechtschreibregeln zurückgriff und schon früh auf Lernsoftware setzte (z. B. Programm *Erstes Verschriften*), die Rückmeldung zum lautorientierten Schreiben, aber auch zu orthografisch korrekten Wortformen geben kann.

Nach *Reichens* Konzept sollen Kinder sich aber erst dann mit der Rechtschreibung befassen, wenn sie lesen können. Wie „lesen können“ hier zu definieren und vor allem zu operationalisieren ist, bleibt allerdings offen. Unklar ist auch, ab wann durchgängig orthografisch korrekte Schreibungen von den Kindern erwartet werden. Insofern ist es nicht erstaunlich, dass aus der schulischen Praxis bei LdS sehr unterschiedliche Zeitpunkte berichtet werden, zu denen die Orthografie eine größere Relevanz erhält: noch im Lauf des ersten Schuljahrs, im zweiten Schuljahr oder sogar erst im dritten.

### Der Werkstattunterricht

Der Schriftspracherwerb ist in den *Werkstattunterricht* eingebettet. Der Werkstattunterricht bei Reichen ist eine Variante des offenen Unterrichts, in der der Frontalunterricht auf ein Minimum reduziert wird und verschiedene Formen der Freiarbeit/Gruppenarbeit dominieren. Die Schülerinnen und Schüler tragen eine höhere Verantwortung für ihr Lernen als im herkömmlichen Unterricht: In einem vorgegebenen Rahmen können sie ihre Aufgaben auswählen und dabei eigenen Interessen folgen. Auch das Schreiben mit der Buchstabentabelle ist in diesem Zusammenhang zu sehen und wird von *Reichen primär pädagogisch* begründet: Die Kinder können damit von Anfang an „alle Wörter der Welt" schreiben; es gibt keine Begrenzung durch einen Fibelwortschatz.

Die Lernangebote in *Reichens* Werkstatt sind zumeist fächerübergreifend konzipiert; so gibt es zu einem Thema wie *Jahrmarkt* Schreibaufgaben, Rechenaufgaben, Anregungen zum Gestalten und später auch Leseaufgaben. Als Materialien liegen zahlreiche themenbezogene Arbeitsblätter vor, z.B. *Bausteine für den Sachunterricht 1, Heimtiere* (Neuauflage 2009, ab Ende der 1. Klasse).

Im Idealfall kontrollieren die Kinder ihre Arbeit weitgehend selbstständig oder mithilfe von Mitschülerinnen und Mitschülern. Eine Besonderheit ist das „Chefsystem", bei dem jeweils ein Kind für ein Arbeitsblatt zuständig ist, bei der Durchführung der Aufgabe(n) helfen kann und auch die erledigte Arbeit „abzeichnet". Die „Chefs" werden von der Lehrkraft sehr gut auf ihre Aufgabe vorbereitet, so dass auch leistungsschwächere Kinder in das System einbezogen werden können. Außerdem steht die Lehrkraft immer für Auskünfte zur Verfügung. Angestrebt wird im Werkstattunterricht aber das Prinzip der „minimalen Hilfe".

Wenn es gelingt, den Werkstattunterricht so zu gestalten, dass die Kinder sich mit ihren Aufgaben identifizieren und die meiste Zeit tatsächlich daran arbeiten und nicht ausweichen, handelt es sich um ein sehr günstiges Lernarrangement: Die Kinder können in ihrem eigenen Tempo arbeiten und der Lehrkraft bleibt Zeit, um sich um die Probleme einzelner Kinder zu kümmern.

## 5.3 Diskussion der zentralen pädagogischen Elemente der Methode

**(Fast) alle Buchstaben auf einmal: Überforderung für manche Kinder?**

Zu Beginn des ersten Schuljahrs werden die Schülerinnen und Schüler gemeinsam in das zentrale Arbeitsmittel, die Buchstabentabelle, eingeführt: Die Bezeichnungen der Bilder werden geklärt und die Anlaute analysiert. Dies ist notwendig, da Bilder fast immer mehrere Bezeichnungen zulassen: So wird das Schild *Überholen verboten* für das Graphem <Ü> spontan eher nur als *Schild* oder als *Verkehrsschild* bezeichnet. Der *Dinosaurier* könnte auch nur als *Saurier* oder (von kleinen Experten) als *Bronto- oder Apatosaurier* benannt werden. Meistens erkennen einige Kinder bei diesen Erläuterungen schon das Prinzip der Tabelle, das von der Lehrerin dann noch expliziert wird. Anschließend demonstriert sie, wie man damit die Buchstaben finden kann, die man zum Schreiben braucht:

> „Und jetzt passt auf, jetzt schreiben wir *Leo*. Was muss ich wohl zuerst schreiben, wenn ich *Leo* schreiben will? Ich muss zuerst das ‚L' schreiben und auf der Tabelle dieses ‚L' suchen. Aha, da ist es schon bei der Lupe. Merkt ihr etwas? Lupe/Leo." Die Lehrerin schreibt das ‚L' an die Wandtafel.
>
> „Jetzt kommt das E … Le … Das habe ich auch schon gesehen, nämlich beim E-sel (E schreiben). Und dann kommt noch das O und Leo ist fertig. Und das O ist hier beim Osterhasen. Ihr seht, es ist ganz einfach. Versucht es selber mal. Schreibt mal – sagen wir diesmal ein Mädchen: Lina."
>
> (aus: Lara und ihre Freunde, Methodische Empfehlungen und Tipps für die Praxis, 2003/2007, S. 10)

Obwohl die Lehrerin hier sofort auf die korrekten Anlautbilder zugreift, ist das Schreiben des kurzen Wortes *Leo* ein recht komplexer Prozess. Man stelle sich die Mühe vor, wenn ein Kind erst viele andere Bilder überprüfen muss, um zu dem richtigen Buchstaben zu gelangen! Vermutlich funktioniert das Verfahren überhaupt nur, weil ein Teil der Kinder schon mit recht guten Buchstabenkenntnissen zur Schule kommt (vgl. Neuhaus-Siemon 1994) und das Repertoire schnell erweitern kann. Kinder, die erst wenige Buchstaben kennen und vielleicht noch gar keine Vorstellung von der Funktion von Buchstaben haben, sind bei der Arbeit mit der Buchstabentabelle schnell überfordert, ebenso Kinder mit geringen phonemanalytischen Kompetenzen. Für langsame Lerner sollte zumindest zusätzlich die Aufmerksamkeit *sukzessiv* auf einzelne Ph-G-K gerichtet werden (vgl. den Ansatz von Brinkmann in Kap. 6). Vermutlich kann die Lehrerin bei LdS aber auch in der

Zeit, in der sie mit Kindern einzeln arbeitet, Rückstände kompensieren; allerdings setzt dies voraus, dass Klassengröße, Disziplin – oder eine zweite Lehrkraft – solche individuellen Hilfen auch tatsächlich gestatten.

### Wie frei ist das freie Schreiben bei LdS?

Bei LdS wird vom Kind von Anfang an eine angemessene lautliche Wiedergabe der phonologischen Wortform erwartet; orthografisch müssen die Wörter noch nicht korrekt sein. Allerdings fordert Reichen immer dann, wenn ein Kind zusammen mit der Lehrkraft schreibt, eine lautlich vollständige Verschriftung, akzeptiert also nicht, dass die Kinder zunächst nur einige Laute – wie *<ELF> für Elefant – verschriften. Wenn Kinder spontan noch sehr reduziert schreiben, stellt er wiederholt die Frage: „Was hörst du noch – und was noch?" Sehr langsam lernende Kinder sollen nach Reichen noch nicht selbstständig schreiben:

> „Wer nicht schreiben kann, schreibt nicht. Irgendwelche *Wortruinen*[23] stören den Prozess. Solche Kinder verschriften daher nur gemeinsam mit der Lehrerin."
>
> (Reichen 2003/2007, S. 7)

Der pejorative Begriff *Wortruine* verwundert aus der Feder eines Reformpädagogen! Wie in Kapitel 4 deutlich wurde, weisen reduzierte Schreibungen wie *<MS> für *Maus* auf eine beginnende alphabetische Strategie hin, die durch gezielte Lernangebote gefördert werden kann.

Positiv ist bei LdS aber anzumerken, dass langsam lernende Kinder durch das gemeinsame Verschriften mit der Lehrkraft eine intensive Übung in der *Phonemanalyse* erhalten, eine auch für die weitere Rechtschreibentwicklung grundlegende Kompetenz. Allerdings erwartet *Reichen* nicht nur eine vollständige Phonemanalyse, sondern eine Analyse, die sich weitgehend an der Standardsprache bzw. sogar der Schriftsprache orientiert – und *nicht* an der spontanen Sprache der Kinder! Diesem Aspekt der Methode räumt er in seinen Schriften weit weniger Raum ein als der Forderung nach der Vollständigkeit der lautlichen Wiedergabe, vermutlich weil ihm als Deutschschweizer implizit klar war, dass die Verschriftung der Muttersprache allenfalls zu einer der Schriftsprache angenäherten graphemischen Struktur führen kann. Man vergleiche[24]:

---

23 Hervorhebung von mir. GSN

24 Aus: https://de.wikipedia.org/wiki/Schweizerdeutsch

I han es Buech, won är mir ggää het
„Ich habe ein Buch, das er mir gegeben hat"

Ich will diesen Punkt ausführlich behandeln, weil an dieser Stelle vielleicht ein Missverständnis in der Rezeption der Methode LdS in Deutschland sichtbar wird – „Schreibe, wie du hörst" wird hier zumeist mit „Schreibe, wie du sprichst" gleichgesetzt. Bei einer Podiumsdiskussion auf einer Tagung der Deutschen Gesellschaft für Lesen und Schreiben (DGLS) 1999, also zu einem Zeitpunkt, zu dem *Reichen* schon in der Lehrerbildung in Hamburg tätig war, äußerte er Folgendes:

> „Also, ich mache es ganz kurz: Ich möchte es einfach klarstellen: Erstens: Der Satz ‚Schreibe, wie du sprichst', stammt nicht von mir. Und bei mir findet man den Satz auch nicht. Gerade das darf ein Schweizerkind nämlich nicht machen, genau das darf es nicht machen." (aus: Andresen & Kluge 2001, S. 56)

> „Die ganze Diskussion, die hier ansteht, kann ich als Schweizer irgendwo nicht teilen. Weil: Wir haben in der Schweiz einfach eine andere Situation. Und diese Schreibungen, denen ich ja jetzt in Hamburg in der Schule dauernd begegne, die haben wir nicht in der Schweiz. Ich weiß nicht, woher das kommt. Na gut, ich habe eine Vermutung natürlich, woher das kommt. Wir haben das jedenfalls nicht.
> Ein Streitpunkt, den ich mit Hans Brügelmann habe und anderen, ist ja die Frage, ob das, was ihr Skelettschreibung nennt, ob man das akzeptieren, tolerieren darf oder nicht. Und ich vertrete ja die Auffassung, dass man das nicht tolerieren darf. Und ich toleriere es auch nicht! Und diese typische a-Endung für er, die lasse ich nicht zu! Ich sage das den Kindern: ‚Das ist nicht so!' Und bei der *Hummel* lasse ich nicht zu, dass das ***u*** nicht geschrieben wird, ich akzeptiere das nicht."[25] (a. a. O. S. 51)

25 Allerdings äußert sich *Reichen* nicht immer so rigoros. Sowohl im Lehrerkommentar von 1982 (Heft 1, S. 60) als auch im Buch *Hannah hat Kino im Kopf* von 2006 (S. 192) argumentiert er, dass Lautfehler korrigiert werden müssen, und fährt dann fort: „Allerdings ist nicht immer einfach auszumachen, wann ein Lautfehler als ‚grob' taxiert werden muss. Beispiel: Die Kinder schreiben in den ersten Schulwochen ‚Ohr'. Lisbeth in Basel schreibt ‚or', Ute in Hamburg schreibt ‚Oa'. Denn: In der Basler Mundart wird das ‚r' von ‚Ohr' deutlich gerollt, während man in Hamburg tatsächlich nur ‚Oa' hört. Wie soll hier korrigiert werden? … Diese Frage ist nicht einheitlich zu beantworten. Während in der Schweiz diese Lautverwendung nicht akzeptiert werden darf, akzeptieren z. B. Hamburger KollegInnen das ‚Oa'. Je nach Sprachraum, in dem Sie leben, müssen Sie also selber entscheiden, wo die Toleranzgrenzen verlaufen."

Und auf den Einwurf aus dem Plenum, dass (zuvor von einer Podiumsteilnehmerin gezeigte) unvollständige Schreibungen sicher auch in seinen Klassen vorkämen, antwortete *Reichen*:

> „Ja, ja, ich sage ja: Aber ich toleriere sie nicht. Und deshalb wäre es nicht soweit gekommen. Die Intoleranz fängt früh an.“ (a. a. O. S. 51)

Ich vermute, dass diese Passagen viele Leserinnen und Leser überraschen werden: *Reichen* gilt in Deutschland als ein Protagonist des freien – unkorrigierten (!) – Schreibens und hier erweist er sich sogar als „intoleranter“ Korrektor!

Aus didaktischer Sicht stellt sich die Frage, wie der Anspruch, Reduktionssilben (z. B. <er>,<en>, <el>) korrekt zu verschriften, mit dem lautorientierten Ansatz von LdS vereinbar ist. Um diese korrekt zu schreiben, wäre es ja für die Kinder am einfachsten, sich am *Geschriebenen,* an den *Graphemen* zu orientieren – und über Geschriebenes nähern sich Erstklässler in deutschen Dialektgebieten in der Regel der Standardsprache[26] – aber schriftliche Vorlagen gibt es bei LdS kaum, solange die Kinder noch nicht lesen können. Die Aufgabe beim Schreiben besteht zunächst ausschließlich im „*Auflautieren*“ und in der Zuordnung der analysierten Phoneme zu den entsprechenden Graphemen.

In Kontakt mit der deutschen Standardsprache kommen Schweizer Grundschulkinder über das Fernsehen, aber im Unterricht kann man sich eigentlich nur vorstellen, dass *Reichen* bei dialektbedingten Abweichungen die Wörter in Standardlautung vorsprach. Dabei wählte er vermutlich sogar die „Explizitlautung“, bei der die Lautung enger an den Graphemen orientiert ist als in der Standardsprache (vgl. Kap. 2). Ein gutes Beispiel ist genau das <er> in Endstellung: Auch in der Standardsprache wird am Silbenende nicht [er], sondern [ɐ] gesprochen; so gibt das Aussprachewörterbuch von Duden (2000) für *Vater* [fa:tɐ] und keineswegs [fa:ter] vor.

Nun muss offen bleiben, ob *Reichen* bewusst war, dass man das Graphem <r> am Silbenende nicht nur in Hamburg, sondern auch in der Deutschen Standardaussprache vokalisiert, also nicht als [r] ausspricht. Lautbezogene Übungen im (in Deutschland publizierten) Programm von LdS, die von den

26 Auch die Aussprache in der Umgangssprache weicht von der deutschen Standardaussprache ab; die Abweichungen sind aber in Dialektgebieten massiver – und werden dann didaktisch vielleicht sogar eher kompensiert.

Kindern alleine zu absolvieren sind, sprechen eher dagegen: So sollen die Kinder in einer Aufgabe diejenigen Bilder ankreuzen, in deren Bezeichnungen am Wortende ein [r] zu hören ist – *Kinder, Tür, Uhr* usw. (Lara und ihre Freunde, Methodische Empfehlungen und Tipps für die Praxis 2003/2007, S. 19). Alle diese Wörter enden in der deutschen Standardsprache phonetisch jedoch nicht auf [r], sondern auf [ɐ] – ein [r] ist nicht zu hören! Vielleicht hat allerdings *Reichen* – beeinflusst durch den Baseler Dialekt – auch in der deutschen Hochsprache ein [r] wahrgenommen! Dies wäre dann das Phänomen, dass wir die lautlichen Merkmale eines Wortes oft überformt durch unser Wissen um die korrekten Grapheme wahrnehmen und *Reichen* ist ganz sicher nicht der Einzige, dessen Wahrnehmung entsprechend beeinflusst war.

*Markus Peschel* (2004, Kap. 7) beschreibt eine Sequenz aus einer LdS-Klasse, bei der die Lehrerin zusammen mit den Kindern an der Tafel das Wort [i:gl] *(Igel)* verschriftete. Die meisten Kinder lautierten [i:] [g] [l], die Lehrerin erwartete jedoch noch einen e-Laut und schließlich sagte ein Kind [ɛ] wie Ente. Tatsächlich gibt der Aussprache-Duden aber [i:gl] vor; die Kinder hatten also Recht. Ein e-Laut in der Reduktionssilbe kann vor [l] (wie auch vor [n]) nur bei einer sehr expliziten silbischen Aussprache wahrgenommen werden. Es ist dann aber weder der Anlaut aus [ɛntə] noch aus [e:sl], sondern der Schwa-Laut [ə], der im Deutschen niemals am Wortanfang vorkommt und so nicht in einer Anlauttabelle repräsentiert werden kann.

Nun spricht natürlich nichts dagegen, dass die Lehrerin die korrekte Schreibung <Igel> einführt und *Reichen* auf das <r> in <Uhr> und <Tür> hinweist, nur sollte man weder Kindern noch Kolleginnen und Kollegen suggerieren, dass man zu diesen Schreibungen allein über das „Hören" gelangen könne! Das Schreiben von <Igel> wäre im Gegenteil eine gute Gelegenheit, über die Grapheme in die Schreibung von Reduktionssilben einzuführen.

**Aussagen zur Funktion und Didaktik der Rechtschreibung**

In den Medien wurde und wird LdS in der Regel nur negativ mit Rechtschreibkompetenz in Verbindung gebracht und *Reichen* wehrte sich deshalb „...gegen die immer wieder verleumderisch vorgebrachte Behauptung, bei *Lesen durch Schreiben* würde man sich nicht um die Rechtschreibung kümmern" (Reichen 1998, S. 341). Möglicherweise hat er dieses Vorurteil aber selbst durch sehr pointierte Aussagen zu der von ihm empfundenen Überbewertung der Rechtschreibung in Schule und Gesellschaft provoziert:

> „So stehe ich dazu, dass mir die Rechtschreibung persönlich gänzlich unwichtig ist und ich die Wertschätzung, die sie erfährt, rational nicht nachvollziehen kann, grad so, als ob ein Grossteil[27] der Deutschen in punkto Rechtschreibung an einer kollektiven Zwangsneurose leide." (Reichen 1998, S. 341)

> „Womöglich wäre es endlich an der Zeit, zu fragen, ob Rechtschreibung wirklich noch Bestandteil der Allgemeinbildung sein soll? Ist Orthografie nicht einfach nur Spezialwissen für ‚Mitglieder der schreibenden Zunft' und daher bloß Bestandteil einer speziellen Qualifikation?" (Reichen 2006, S. 117)

Trotz dieser Vision akzeptierte *Reichen* die derzeitige Realität der schulischen und gesellschaftlichen Bedeutung des orthografisch korrekten Schreibens und wollte diese Kompetenz auch seinen Schülerinnen und Schülern nicht vorenthalten. Nach Erhebungen durch die Schulverwaltung während seiner Lehrtätigkeit in der Schweiz gelang ihm dies auch recht gut: Er berichtet, dass seine LdS-Klassen in Basel im Vergleich mit traditionell unterrichteten Klassen nur geringfügig schwächere Rechtschreibleistungen erbracht hätten (Reichen 2006, S. 143).

In der BRD-DDR-Schweiz-Feldstudie von *Brügelmann u. a.* (Brügelmann, Lange, Spitta et al. 1994; Brügelmann, Hengartner & Reichen 1994) aus der Zeit unmittelbar nach der deutschen „Wende" zeigten die Schweizer LdS-Kinder im Vergleich zur Stichprobe „West" bessere Rechtschreibleistungen am Ende des 1. Schuljahrs, also zu einem Zeitpunkt, zu dem man aufgrund der Lautorientierung der Methode eher einen höheren Fehleranteil erwartet hätte![28] Etwas schwächer waren die Schweizer Kinder aber im Vergleich zur Stichprobe „Ost", d.h. der Kinder aus der ehemaligen DDR, für die die Rechtschreibung ab der 1. Klasse relevant war.[29] Im zweiten Schuljahr fielen die LdS-Kinder vor allem beim Diktat häufiger Wörter auch gegenüber der Stichprobe „West" zurück; im 4. Schuljahr gab es dann wieder eine Annäherung, vor allem beim Anteil der orthografisch korrekten Wörter in freien Texten (weitere empirische Studien s. u. und in Kap. 9).

27 Schweizerdeutsche Schreibung ohne <ß>.

28 Allerdings wurde die Groß- und Kleinschreibung nicht gewertet.

29 In den Klassen der Stichprobe West wurde vorrangig mit Fibeln, teilweise ergänzt durch freies Schreiben unterrichtet, in den Klassen der Stichprobe Ost wurde einheitlich die Fibel *Unsere Fibel* eingesetzt.

Die vergleichsweise guten Rechtschreibleistungen am Ende des 1. Schuljahrs bei LdS lassen sich aus meiner Sicht durch die Orientierung an der Standardlautung – bzw. sogar an der Explizitlautung – erklären. Auch im 1. Schuljahr findet bei LdS also durchaus schon ein Rechtschreibunterricht statt, auch wenn *Reichen* dies vermutlich nicht so gesehen hat. Auch die Übungen mit dem Arbeitsmaterial *Little Genius* fördern unmittelbar die Rechtschreibung auf der Wortebene: Vorgegeben werden Bilder, zu denen die entsprechenden Wörter mit Buchstabenplättchen gelegt werden. Für jeden Buchstaben eines Wortes gibt es auf der Karte ein Feld mit vorgestanzten Löchern, in die nur die Zapfen des korrekten Buchstabenplättchens passen, so dass eine unmittelbare Rückmeldung über die richtige Lösung gegeben wird. Die ausgewählten Wörter sollen entsprechend des Konzepts „lauttreu" sein; allerdings finden sich darunter sowohl Wörter, die auf <el>, <en> und <er> enden, als auch Wörter, bei denen der Endlaut aufgrund der Morphemkonstanz des Deutschen nicht „lauttreu" verschriftet wird: z. B. *Mond* (Standardlautung [mo:nt]), *Hemd, Bild, Korb* usw. In das Arbeitsmaterial *Little Genius* nicht aufgenommen wurden nur Wörter mit deutlich erkennbaren *orthografischen Elementen* wie der Konsonanten- oder Vokaldopplung und dem Dehnungs-h.

Zur eigentlichen *Rechtschreibdidaktik* hat sich *Reichen* nur sehr sparsam geäußert. Aus dem Jahr 1997 gibt es einen im Selbstverlag veröffentlichten Aufsatz mit dem Titel „Rechtschreibung / Funktion und Didaktik", in dem er schwerpunktmäßig allerdings die *gesellschaftliche Funktion* der Rechtschreibung diskutiert: Er sieht sie als ein Mittel der Repression, die vor allem dazu dient, den gesellschaftlichen Aufstieg von Kindern aus der Unterschicht zu verhindern. Zur Rechtschreibdidaktik ist zu lesen, dass man am besten ganz auf sie verzichtet:

> „Wer will, dass Kinder Rechtschreibkompetenz erwerben, muss – das ist meine These – die Entwicklung der Rechtschreibung in Ruhe lassen, darf didaktisch nicht eingreifen (jedenfalls nicht direkt)." (Reichen 1997, S. 20)

Eine Alternative sieht er in der „Selbststeuerung" des Lernens – gemeint sind autonome Lernprozesse und nicht der selbstständige Gebrauch von Lernstrategien (s. u.). Den Kindern soll aber durchaus bewusst werden, dass die Rechtschreibung ein wichtiger Lerngegenstand ist, den sie eines Tages beherrschen müssen. Weiterhin möchte *Reichen* den Rechtschreiberwerb lieber mit positiven als mit negativen Erfahrungen verknüpfen:

> „Statt Fehler zu korrigieren und auf Falschschreibungen hinzuweisen, soll grundsätzlich ein ‚Positiv-Feedback' erfolgen, d. h. die Kinder bekommen Lob für alles, was richtig ist und Pluspunkte." (a. a. O. S. 26)

In der Praxis beschränkt sich *Reichen* aber nicht auf positives Feedback bei korrekten Schreibungen. Sein Computerprogramm „Erstes Verschriften", in dem zu Bildern die entsprechenden Wörter geschrieben werden, gibt nicht nur positive Rückmeldungen: Es nimmt falsche Buchstaben gar nicht an und signalisiert über einen Pfeifton Fehler. Der Wortschatz des Programms umfasst über 500 Begriffe und ist so aufgeteilt, dass die Schreibanforderungen eine Steigerung aufweisen – von kurzen, lautgetreuen Wörtern in der Art von <Lama> hin zu langen, nicht ganz einfachen Wörtern in der Art von <Stiefmütterchen>.[30] Ganz offensichtlich handelt es sich hier um ein Rechtschreibtraining!

Nun ist natürlich denkbar, dass *Reichen* seine Meinung zur Rechtschreibdidaktik mit der Zeit geändert hat, aber auch auf der erwähnten Tagung der DGLS 1999 fielen Inkonsistenzen in seinen Statements auf, besonders zu der von ihm betonten didaktischen Abstinenz im Bereich der Rechtschreibung:[31]

Frage aus dem Plenum von *Helmut Lange* an *Jürgen Reichen*:

> „[...] Wie bringen Sie Kinder mit all Ihrem Wissen zum richtigen Schreiben und erhalten gleichzeitig diesen Wissensdurst, alles kennen zu lernen, was sie interessiert und was diese Welt bietet?"

Jürgen Reichen antwortet:

> „Er wollte wissen, was ich mache, damit ...? Ich kann schnell antworten: Ich mach nichts!"

Stimmen aus dem Plenum:

> „Das ist zu wenig!"
>
> „Das stimmt doch nicht! Sie haben doch vorhin was anderes gesagt!
> Sie haben gesagt <Vata> lass ich nicht gelten, lass ich nicht durchgehen!"

30 Die Beschreibung ist angelehnt an die entsprechende Information auf der Internet-Seite des Heinevetter-Verlags, in dem das Programm erschienen ist. Das Programm kann auch so eingestellt werden, dass es Rückmeldungen zu *lautbezogen* angemessenen Schreibungen gibt.

31 Alle Zitate aus (Andresen & Kluge 2001, S. 72 f.)

(Das Protokoll vermerkt an dieser Stelle: TUMULT!)

*Reichen* erläutert, dass sich seine Korrekturen auf die Phase bis zum Lesenkönnen beziehen, und fährt fort:

> „Ich habe jetzt seine Frage so verstanden: ‚Was mache ich später, damit die Kinder die Orthografie können?' Und da habe ich gesagt: ‚Da mache ich nichts.' Ich gebe den Kindern Auskunft, wenn sie mich etwas fragen, aber ich selber mache nichts."

Auch in anderen Konzepten zum freien Schreiben (z. B. Spitta 1983, 2015; Leßmann 2016; Brinkmann 2015) wird den Kindern mit der Zeit die Verantwortung zur selbstständigen rechtschriftlichen Überarbeitung ihrer Texte übertragen – aber dies wird durch individuelle Hilfestellungen und/oder durch „Rechtschreibgespräche" in der Klasse, in Kleingruppen oder mit einem Partner vorbereitet (vgl. Kap. 6).

Was an *Reichens* Darstellung irritiert, sind die vermuteten Lücken: Grundschullehrerinnen und -lehrer wissen aus Erfahrung, dass ohne jeglichen Anstoß, orthografisch korrekt zu schreiben – komme er von der Schule, dem Elternhaus oder älteren Geschwistern –, nur wenige Kinder Fragen zur Rechtschreibung stellen oder sich diese gar selbstständig aneignen würden. Und so findet man bei *Reichen* im letzten Kapitel seines Buches *Hannah hat Kino im Kopf* unter der Überschrift *Einige Tips für Eltern (und Lehrerinnen)* nach der Beschreibung des lautierenden Schreibens mit der Buchstabentabelle nicht unerwartet folgenden Absatz:

> „Mit der Zeit werden dann neue Anforderungen gestellt und kontinuierlich gesteigert, bis schließlich in der zweiten Klasse die Rechtschreibschulung einsetzt. Haben die Schüler im Schreiben ein erstes Niveau erreicht[32], kann man z. B. auf feinere Lautunterschiede wie d/t, b/p aufmerksam machen, die Groß-Kleinschreibung einführen, auf Dehnungen-Schärfungen hinweisen usw., wobei aber alle diese Hinweise dem individuellen Leistungsstand des Kindes entsprechend dosiert werden sollen." (Reichen 2006, S. 193)

Eine individuelle Dosierung entspricht dem entwicklungsorientierten Ansatz (vgl. Kap. 4), dem *Reichen* sich jedoch nicht verpflichtet fühlt. Er bezieht seine Differenzierungen auf die *Leistungsstärke* der Kinder (z. B. durchschnittliche Schülerin, sehr gute Schülerin ...) (*Reichen* 2006, S. 192).

32 Gemeint ist hier vermutlich die lautbezogene vollständige Verschriftung.

Am Beispiel des Basler Mädchens Lisbeth, das nach wenigen Wochen im 1. Schuljahr <or> anstelle von <Ohr> schreibt, erläutert er sein differenziertes Vorgehen:

> „Wenn Lisbeth eine schwache Schülerin ist, würde ich zu diesem Zeitpunkt gar nichts beanstanden; wäre Lisbeth eine durchschnittliche Schülerin, würde ich die Großschreibung erwähnen; wäre Lisbeth eine sehr gute Schülerin, würde ich die Großschreibung verlangen und das Dehnungs-h erwähnen." (Reichen 2006, S. 192)

Übrigens sind in einer neueren Fassung des Konzepts, das von *Reichens* ehemaliger Mitarbeiterin *Ivonne Wiemer* und dem Pädagogen *Michael Hüttenberger* in Seminaren vermittelt wird, jetzt individuelle Grundwortschätze vorgesehen, wobei die Wörter „sukzessiv gesichert werden" sollen – allerdings immer im Kontext von Texten und nicht als reines Worttraining (Wiemer & Hüttenberger 2015, S. 141).

**Das zentrale lernpsychologische Prinzip bei Reichen: Selbststeuerung**

Zentral in *Reichens* lerntheoretischem Konzept ist der Begriff der *Selbststeuerung*. Er versteht darunter – anders als andere Autoren (z. B. Hartke 2007) ein automatisches, inzidentelles, zufälliges Lernen, das sozusagen autonom durch den Lernprozess selbst und nicht durch das Kind oder seine Umgebung gesteuert wird. Nicht gemeint ist die Selbstregulation beim Lernen, bei der sich ein Kind selbst Ziele setzt, Lernstrategien bewusst anwendet, seine Arbeitszeit einteilt und den Lernerfolg überprüft.

Lesenlernen erfolgt nach *Reichen* analog zum Sprechenlernen und Hörverstehen, bei dem Kindern auch kein explizites Lernangebot vorgegeben wird:

> „Zentral ist die These, dass Lesenkönnen nicht das Ergebnis eines Lernprozesses im engeren Sinne ist, also ein Prozess, der vom Kind willentlich und bewusst gesteuert/begleitet wird, sondern wie der Sprechspracherwerb genetisch mitbedingt ist und weitgehend implizit, d. h. ‚von selbst' verläuft." (Reichen 2006 S. 83)

Sicher gibt es Parallelen zwischen dem Erwerb der Muttersprache und der Schriftsprache, aber es lässt sich kein genetisches Programm für den Schriftspracherwerb nachweisen.

Die Annahme einer *Selbststeuerung* bezieht *Reichen* speziell auf die Prozesse beim Lesenlernen und beim Erwerb der Rechtschreibung, aber auch in Bezug auf andere Lerngegenstände wünscht er sich eine „inzidentelle Didaktik", d. h. Lernarrangements, die ein zufälliges, beiläufiges Lernen ermöglichen. Nun soll nicht bestritten werden, dass gerade Vorschulkinder oft inzidentell lernen; *intentionales* Lernen ist ihnen noch weitgehend fremd (vgl. Oerter 2012). So lernen Kinder die Namen der U-Bahn-Haltestellen auf dem Weg zur Großmutter, wenn diese jeweils per Lautsprecher angesagt werden; durch ihre Teilnahme an Geburtstagsfeiern im Kindergarten erkennen sie die Struktur einer solchen Feier, als Begleitung beim Einkaufen erfahren sie Wichtiges über den Wert des Geldes. Nicht vergessen werden sollte aber, dass Kinder dabei oft Fragen stellen, also selbst eine gezielte – und nicht inzidentelle – Informationsaufnahme einleiten!

Die im Buch *Hannah hat Kino im Kopf* gebetsmühlenartig wiederholte Aussage, „Kinder lernen umso mehr, je weniger sie belehrt werden" (Reichen 2006, z. B. S. 26, 29, 40, 79) kann man nur akzeptieren, wenn man „Belehren" als frontales Dozieren über die Köpfe der Kinder hinweg versteht. Aus der Sicht der Kognitionspsychologie erfolgt schulisches Lehren und Lernen am besten in einer guten Mischung aus Instruktion *und* aktiver Auseinandersetzung mit einem Lerngegenstand. Die *Aufmerksamkeit* der Kinder ist in beiden Fällen auf den Lerngegenstand gerichtet. Dies ist auch der Fall beim Schreiben mit der Buchstabentabelle: Die Kinder richten ihre Aufmerksamkeit nicht nur auf ihre Schreibidee, sondern ebenso auf die in der Buchstabentabelle dargestellten Bilder und Buchstaben: Der Erwerb der Ph-G-K sollte hier deshalb auch nicht, wie *Reichen* dies tut, als *inzidentelles Lernen* bezeichnet werden.

**Intentionales, explizites, implizites, inzidentelles und handlungsorientiertes Lernen**

*Lernsituationen* unterscheiden sich danach, ob die Lernenden:
- beabsichtigen, zu lernen und das Lernen bewusst wahrnehmen,
- ihre Aufmerksamkeit auf den Lerngegenstand richten,
- im oder ohne Kontext einer Handlung lernen.

Entsprechend kann man differenzieren:
- *Intentionales* Lernen ist ein Lernen mit einer *bewussten Lernabsicht.* Es ist immer auch ein *explizites* Lernen: Die Lernenden *richten ihre Aufmerksamkeit auf den Lerngegenstand* und sind sich bewusst, zu lernen (z. B. Vokabellernen).

- Beim *expliziten Lernen* richten die Lernenden ihre *Aufmerksamkeit* auf den Lerngegenstand, die Absicht und/oder das Bewusstsein zu lernen, müssen aber nicht ständig präsent sein – sie sind z. B. integrativer Teil des schulischen Kontexts. *Explizites* Lernen kann auch in Handlungen eingebettet sein, so z. B. das Lernen von Ph-G-K beim Herausfinden des passenden Graphems in einer Anlauttabelle im Rahmen einer Schreibhandlung.
- Beim *impliziten* Lernen fokussieren die Lernenden zwar auch den Lerngegenstand, *aber sie lernen etwas über einen Aspekt, auf den ihre Aufmerksamkeit nicht explizit gerichtet ist.* So können sie z. B. beim Üben von Lernwörtern etwas über komplexe orthografische Strukturen und Wahrscheinlichkeiten erfahren. Viele Erwachsene wissen *implizit,* dass im Deutschen nach einem langen Vokal nur dann ein Dehnungs-h stehen kann, wenn dem Vokal einer der Konsonanten <l>, <m>, <n> oder <r> folgt, nicht aber z. B. <g> und <f>.
- Auch *implizites* Lernen kann in einen Handlungszusammenhang eingebettet sein. Die Lernenden sind sich nicht bewusst, dass sie etwas über den nicht fokussierten Aspekt des Lerngegenstands lernen und können das Gelernte in der Regel auch nicht verbalisieren.
- *Implizites Wissen* kann das Ergebnis von explizitem oder implizitem Lernen sein.
- *Inzidentelles Lernen* ist ein beiläufiges Lernen, d. h., *die Aufmerksamkeit der Lernenden ist nicht auf den Lerngegenstand gerichtet.* Inzidentelles Lernen ist in der Regel in einen Handlungszusammenhang eingebettet (s. Beispiele im Text).

**Das lesedidaktische Prinzip bei LdS**

Unter dem *lesedidaktischen Prinzip* seines Ansatzes versteht *Reichen* seine zentrale Annahme, dass Lesen am besten durch Schreiben gelernt wird – dass also *kein* Leseunterricht der beste Leseunterricht sei! Wie schon erwähnt, wird das Schreiben als Einstieg in den Schriftspracherwerb auch von anderen Didaktikern und Pädagogen vertreten (Montessori 1913, C. Chomsky 1971), und im Modell von U. Frith (1986) geht beim Erwerb der alphabetischen Strategie das Schreiben dem Lesen voraus (vgl. Kap. 4) – singulär bei *Reichen* sind zwei Aspekte: die völlige Ablehnung eines Leseunterrichts einschließlich des lauten Lesens und seine Interpretation des Transfers vom Schreiben zum Lesen.

Zunächst ist festzuhalten: Es funktioniert tatsächlich – die meisten Kinder finden bei LdS selbstständig den Weg zum Lesen (obwohl jeweils kaum zu klären ist, inwieweit Eltern, Großeltern oder ältere Geschwister nachhelfen). Nach *Reichen* dauert dies im Durchschnitt ein halbes Jahr, bei manchen Kindern ist die Spanne kürzer, bei anderen länger; einige Kinder beginnen sogar erst gegen Ende des 1. Schuljahrs zu lesen.

Aber wieso kann Lesen überhaupt durch Schreiben gelernt werden? *Reichen* selbst sieht das Lesen als *Begleitprodukt*, das durch das Schreiben nur angestoßen wird – die Idee eines Transfers über gemeinsame Teilprozesse lehnt er vehement ab (Reichen 1998). Dabei liegt eine solche Erklärung eigentlich auf der Hand (Scheerer-Neumann 1995/2001, Balhorn 1998): Beim Schreiben mit der Buchstabentabelle erwerben Kinder Kenntnisse über Phonem-Graphem-Korrespondenzen, die sie beim Lesen in Graphem-Phonem-Korrespondenzen umkehren können. Dass eine solche Transposition für Leseanfängerinnen und -anfänger nicht sofort transparent ist, lässt sich aus Piagets Konzept der *Reversibilität* und ihrer Entwicklung ableiten. Insofern ist es durchaus plausibel, dass Kinder bei LdS nach einiger Zeit des ausschließlichen Schreibens „plötzlich" entdecken, dass sie lesen können. Tatsächlich lesen sie zumeist schon früher, ohne dass ihnen dies bewusst ist: Beobachtet man Kinder beim lautierenden Schreiben, bemerkt man, dass sie *erlesend* überprüfen, welche Laute sie schon verschriftet haben. Dabei synthetisieren sie die Laute zu Silbenanfängen, zu Silben und oft schon zu ganzen Wörtern. Diese Interpretation des Transfers vom Lesen zum Schreiben findet sich sogar in den frühen Schriften von *Reichen* selbst (z. B. 1982), wurde von ihm später jedoch abgelehnt (Reichen 1998). Interessanterweise kann man sie bei den heutigen Vertretern seines Ansatzes wieder lesen. *Wiemer & Hüttenberger* erläutern den Bezug des Schreibens zum Lesen bei LdS wie folgt:

> „Während ein Kind ein Wort verschriftet, erliest es immer wieder, was es schon geschrieben hat." (Wiemer & Hüttenberger 2015, S. 138)

Der Grund, warum *Reichen* diese Erklärung des Transfers vom Schreiben zum Lesen später (1998, 2006) nicht mehr akzeptierte, liegt an seinem zunehmend ganzheitlichen Verständnis des Leseprozesses: Während er beim Schreiben durchgängig einen lautbezogenen Ansatz vertrat und Schreiben als sukzessives Verschriften von Lauten verstand – größere Einheiten wie Silben finden keine Erwähnung –, war seine Konzeption vom Leseprozess zuletzt (2006) geradezu *extrem ganzheitlich*: Ausgehend von seiner eigenen Introspektion verstand er Lesen ausschließlich als *direktes Worterkennen*, bei dem Buchstaben kaum eine Rolle spielen. Die Prozesse beim Erkennen eines Bildes und beim Lesen des entsprechenden Wortes hielt er für analog:

„Sobald mein Blick auf das Wort (hier: *Pferd*)[33] fällt, erfasse ich im gleichen Moment die Bedeutung, teilt sich die ‚Pferd'-Bedeutung des Wortes gleichsam von selbst her mit. Als kompetenter Leser ‚hänge ich keine Laute aneinander', ich ‚schleife nichts zusammen' und ich bin mir auch nicht bewusst, einen ‚sinnstiftenden Akt' vorzunehmen." (Reichen 2006, S. 18)

„Für mich jedoch ist der Buchstabe recht unwichtig, das Wort ist entscheidend! Beim Lesen sehen wir zwar irgendwie – beiläufig – auch Buchstaben, aber der kompetente Leser nimmt in der Regel ganze Wörter wahr; sie sind schließlich die kleinste Einheit, die noch Bedeutung enthält." (Reichen 1998, S. 331)

„[...] ich werde vom Text gleichsam ‚angesprungen', es ‚widerfährt mir Lesen'. [...] Der Text drängt sich mir auf, und ich kann mich nicht einmal entziehen."

(Reichen 2006, S. 18 f.)

*Reichen* beschreibt hier recht gut das subjektive Erleben des *geübten Lesers*, insbesondere die Folgen der Automatisierung des Leseprozesses: die Zentrierung auf den Sinn eines Textes, aber auch den „Lesezwang", dem wir uns z. B. vor Plakatwänden nicht entziehen können. Problematisch ist die Ableitung didaktischer Konsequenzen für *Leseanfänger* aus diesen Beobachtungen! Kinder sollen nach Reichen niemals Wörter *erlesen*, sondern sofort von ihnen „angesprungen" werden. Dies ist eine sehr extreme Position: Selbst die „Ganzheitler" hielten nach dem Einstieg über das naiv-ganzheitliche Lesen für die weitere Leseentwicklung eine Phase der auditiven und visuellen Analyse für notwendig (vgl. Kap. 3).

Auch die neuere Leseforschung widerspricht *Reichens* Position: Zwar nimmt das 2-Wege-Modell durchaus an, dass zunehmend Wörter direkt erkannt werden können, gleichzeitig gilt aber, dass die innere Repräsentation eines Wortes kein visuelles Abbild ist, sondern ein strukturiertes graphemisches Schema, das in einer alphabethischen Schrift durch sequenzielle Prozesse beim Erlesen entsteht und nicht nur in Grapheme, sondern auch in größere Einheiten wie Silbenbeginn und -reim, ganze Silben und Morpheme gegliedert sein kann (Ehri 1992, Scheerer-Neumann 2018, vgl. Kap. 4).

33 Anmerkung von mir, GSN

Nun könnte man sich fragen, ob eine unzureichende (um nicht zu sagen *falsche*) Theorie schädlich ist, solange die Methode in der Praxis in etwa „funktioniert". Ja, sie ist schädlich, weil sie Implikationen hat, die vor allem langsam lernenden Kindern schaden. Aussagen wie diese:

> „Buchstabenkenntnisse sind nachrangig und Buchstabentrainings kontraproduktiv." (Reichen 2006, S. 104)

oder gar:

> „Je mehr Buchstabentraining Kinder absolvieren müssen, umso schlechter können sie lesen." (Reichen 2006, S. 90)

verhindern, dass langsame Lerner, die zunächst wenig schreiben und deshalb eine geringe Übung mit der Buchstabentabelle haben, kein zusätzliches Lernangebot erhalten.

Hilfreich wäre für sie z. B. ein Legespiel mit Kärtchen zur Buchstaben-Anlautbild-Zuordnung, das prinzipiell die gleichen Anforderungen stellt wie das Schreiben mit der Buchstabentabelle. Vermutlich lehnte *Reichen* solche zusätzlichen Übungen ab, weil ihm das Lernen hier als zu *explizit* erschien und er ja das *inzidentelle* Lernen bevorzugte. Wie aber schon deutlich wurde, darf auch der Erwerb von Ph-G-K beim Verschriften mit der Buchstabentabelle nicht als inzidentelles Lernen interpretiert werden.

Frühe Hilfestellungen beim Lesenlernen sind bei *Reichen* ebenso nicht vorgesehen, weil ja ein spontanes Lesenkönnen erwartet wird! Wenn ein Kind nicht laut vorlesen darf, kann die Lehrerin allerdings auch den Stand der Leseentwicklung nicht einschätzen und eine ggf. notwendige Förderung würde unterbleiben. Nun halten sich Lehrerinnen und Lehrer glücklicherweise nicht sklavisch an vorgegebene didaktische Konzepte und Beobachtungen in LdS-Klassen zeigen, dass häufig früher mit dem Lesen begonnen wird als im Konzept vorgesehen (vgl. M. Peschel 2004, J. Hanke 2007). In der Studie von P. Hanke (2005) gab sogar eine Lehrerin an, gleichzeitig mit LdS eine Fibel zu verwenden.

**Zuerst schreiben, dann lesen?**

Das sehr lange Hinausschieben des Lesens im Vergleich zum Schreiben im Anfangsunterricht bei LdS ist singulär und wird, wie erwähnt, in der Praxis oft nicht eingehalten. Dass das Lesen bei *Reichens* Ansatz überhaupt zeitlich verschoben werden muss, ist klar. Ein *freies Lesen* analog zum *freien Schreiben* nur mithilfe der Buchstabentabelle ist bei geringen Vorkenntnissen kaum möglich. Abbildung 5.2 gibt den Leseversuch von *Janina* aus dem frühen 1. Schuljahr wieder. Sie ist bei einigen G-Ph-K noch unsicher und das Lesen ist insgesamt recht mühsam – auch für die Lehrerin! Mit ihrer Frage „Ja was?“ macht *Janina* auch deutlich, dass sie trotz des letztlich gelungenen Erlesens den Sinn der Sätze nicht verstanden hat.

Mit dem Schreiben zu beginnen, macht deshalb für Kinder mit wenig Schrifterfahrung und nur geringen Buchstabenkenntnissen durchaus Sinn. Sie können über das Verschriften *einiger Laute* eines Wortes in die alphabetische Strategie „einsteigen“. Im Gegensatz zum Lesen, bei dem erst nach der korrekten Gesamthandlung ein Sinn entsteht, ist das Verschriften schon weniger Laute ein sinnvoller Schreibakt und das Produkt kann oft von Erwachsenen sogar schon entziffert werden (z. B. <ELFAT>, <WSA>, vgl. Tab. 4.1). Die von *Reichen* geforderte Vollständigkeit der lautlichen Wiedergabe von Anfang an muss also auch unter dem Aspekt der Vorteile des frühen Schreibens kritisch gesehen werden.

| **Mona** | **reitet** | **zu** | **wild.** |
|---|---|---|---|
| Mona | rei:te:t | nu: su: zu: | wi: wi: wi:lt |

| **Das** | **mag** | **das** | **Pony** | **nicht.** |
|---|---|---|---|---|
| Dau das | ma: ma: ma(g)k | ba:s | Pony | ni:r nicht. |
| | *L: Das ist ein [g]* | | | |

| **Es** | **will** | **nicht** | **mehr** | **laufen.** | |
|---|---|---|---|---|---|
| Es | wi:rd wirl will | ni:ch-t | tm te:m tim? me:r | tra.u la:u-fe:n | Ja was? |
| *L.: Das ist ein [l]!* | | | *L.: Es fängt mit [m] an!* | *L.: Das ist ein [l]* | |

Abb. 5.2 Protokoll eines frühen Leseversuchs: *Janina*, eine Schülerin an der Laborschule in Bielefeld, kann schon Anfang November im 1. Schuljahr recht gut lautbezogen verschriften. Sie möchte gerne eine Geschichte in einem Leseheft lesen (aus: Kretschmann, R.: Mona und ihr Pony, Leseheft aus der Regenbogen-Lesekiste I, Klett 2010) (L. = Lehrerin, Doppelpunkt: Vokal lang gelesen, Bindestrich: deutliche Pause zwischen Lauten oder Silben).

## 5.4 Kritik an der Methode *Lesen durch Schreiben*

Die Kritik am Konzept LdS ist in den Medien fast durchgängig negativ: Im einleitenden Kapitel waren schon einige Schlagzeilen zu lesen, die sich gegen das lautierende Schreiben, das *„Schreiben nach Gehör"*, insbesondere gegen die Methode LdS richten: *Die Recht Schreip-Katerstrofe* (SPIEGEL 25, 2013, Titel), *„Das ist völliger Unsinn!"* (SPIEGEL 25, 2013, Interview mit Günter Jansen[34]), *Grundschul-Irrsinn „Schreiben nach Gehör"* (BILD, 15. November 2017).

Der extrem emotionale Ton zeigt, dass hier etwas als sehr unangemessen empfunden wird: Es darf einfach nicht sein, dass Falsches im Schulheft steht und nicht korrigiert wird! Warum dies so irritiert, darüber kann man nur spekulieren. Die eigene Erfahrung aus der Schule, dass Fehler möglichst zu vermeiden sind, spielt sicher eine Rolle, aber nicht nur. Offenbar ist die Rechtschreibung für die meisten Menschen eine unverrückbare Norm, eine Konstante in ihrem Leben, die sie nicht missen möchten. So werden alternative Schreibweisen, die es im Duden zunehmend gibt, keineswegs immer begrüßt. *Peter Schmachthagen* schrieb in seiner Kolumne *Deutschstunde* in der *Berliner Morgenpost* im Zusammenhang mit den orthografischen Alternativen *hallo sagen* bzw. *Hallo sagen*:

> „Beides ist möglich. Hier haben wir es wieder einmal mit einer der *unsäglichen*[35] fakultativen Schreibweisen zu tun, was bedeutet: Sie sind der freien Wahl überlassen."
> (P. Schmachthagen, Berliner Morgenpost vom 24. Oktober 2017)

**Und immer wieder: Prägen sich falsche Schreibweisen ein?**

Und natürlich liest man immer wieder das Argument, dass sich falsche Schreibungen einprägten; diese Befürchtung teilen auch viele Eltern. In einem Kommentar zu einem Artikel in den Ruhr-Nachrichten vom 4.3.2018 zur Diskussion um das *Schreiben nach Gehör* war zu lesen:[36]

> „Ich finde es ganz schlimm, dass man die Kinder nicht einmal verbessern darf/ soll. Aber meiner Ansicht nach wird es so falsch gelernt und gemerkt. Was einmal

34 http://www.spiegel.de/lebenundlernen/schule/guenter-jansen-ueber-die-schlechte-rechtschreibung-viele-kinder-a-906458.html (abegerufen am 3.7.2018)

35 Hervorhebung von mir GSN; https://www.morgenpost.de/kolumne/deutschstunde/article212329269/Opa-wollte-nur-einmal-kurz-Hallo-sagen.html (abgerufen am 28.12.2019)

36 https://www.ruhrnachrichten.de/Nachrichten/Genervte-Grundschul-Eltern-Was-soll-der-Quatsch-1261802.html (abgerufen am 03.07.2018)

auf Papier geschrieben steht und nicht als falsch angesehen wird, prägt sich auch falsch ein. Warum ist *Fuks* (Fuchs) im ersten Schuljahr noch richtig, aber im zweiten falsch. Wie sollen die Kinder das verstehen!?"

Die Germanisten *Walter Sendlmeier* und *Alexandra Oertel* sehen zwar durchaus die Meriten des lautierenden Schreibens für die Schulung des indirekten, phonografischen Weges des Schreibens, befürchten aber auch:

> „Das Stehenlassen nicht korrigierter, orthografisch falscher Wortbilder kann den Schülern andererseits beim Ausbau der Lexika ungemein hinderlich sein. Diese falsch geschriebenen Wörter könnten sich bei mehrmaliger falscher Schreibweise manifestieren und so als Lexikoneintrag gespeichert werden."
>
> (Sendlmeier & Oertel 2015, S. 105)

*Sendlmeier & Oertel* nehmen hier Bezug auf das 2-Wege-Modell, das ich in Kapitel 4 vorgestellt und dort auch schon zur Diskussion des Einprägens falscher Schreibungen herangezogen habe (vgl. Abb. 4.1). In der frühen Phase des alphabetischen Verschriftens werden Wörter immer wieder neu konstruiert und nicht in das mentale Lexikon eingetragen; man kann dies an variierenden Schreibweisen für das gleiche Wort sehen (vgl. Abb. 4.5 und Brinkmann 2003). Möglicherweise fällt diese Variabilität Eltern nicht auf – sie sehen vor allem, dass das Wort schon wieder falsch geschrieben wurde! Werden bei häufigen Wörtern jedoch immer wieder die gleichen Fehler gemacht (z. B. <unt>, <di>), können sich mit der Zeit tatsächlich Routinen einschleifen. Wenn sich im Garten einer Familie oft ein Fuchs tummelt und er deshalb entsprechend häufig in Texten des Kindes auftaucht, sollte er unbedingt die „Metamorphose" vom <Fuks> zum <Fuchs> durchlaufen! Kapitel 6 wird sich mit entsprechenden didaktischen Hilfestellungen befassen.

Bei weniger häufigen Wörtern ist nicht anzunehmen, dass sich über eigene Fehler falsche „Wortbilder" einprägen. Wäre das Einprägen so einfach, müssten wir uns nicht so viele Gedanken um einen effektiven Rechtschreibunterricht machen! Alle Wörter des Grundwortschatzes einige Male schreiben lassen – und schon wären sie gelernt! Tatsächlich können aber auch bei anfänglich korrekt geschriebenen Wörtern immer wieder Fehler auftreten.

Woran liegt das? Die Eintragungen im orthografischen Lexikon sind weder visuelle Wortbilder noch einfache Abfolgen von Buchstaben; es handelt sich um *strukturierte* Graphemfolgen, die mit Ph-G-K und einem ständig wachsenden orthografischen Wissen verknüpft sind (s. Doppelpfeil in Abb.

4.1). Orthografische Strukturen helfen auf der einen Seite beim wortspezifischen Lernen („Ah, ich verstehe: <satt> mit zwei <t>, *weil* das [a] kurz und betont ist"), auf der anderen Seite kann neues Wissen bei Ausnahmen (<Maschine>, <Kino>) auch neue Fehler provozieren: *<Maschiene>, *<Kieno>. Erst wenn eine Schreibung vollständig automatisiert ist, ist sie weitgehend „immun" gegen neue Erkenntnisse – aber auch nur weitgehend, wie das Beispiel *<Wheinachten> aus Kapitel 4 zeigt und auch guten Rechtschreibern kann es bei einem langen USA-Aufenthalt passieren, in Briefen nach Deutschland über die *<Presidentschaftswahl> zu berichten.

Gedächtnisinhalte sind keineswegs stabil. Wir kennen dies aus dem *episodischen* Gedächtnis: Die Erinnerung an Episoden aus unserer Kindheit können sich durch spätere Erlebnisse oder auch durch Erzählungen anderer Familienmitglieder verändern. Aber auch im *semantischen* Gedächtnis interagieren neue Informationen mit schon Gespeichertem.

**Umstellung auf orthografisch korrektes Schreiben**

„Warum ist *Fuks* (Fuchs) im ersten Schuljahr noch richtig, aber im zweiten falsch? Wie sollen die Kinder das verstehen!?", fragen die Eltern in ihrem oben zitierten Kommentar zu einem Artikel in den Ruhr-Nachrichten. Wenn die Kinder über lange Zeit „nach Gehör" verschriften, ist der Übergang zur normierten Rechtschreibung tatsächlich nicht einfach. Dabei geht es zum einen um die Korrektur geläufiger Wörter, für die sich möglicherweise schon eine Routine gebildet hat – von <unt> zu <und>, von <si> zu <sie>, von <wia> zu <wir> usw., zum anderen aber auch um eine neue Einstellung zum Schreiben: Lautbezogenes Schreiben erlaubt eine gewisse Variabilität in der Schreibung – <Hund>, <hund>, <hunt> oder <hunnt>, <Schwein>, <schwein>, <Schwaein> oder <Schwain>, später gilt in der Regel nur eine korrekte Schreibvariante. Besonders problematisch ist die Umstellung, wenn gleichzeitig ein Lehrerwechsel stattfindet und die neue Kollegin vom freien Schreiben vielleicht weniger überzeugt ist. *Lotte Kühn* (2005) hat dabei auftretende Schwierigkeiten in ihrem *Lehrerhasserbuch* recht humorvoll beschrieben.

Wie kritisch viele Eltern zum *„Schreiben nach Gehör"* stehen, wurde in einer Internet-Umfrage deutlich, die von den Ruhr-Nachrichten im Herbst 2017 durchgeführt wurde. Gefragt wurde: *Sollte an der Methode Schreiben nach Gehör an den Grundschulen in NRW festgehalten werden?* Von 604 Teilnehmern votierten nur 9 % mit JA, 91 % mit NEIN. Nun ist zu vermuten, dass es eine Verzerrung in der Art gab, dass sich eher unzufriedene Eltern beteiligten; trotzdem zeigt sich hier eine Tendenz, die auch in anderen Kommentaren/Blogs zu finden ist. Auf das SPIEGEL-Heft „Recht Schreip-Katerstrofe“ 25/2013 gab es im SPIEGEL-online-Blog[37] sehr viele Zuschriften, davon nur wenige so positiv wie diese von chr.kaestner am 19.6.2013:

> „Mein Sohn hat auch nach der Anlauttabelle schreiben gelernt. Ja, das mit der Rechtschreibung hat wesentlich länger gedauert, als das in meiner Kindheit der Fall war. Aber die Texte, die mein Sohn in der 4. Klasse im freien Schreiben verfasst hat, waren richtige Geschichten, die wir damals so nie hinbekommen haben. Auch Erörterungen haben einen viel reiferen Duktus. Die Lehrerinnen der Schule, die in ihrer Lehrerlaufbahn beide Methoden angewandt haben, bestätigen, dass Kinder nach der Anlauttabelle zwar länger brauchen, um die Rechtschreibung zu beherrschen, aber viel versierter mit Sprache schriftlich umgehen können als Kinder, die von Anfang an auf die richtige Schreibweise getrimmt werden.“

**Kritik an Anlauttabellen**

*Bredel* (2013) hält „Anlauttabellen grundsätzlich für ungeeignete Instrumente zur Anbahnung oder zum Aufbau schriftsprachlicher Kompetenzen“ und möchte Kinder von Anfang an in die Systematik der Schrift einführen. Ebenso wie *Röber* (2015a) weist sie dem lautbezogenen Verschriften – und allgemein der alphabetischen Strategie – keine Funktion innerhalb des Entwicklungsprozesses beim Schriftspracherwerb zu. Orthografische Strukturen manifestieren sich auf der Silben- oder Morphemebene; deshalb wird die Fokussierung der Ebene der Ph-G-K abgelehnt. *Röber* (2009) kritisiert, dass bei *Reichen* – wie auch in vielen Fibellehrgängen – den Kindern die Positionsabhängigkeit der Laute vorenthalten wird. Die Deutschdidaktikerin *Noack* schreibt zum gleichen Thema (Noack 2015, S. 48):

> „In dem Lehrgang ‚Lesen durch Schreiben’ von Reichen ist diese Vorstellung (gemeint ist die Annahme, ein Buchstabe repräsentiere stets denselben Laut)[38] bis an die Grenze der Absurdität umgesetzt worden, wenn die Kinder unter vollständiger Ausblendung der Orthografie mithilfe einer Buchstabentabelle zum korrekten Schreiben[39] – und nebenbei zum Lesen – gebracht werden sollen.“

37 http://www.spiegel.de/forum/blog/lernmethode-lesen-durch-schreiben-das-ist-voelliger-unsinn-thread-93499-62.html (abgerufen am 01.07.2018)

38 Ergänzung von mir, GSN

39 Wie schon erwähnt, glaubt *Reichen* allerdings nicht, dass Kinder ausschließlich über LdS zum orthografisch korrekten Schreiben kommen.

Tatsächlich thematisiert *Reichen* in seinen Schriften die Silbe (wie auch das Morphem) als mögliche Verarbeitungseinheit nicht; vermutlich spielen Silben in der Praxis von LdS aber durchaus eine Rolle: In *Reichens* Beispiel zum Schreiben von *Leo* (s. o.) sagt die Lehrerin: „Jetzt kommt das E ... Le", sie fasst damit die beiden ersten Laute zu einer Silbe zusammen. Beobachtet man Erstklässler beim Schreiben, kann man oft ein leises paralleles Mitsprechen in Silben hören, und zwar unabhängig von der Lehrmethode. Bei dieser Beobachtung geht es um die Silbe als *Gliederungseinheit* und nicht um silbenanalytische Operationen wie im Konzept von *Röber*, das in Kapitel 8 beschrieben wird.

Aus der Deutschdidaktik gibt es auch Kritik an der Auswahl der Anlautwörter in der Buchstabentabelle. *Thomé* (2011) kritisiert den auch in anderen Buchstabentabellen als Anlautbild so beliebten *Igel*, weil das *Basisgraphem*, d. h. das häufigste Graphem zum Phonem /i:/, nicht <I, i>, sondern <ie> ist. Allerdings stehen im Deutschen weder <Ie> noch <ie> am Wortanfang, so dass man in einer Buchstabentabelle hier auf das Anlautprinzip verzichten müsste. Wie schon erwähnt, haben *Wiemer & Hüttenberger* 2014 in der Buchstabentabelle den *Igel* inzwischen durch das *Knie* ersetzt. Ebenfalls niemals im Anlaut stehen der immer unbetonte Schwa-Laut [ə], der häufigste Laut im Deutschen (!) (z. B. in [ha:zə]) und das stimmlose /s/.

## 5.5 Studien zur Evaluation von *Lesen durch Schreiben*

Evaluationsforschung ist methodisch niemals einfach und die angedeuteten – beabsichtigten und unbeabsichtigten – Abweichungen von *Reichens* Konzept in der Schulpraxis erschweren einen Vergleich der Lernergebnisse bei LdS mit den Erfolgen anderer Methoden vor allem in Feldstudien. Trotzdem haben sich Forscher an diese komplexe Aufgabe herangetraut und so liegen einige interessante Daten vor.

Erwähnt wurde schon der BRD-DDR-Schweiz-Vergleich von *Brügelmann et al. (1994)*. Kapitel 9 wird sich ausführlich mit weiteren Studien befassen; hier soll nur eine kurze Zusammenfassung gegeben werden: In der Untersuchung von *Weinhold* (2006) schnitten die Kinder aus LdS-Klassen in der Mitte und am Ende des 2. Schuljahrs im *Lesetest* „Knuspels Leseaufgaben" (H. Marx 1998) schwächer ab als die Kinder aus Fibelklassen. Der mangelnde Leseunterricht im 1. Schuljahr machte sich also bemerkbar.

In der Berliner Studie *Belesen* waren Kinder, die nach einem *integrierten Konzept* (Fibel + Spracherfahrung oder Spracherfahrung + Fibel) unterrichtet wurden, vom 1. bis zum 3. Schuljahr im Lesen leistungsstärker als die Kinder aus „nur" Fibelklassen oder aus LdS-Klassen. Für Kinder mit nicht-deutscher Muttersprache war LdS die am wenigsten effektive Variante (Schründer-Lenzen & Mücke 2005).

Hinsichtlich der *Rechtschreibleistungen* gab es in beiden Studien einen interessanten Verlauf: Kinder aus LdS-Klassen schnitten in der Mitte des 1. Schuljahrs eher besser ab als Kinder aus Fibelklassen, vor allem wenn nicht die Anzahl der korrekten *Wörter*, sondern die der korrekten *Grapheme*[40] ermittelt wurde (Weinhold 2006; Schründer-Lenzen & Mücke 2005). Ab der Mitte des 2. Schuljahrs waren LdS-Kinder dann relativ schwächer; in den Folgejahren zeichnete sich eine Angleichung ab.

Dass die LdS-Schülerinnen und -Schüler beim Rechtschreiben zunächst „gut" mithalten oder sogar schneller lernen und dann im 2. Schuljahr „einbrechen", ist unmittelbar Folge der Methode und deshalb nicht überraschend: Im 1. Schuljahr müssen alle Kinder – unabhängig von der Lehrmethode – lernen, Wörter lautlich zu durchdringen, und darin werden LdS-Kinder besonders geschult. Rechtschreibtests für das 2. Schuljahr enthalten verstärkt Wörter mit orthografischen Elementen wie der Doppelkonsonanz, mit denen LdS-Schülerinnen und -Schüler in geringerem Maße vertraut sind. Zu diesem Zeitpunkt sind von ihnen deshalb schwächere Leistungen zu erwarten.

Offenbar gelingt es nicht immer, in den Klassen 3 und 4 diesen Leistungsknick aufzufangen: Im Hamburger BLK-Modellversuch „Elementare Schriftkultur als Prävention von Lese-/Rechtschreibschwierigkeiten und Analphabetismus bei Grundschulkindern" waren unter den Klassen mit den niedrigsten Rechtschreibleistungen vor allem LdS-Klassen, während im oberen Drittel die Fibelklassen (vor allem mit Eigenfibel) dominierten (Hüttis-Graff 1998). Niedrigere Leistungen bei LdS im Vergleich zum Fibelunterricht fand auch die „Bonner Studie" (Kuhl & Röhr-Sendlmeier 2018, Kuhl 2020), die großes Medieninteresse hervorrief und die Diskussion um das freie Schreiben neu entfacht hat. Wie viele Feldstudien hat aber auch

40 Bei einer wortbezogenen Auswertung würde die Schreibung *<Kint> als ein Fehler bzw. die Schreibung <Kind> als ein korrekt geschriebenes Wort gezählt, bei einer graphembezogenen Auswertung würde man bei der Schreibung *<Kint> drei korrekte und ein falsches Graphem registrieren.

diese Studie eine Schwachstelle: Die Schulen stuften ihren Unterricht ausschließlich selbst ein. Die Ergebnisse sagen deshalb eher etwas über den Erfolg des tatsächlich stattgefundenen Unterrichts aus als allgemein über die Wirksamkeit der verschiedenen Methoden (vgl. Kap. 9.9).

## 5.6 Fazit

Die folgenden Aussagen beziehen sich auf die Methode LdS, so wie sie von *Reichen* beschrieben wurde; für die in der Praxis so oft beobachteten Abweichungen von seinem Konzept (früheres Einführen des Lesens und der Rechtschreibung als von *Reichen* vorgesehen) müssten sie entsprechend modifiziert werden:

*Positiv* ist *Reichens* Bild vom Kind als einem intelligenten, wissbegierigen Wesen, auf dessen Lernfähigkeit er vertraut.

*Positiv* an LdS ist die inhärente innere Differenzierung, bezogen sowohl auf die Lernausgangslage der Kinder als auch auf ihr Lerntempo.

*Positiv* ist die intensive Übung der *Phonemanalyse* beim freien Schreiben, die als Grundlage nicht nur für die alphabetische Strategie, sondern auch für die weitere Rechtschreibentwicklung gelten kann.

*Positiv* ist auch das Konzept des Werkstattunterrichts, das die Selbstständigkeit der Kinder fördert und der Lehrperson die Zeit und den Freiraum gibt, mit Kindern auch einzeln zu arbeiten.

*Problematisch* ist dagegen der Umfang der Buchstabentabelle für Schulanfänger mit geringen vorschulischen Buchstabenkenntnissen. Für sie wären eine reduzierte Tabelle und die sukzessive Einführung der weiteren Buchstaben sinnvoller.

*Problematisch* ist, dass das Lesen bei LdS (zu) lange hinausgeschoben wird und ausschließlich eigenaktiv erlernt werden soll. Bei langsam lernenden Kindern geht hier wertvolle Zeit verloren, in der Hilfestellungen möglich wären.

*Problematisch* ist das (zu) lange *ausschließlich lautorientierte Schreiben*: In Kombination mit dem fehlenden Lesen werden Kindern *Modellwörter* vorenthalten, die sie zur Weiterentwicklung ihrer Schreibstrategien nutzen könnten. Die Orientierung an der Standardsprache bzw. sogar an der Explizitlautung wirkt hier allerdings in gewisser Weise kompensierend.

*Problematisch* ist der Verzicht auf frühe *Lernwörter*, d. h. geübte Wörter, die die Kinder beim Schreiben ihrer Texte entlasten. Außerhalb der Texte der Kinder werden allerdings korrekte Wortschreibungen im Material *Little Genius* und im Computerprogramm *Erstes Verschriften* geübt.

*Problematisch* ist der Einsatz von LdS bei Kindern, die aufgrund von Sprachentwicklungsverzögerungen bzw. -störungen oder unzureichenden Deutschkenntnissen nicht über phonologisch angemessene Wortformen verfügen. Für sie ist der parallele Zugriff auf die *graphemischen* Wortformen besonders wichtig.

*Ärgerlich* ist manchmal *Reichens* Diktion, ärgerlich sind extreme Aussagen wie *„Kinder lernen umso mehr, je weniger sie belehrt werden"*, *„Je mehr Buchstabentraining Kinder absolvieren müssen, umso schlechter können sie lesen"* oder *„Rechtschreibung ist didaktisch nicht beeinflussbar, d. h. schulisch weder lehr- noch lernbar"*[41], die oft im Widerspruch zu seinen weiteren Ausführungen stehen.

*Ärgerlich* bis *fahrlässig* sind entsprechend die Lücken in der Beschreibung seines Unterrichts, die junge Lehrerinnen und Lehrer zu riskanten Experimenten verleiten können.

*Ärgerlich* – aber nicht *Reichen* zuzuschreiben – ist das Verständnis von LdS als *Prototyp* des *freien Schreibens* in den Medien – das nächste Kapitel wird zeigen, dass dies nicht gerechtfertigt ist.

41 Aus: Rechtschreibung / Funktion und Didaktik (1996), S. 13

# 6 Der Spracherfahrungsansatz

Nein, es gibt sie nicht, die Quadratur des Kreises! Kinder können nicht von Anfang an frei UND orthografisch korrekt schreiben, aber sie können sich auch beim freien Schreiben früh bewusst werden, dass Wörter normierte Schreibungen haben, erste orthografische Strukturen erkennen und erste Lernwörter erwerben. Die didaktischen Ansätze, die in diesem Kapitel vorgestellt werden, integrieren in diesem Sinne freies Schreiben und Rechtschreiben.

## 6.1 Language Experience Approach (LEA)

Der deutsche *Spracherfahrungsansatz* hat einen Bezug zum *Language Experience Approach* im angloamerikanischen Raum; dessen zentrale Forderung war die Berücksichtigung der Lebenswirklichkeit und der Sprache der Kinder im Erstlese- und Schreibunterricht und die Öffnung des Unterrichts für die kreativen Kräfte der Kinder.

Allerdings gibt es seit dem Ende des vorletzten Jahrhunderts in Deutschland wie in den USA vielfältige reformpädagogische Ansätze für den Erstlese- und Schreibunterricht (vgl. Kap. 3), so dass die Idee, den Schriftspracherwerb an der Erfahrungswelt und den Interessen und Wünschen der Kinder auszurichten, nicht einem Land oder gar einer Person zugeschrieben werden kann. Viele Pädagogen und Pädagoginnen haben maßgeblich zur Entwicklung des Ansatzes beigetragen. In den USA hat *van Allen* in den 1960er-Jahren die Grundidee des LEA sehr prägnant wie folgt skizziert (v. Allen 1964, zitiert nach Harker 1981):

> What I can think about, I can say
> What I can say, I can write
> I can read, what I have written
> I can read what others have written for me to read

Das erste Lesen und Schreiben erfolgte hier nicht an nichtssagenden Fibelsätzchen, sondern immer im Kontext der Lebenswirklichkeit der einzelnen Kinder. Zunächst diktierten die Kinder ihre Erlebnisse, Gefühle, Wünsche der Lehrerin; der Text wurde dann von der Lehrerin und dem

Kind gemeinsam gelesen, wobei die in den 1960er-Jahren in den USA verbreitete Ganzwortmethode den Kindern schon früh das Gefühl gab, ihre Texte selbst lesen zu können. Mit der Zeit übernahmen die Kinder selbst das Schreiben und ihre Texte wurden auch zu Lesevorlagen für andere Kinder.

Ein weiterer wichtiger Anstoß zur Integration der eigenen Erfahrungswelt in den Schriftspracherwerb stammt aus der Alphabetisierung von ethnischen und sozialen Minderheiten. *Silvia Ashton-Warner* arbeitete mit Maori-Kindern auf Neuseeland, die über die herkömmlichen Leselernmethoden und Fibeln keinen rechten Zugang zur Schrift fanden (Ashton-Warner 1964). Die Pädagogin ging dazu über, unmittelbar an der Erfahrungswelt der Kinder anzusetzen: Die Kinder sollten an jedem Schultag ein emotional besetztes „eigenes" Wort wählen, das von ihr auf einer Karte aufgeschrieben wurde. Jungen wählten häufig „männliche" Wörter wie „Jagd", „kämpfen" usw. Die Karten waren Eigentum des Kindes und dienten zur Leseübung – auch gemeinsam mit anderen Kindern. Natürlich wurden die Wörter zunächst nur ganzheitlich im Sinne der logographischen Strategie (vgl. Kap. 4) memoriert und wiedererkannt. Lag ein kleiner Wortschatz vor, konnten die Kinder damit beginnen, Buchstaben und Laute zu identifizieren. Ebenfalls von der Erfahrungswelt der Lernenden ging *Paolo Freire* in Brasilien in der Alphabetisierung aus: Die Lernenden teilten mit, was sie schreiben wollten und dies wurden ihre ersten Lese- und Schreibwörter.

In den 1980er- und 1990er-Jahren eroberte *Whole Language* in den USA die Klassenzimmer, ein Ansatz, der viele Überzeugungen mit dem LEA teilt, aber u. a. durch die sehr frühe Einbeziehung authentischer Kinderliteratur noch umfassender bedeutungshaltige Sprache in das Lesen- und Schreibenlernen integriert. Die isolierte Übung von Teilprozessen war verpönt. Wie beim LEA erfolgte das Lesenlernen zumeist ganzheitlich. Theoretisch untermauert wurde dieser Zugang durch *Kenneth Goodman* (1967): Er beschrieb Lesen als „psycholinguistic guessing game", bei dem die Leserin bzw. der Leser jeweils nur einige Grapheme eines Wortes dekodiert und das so Gelesene durch Informationen aus dem semantischen und syntaktischen Kontext des Textes ergänzt. Dem widersprachen Leseforscher, die nachweisen konnten, dass sich gute Leser durch eine schnelle Wortidentifikation unabhängig von der Kontextnutzung auszeichnen (Perfetti, Goldman & Hoaboam 1975). Und in einer großen vergleichenden Übersicht zur Methodenabhängigkeit der

Leseleistungen aus dem Jahr 2000 erwies sich ein Erstleseunterricht, in dem explizit phonemanalytische und phonemsynthetische Prozesse trainiert werden („Phonics"), der Ganzwortmethode überlegen (National Reading Report 2000). Der heutige Unterricht nach dem *Whole Language* Ansatz in den USA integriert deshalb in der Regel Phonics-Übungen.

Auch das freie Schreiben ist zumeist ein didaktischer Baustein von *Whole Language;* das selbstständige Konstruieren von Wörtern durch die Kinder wird im Englischen als *invented spelling* (erfundenes Rechtschreiben) bezeichnet, ein Terminus der sehr gut die aktiven Prozesse beim frühen Schreiben verdeutlicht.

## 6.2 Der Spracherfahrungsansatz (SEA) in Deutschland

Der *Spracherfahrungsansatz* (SEA) in Deutschland hat Komponenten vom *LEA* wie auch von *Whole Language* übernommen, nicht aber den ganzheitlichen Zugang zum Lesen. Wie bei *Whole Language* sollen Lesen und Schreiben in möglichst authentischen Situationen und nicht über eine sprachlich verkümmerte Fibelsprache vermittelt werden.

*Hans Brügelmann,* der den Spracherfahrungsansatz in Deutschland an vorderster Stelle mitgeprägt hat (z. B. Brügelmann 1983), sieht in frühen Erfahrungen mit der *Funktion* der Schrift einen wichtigen Motor für den Schriftspracherwerb. Die *kommunikative Funktion* der Schrift eröffnet den Kindern neue Handlungsspielräume: Sie können Wissenswertes aufschreiben, Nachrichten hinterlassen, ihren Raum abgrenzen, Briefe verfassen ... (vgl. Abb. 6.1). Orthografisch sind diese frühen Spontanschreibungen nur selten korrekt, aber der motivierende Effekt des „Eigenen" ist nicht zu unterschätzen: Die konkrete Erfahrungswelt eines jedes einzelnen Kindes kann sich in einer Fibel immer nur in Ansätzen wiederfinden und die Krankheit des eigenen Kaninchens berührt ungleich mehr als das gebrochene Bein des Fibel-Hundes!

### SEA und offener Unterricht

Der *offene Unterricht* bietet den pädagogischen Rahmen für das frühe freie Schreiben. Schon im Anfangsunterricht lernen hier die Kinder, innerhalb ihrer Möglichkeiten selbstständig und eigenverantwortlich zu arbeiten. Es ist eindrucksvoll, wenn ein Erstklässler am Ende des Morgenkreises beim

LIBE FRAU BAUER UNS KE^FE^LD DAS
BUCHSER KUD NICH NURWAL ES
IN DRUKSCHRIF IST AUCH WAL ES
SCHPANEND IST WIR WEREN DEIR
SER DANKBA W.EN DU UNS SURÜK
SCHREIPST VILE KRÜSE FON PASCAL

Abb. 6.1: Schreiben im Handlungszusammenhang aus dem Vorschuljahr und dem 1. Schuljahr: Aufzeichnung des Schulwegs, Brief an eine Kinderbuchautorin, Plakat für eine Aufführung, Notiz zu einem Telefonanruf, eigener Comic, Nachricht und Abgrenzung des eigenen Raums



Gespräch über die Planung des Vormittages sagt: „Ich fang heute mit meinem Schreiben an" (vgl. Scheerer-Neumann 2008). Mit *meinem* Schreiben, das ist eine überzeugende Identifikation mit der Aufgabe!

Eine größere Eigenständigkeit wird den Kindern auch beim eigentlichen Lernprozess zugewiesen; es wird erwartet, dass sie schon allein durch die Auseinandersetzung mit dem Lerngegenstand erste Strukturen entdecken und mitunter auch eigene Lernwege finden. Die Rolle der Lehrenden ist vor allem die der Begleitung des Lernprozesses, wobei das Entwicklungsmodell des Schriftspracherwerbs (vgl. Kap. 4) als Rahmenkonzept dient. In diesem Zusammenhang findet man den Begriff der *lernwegsorientierten Didaktik*; sie wird kontrastiert mit dem *Lehrgang*, der Lernschritte vorgibt, die von allen Kindern etwa gleich schnell durchlaufen werden sollen (vgl. Brügelmann 1983).

Der entwicklungsbezogene offene Ansatz kann die unterschiedlichen Lernvoraussetzungen und die Unterschiede im Lerntempo der Kinder besser berücksichtigen als ein Lehrgang; für die Umsetzung sind Beobachtungen zur kognitiven und motivationalen Ausgangslage notwendig, die für den Schriftspracherwerb relevant sind. Vor allem – aber nicht nur – für langsamere Lernerinnen und Lerner sind auch nachfolgend kontinuierliche Lernstandsdiagnosen notwendig, von denen differenzierte Lernangebote abgeleitet werden können. Im Fibelunterricht sind individuelle Lernangebote nur flankierend möglich, wenn auch heutige Fibellehrgänge flexibler sind als ihre Vorgänger (vgl. Kap. 7). Aber Fibelunterricht bleibt doch weitgehend ein gleichschrittiger frontaler Unterricht, der schneller lernende Kinder unterfordert: Die Fibel ist vor allem in ihrem ersten Drittel kein Lesebuch, das zum selbstständigen Lesen einlädt: Die kurzen Sätzchen sind in bildliche Darstellungen eingebettet und machen oft erst im Kontext einer zusätzlich erzählten Geschichte Sinn. Sprachliche Verkürzungen wie *Nina im* (Piktogramm Sandkasten) demotivieren Kinder, die schon lesen können oder sehr schnell lernen; umgekehrt können schon zwei neue Buchstaben auf einer Seite „Novizen“ schnell überfordern. Möglich (und recht erfolgreich, vgl. Kap. 9) sind integrative Verfahren, die das freie Schreiben nur in bestimmten Unterrichtsphasen einsetzen und mit einem stärker strukturierten Lehrgang verbinden.

### „Eigenaktives“ und implizites Lernen

Das lautorientierte Schreiben, die alphabetische Strategie, wird von den meisten Vertretern des SEA als Fundament des Rechtschreiberwerbs angesehen, auf dem sowohl die Einsicht in orthografische Strukturen als auch der Erwerb von Lernwörtern aufbauen (vgl. Kap. 4). Und, wie schon erwähnt, führen alle heutigen Ansätze des SEA die Kinder auch schon relativ früh zum Rechtschreiben. Es soll aber nicht verschwiegen werden, dass manche Pädagoginnen und Pädagogen zu Beginn der Bewegung *Freies Schreiben von Anfang an*! in den 1980er-Jahren die Möglichkeiten eines *selbstständigen* Erwerbs der Orthografie optimistischer eingeschätzt haben. Von den Kindern wurde erwartet, orthografische Regularitäten weitgehend *implizit* wahrzunehmen oder selbstständig zu entdecken bzw. nach ihnen zu suchen. Das postulierte *„eigenaktive Lernen“* des Kindes wurde zumeist von der konstruktivistischen Lerntheorie abgeleitet. Allerdings versteht die Psychologie heute kognitives Lernen allgemein als *aktiven Prozess*: Während emotionale Reaktionen durchaus über klassisches Konditionieren gelernt werden können, wird kognitives Wissen primär *aktiv* erworben, indem es mit vorhandenem Wissen und Strukturen in Beziehung gesetzt wird – den Nürnberger Trichter gibt es nicht! Kognitives Lernen ist *immer* eine innere (Re)konstruktion des Lerngegenstands, auch wenn Strukturen und Zusammenhänge vorgegeben werden.

Der heutige Spracherfahrungsansatz sieht also durchaus die Notwendigkeit, die Rechtschreibung im Unterricht zu thematisieren, allerdings unter Berücksichtigung des individuellen Lerntempos und flankiert von implizitem Lernen. Dass es im Bereich des Orthografieerwerbs überhaupt implizites Lernen gibt, soll auch nicht infrage gestellt werden (Pacton, Perrouchet, Fayol & Cleermans 2001). Es führt die Kinder aber bei Weitem nicht an den Leistungsstandard heran, der schon Ende des 1. Schuljahrs und spätestens im 2. Schuljahr erwartet wird. Ebenso findet der von Vielen erhoffte Transfer vom Lesen auf die Rechtschreibung kaum statt (Siekmann 2011). Beim Lesen richten wir die Aufmerksamkeit auf den *Sinn eines Textes* und nicht auf die Orthografie. Ein Transfer ist primär in Fällen zu erwarten, in denen das Kind auf besondere Strukturen aufmerksam wird, vielleicht über Buchstabenfolgen „stolpert", z. B. beim Erlesen der Reduktionssilben <er> und <en> (vgl. Abb. 4.3).

**Gemeinsames Fundament des SEA**

Viele Pädagoginnen und Pädagogen machen sich seit Jahren Gedanken darüber, wie man Kinder früh und motivierend in die Funktion der Schriftsprache einführen und gleichzeitig zu kompetenten Rechtschreibern machen kann: *Hans Brügelmann, Gudrun Spitta, Mechthild Dehn, Horst Bartnitzky, Erika Brinkmann, Falko Peschel, Beate Leßmann* und andere. Bei Unterschieden in der konkreten Umsetzung teilen sie bestimmte Grundüberzeugungen und Vorgehensweisen:

- Die Annahme der alphabetischen Strategie als Fundament des Schriftspracherwerbs in einer alphabetischen Schrift
- Beginn des Anfangsunterrichts mit dem lautorientierten Schreiben; das lautbezogene, synthetisierende Lesen erfolgt entweder parallel oder zeitlich etwas verzögert
- Gebrauch des Arbeitsmittels *Anlauttabelle*
- Frühe Einführung in den Gebrauch der Schrift zur Kommunikation oder zum Notieren von persönlich Wichtigem, Interessantem …
- Hinweis auf orthografisch korrekte Schreibungen und die – individuell gestellte – Forderung ihrer allmählichen Berücksichtigung, zumeist ab der 2. Hälfte des 1. Schuljahrs, zunächst im Rahmen der eigenen Texte

- Autorenlesungen mit eigenen Texten, Ausstellen der (orthografisch korrigierten) Texte in Wandzeitungen oder Büchern
- Ergänzung des freien Schreibens durch wortbezogene Übungen und explizite Einführung in orthografische Strukturen (nicht bei F. Peschel)
- Allgemein: Individualisierung der Anforderungen und Lernangebote nach dem Entwicklungsstand der einzelnen Kinder

Im Folgenden habe ich vier didaktisch/pädagogische Ansätze ausgewählt, bei denen trotz prinzipieller Übereinstimmung jeweils andere Aspekte im Fokus stehen. *Gudrun Spitta* demonstrierte als eine der Ersten die ungeheure Kraft von Kindertexten und führte die Unterscheidung zwischen *Kinderschrift und Erwachsenenschrift* (auch: *Buchschrift*) ein. In der *ABC-Lernlandschaft* errichtet *Erika Brinkmann* die „Vier Säulen" zum Spracherfahrungsansatz (Brinkmann & Brügelmann 1993/2010) aus konkreten didaktischen Bausteinen. *Beate Leßmann* zeigt, wie man die Rechtschreibung situiert und doch lernstrategiebezogen vermitteln kann. Als Beispiel für eine sehr konsequente Integration von freiem Schreiben und Rechtschreiben folgt zum Ende des Kapitels der „radikale" Spracherfahrungsansatz von *Falko Peschel*.

## 6.3 Im Mittelpunkt der eigene Text: Der Ansatz von *Gudrun Spitta*

Schon im Jahr 1983 erschien das Buch „Kinder schreiben eigene Texte: Klasse 1 und 2" von *Gudrun Spitta*, in dem sie zahlreiche Anregungen zum frühen freien Schreiben gibt – Schreiben in ein eigenes „goldenes Buch", Schreiben zu Fotos und Bildern, Briefe schreiben, auf die man Antworten erhält (und sei es von einem *lieben Gespenst*!).

Das zentrale Anliegen der Autorin ist die Entwicklung eines persönlichen Zugangs zur Schrift für alle Kinder. Das freie Schreiben ist bei ihr jedoch nur *ein* Baustein im Anfangsunterricht und kann mit einer Fibel oder anderen Verfahren kombiniert werden. Am Anfang dürfen die Kinder ihre Texte der Lehrerin diktieren oder auch nur einzelne wichtige Wörter oder wenige Sätze verschriften, meist ergänzt durch Zeichnungen. Mit etwas Übung werden die Texte länger. Wichtig ist, dass die Kinder in der Klasse eine Offenheit spüren, die es ihnen ermöglicht, auch emotional Wichtiges zu Papier zu bringen:

> „Es sind kurze Erzählungen (häufig nur ein bis zwei Sätze) über Erlebtes, Gedachtes, Geträumtes, Ersehntes, Texte zum Lachen, Texte zum Nachdenken, Texte, die traurig machen, Texte, die fordern, also Texte über alles, was Kinder bewegt."
>
> (Spitta 1983, S. 19)

Die Texte sind nicht – wie bei Reichen – zunächst nur für die Lehrkraft gedacht, sondern werden als Lesetexte ernst genommen: Das Autorenkind liest selbst im Kreis vor – und nimmt durchaus auch Kritik und Verbesserungsvorschläge entgegen.

Der Text wird dann in ein gemeinsames Buch eingetragen und dient auch als Lesestoff für die anderen Kinder. Die Lehrerin korrigiert nicht die einzelnen Wörter rechtschriftlich, sondern schreibt eine korrekte Version des ganzen Textes in „Erwachsenenschrift" neben oder unter den Kindertext; die „Kinderschrift" darf zunächst durchaus noch unvollständig sein (vgl. Abb. 6.2). Im gemeinsamen Buch gibt es die Texte immer auch in Erwachsenenschrift – entweder vom Kind selbst von einer Vorlage abgeschrieben oder von der Lehrkraft übertragen. Früher stand den Kindern für die Übertragung auch eine Schreibmaschine zur Verfügung, heute wird es ein Computer sein.

Die Übertragung eines Kindertextes in „Erwachsenenschrift" hat viele Vorteile: Die Kinder sehen von Anfang an korrekte Modelle und es wird ih-

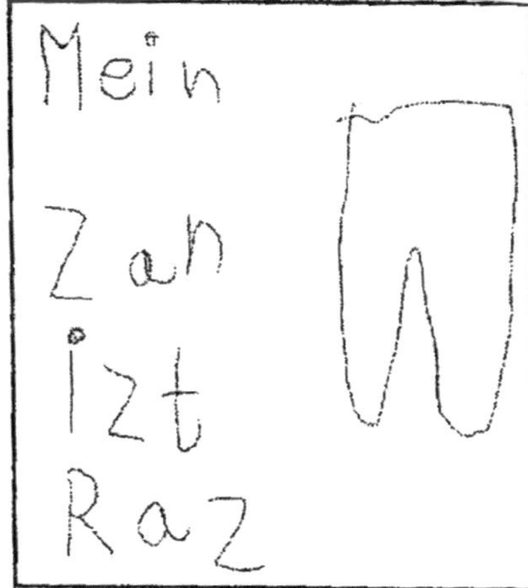


**Mein**

**Zahn**

**ist**

**raus.**

Abb. 6.2: Kindertext mit Übertragung in „Erwachsenenschrift"

nen bewusst, dass Wörter normierte Schreibungen haben. Gleichzeitig bemerken sie, dass die Erwachsenenschrift – sogar bei ihren eigenen Texten (!) – leichter lesbar ist. Aber diese Erfahrungen ersetzen nicht den Rechtschreibunterricht und so gibt es beim Ansatz von *Spitta* neben dem freien Schreiben weitere didaktische „Säulen", die diese Aufgabe übernehmen (Spitta 2018).

Die zweite didaktische Säule beinhaltet schon Übungen zur Orthografie; primär geht es jedoch darum, auf die Orthografie und Wege, sie zu berücksichtigen, aufmerksam zu machen. Die Kinder vergleichen ihre eigenen Schreibversuche mit der Erwachsenenschrift, die Lehrkraft spricht sehr deutlich, wenn sie an die Tafel schreibt, und kommentiert ihr Schreiben. Manchmal erhalten die Kinder die Aufgabe, zu überlegen, warum ein Wort so und nicht anders geschrieben wird. Dies ist der Beginn der „Rechtschreibgespräche", die sich auch bei vielen anderen Pädagoginnen und Pädagogen im Rahmen des Spracherfahrungsansatzes finden (z. B. Brinkmann & Brügelmann 2018, Leßmann s. u.).

Die dritte didaktische Säule bei *Spitta* ist der *Aufbau eines Grundwortschatzes/Modellwortschatzes*, in den neben aus didaktischen Gründen gewählten Wörtern auch Wörter aus den Texten der Kinder übernommen werden; zudem haben die Kinder auch ein Mitspracherecht bei der Wahl des „Wortes der Woche". Die Autorin schreibt:

> „Mit einem Modellwortschatz zu arbeiten, wird *nach den ersten Schulwochen*[42] zu einer wichtigen, das freie Schreiben ergänzenden dritten didaktischen Säule."
>
> (Spitta 2018, S. 33)

Dieses Zitat macht deutlich, wie unzutreffend der in den Medien verbreitete Eindruck ist, beim freien Schreiben blieben die Verschriftungen der Kinder prinzipiell über lange Zeit unkorrigiert. Im dritten Schuljahr korrigieren die Kinder ihre freien Texte selbst und zwar im Rahmen von „Schreibkonferenzen", die sie gemeinsam mit jeweils zwei anderen Kindern eigenständig durchführen. Neben der „literarischen Seite" des Textes geht es ebenso um die Orthografie im Textentwurf. Aus den danach noch verbliebenen Fehlern entwickelt die Lehrerin anschließend gemeinsam mit den Kindern klassenspezifische Rechtschreibübungen.

Die Bücher und Aufsätze von Gudrun Spitta sind durchströmt von ihrer Achtung vor den Texten der Kinder – und den zugrunde liegenden Emotio-

42 Kursive Hervorhebung von mir, GSN.

nen, Gedanken und Wünschen. Der Erwerb der Rechtschreibung wird aus dieser Perspektive zu einem notwendigen Handwerkszeug, das Freude am Schreiben auch in späteren Jahren sicherstellen kann. Dass ein vergleichbares Engagement – und auch Know-how bei der Umsetzung – nicht von allen Lehrkräften im Anfangsunterricht erwartet werden kann, ist sicher richtig und wird uns im letzten Abschnitt dieses Kapitels beschäftigen.

## 6.4 Spracherfahrungsansatz konkret: Die ABC-Lernlandschaft von *Erika Brinkmann*

Lehrerinnen, die nach dem Spracherfahrungsansatz unterrichten, haben sich zumeist über Jahre eigene Unterrichtsmaterialien zusammengestellt, teils selbst entwickelt, teils von Kolleginnen übernommen oder aus unterschiedlichen Fibeln und anderen Programmen „herausgepickt". Die ABC-Lernlandschaft (Brinkmann 2008/2019) bietet in zwei Ordnern – einem Lehrer- und einem Schülerordner – alle wichtigen Materialien für das Lesen- und Schreibenlernen im offenen Unterricht: Es gibt Schülerhefte für die unterschiedlichen Bereiche des Erstlese- und Schreibunterrichts (s. u.), in denen die Kinder weitgehend selbstständig arbeiten können, und für die Lehrerin Materialien zur Lernstandsbestimmung und Hilfen zur Organisation des offenen Unterrichts: Symbole für verschiedene Tätigkeiten (z. B. Stuhlkreis), Kopiervorlagen für die Gestaltung von Tagesplänen, Wochenplänen sowie für Rückmeldungen an die Kinder über schon Geleistetes. Computerprogramme unterstützen langsam lernende Kinder in Bereichen, die sich erfahrungsgemäß oft als Stolperstellen erweisen.

Die ABC-Lernlandschaft greift vier Lernbereiche, die *vier didaktischen Säulen,* auf, die sich auch schon in der *Ideenkiste 1 Schrift-Sprache* von *Brinkmann & Brügelmann* (1993/2010) finden:

1. Freies Schreiben eigener Texte (zunächst eigener Wörter)
2. Gemeinsames (Vor-)Lesen von Kinderliteratur
3. Systematische Einführung von Schriftelementen und Leseverfahren (Hierzu gehören z. B. die Einführung der Anlauttabelle und die Demonstration, wie man mithilfe der Tabelle Wörter verschriftet, Übungen zur phonologischen Analyse im „Lausch-Heft" oder der Lausch-Werkstatt, Leseübungen mit dem Lesekrokodil, das die Grapheme sukzessiv frei gibt und den „Sprung zum Wort" fördern soll,

Hilfen zum Erkennen orthografischer Strukturen im Heft *Der kleine Sprachforscher.*)

4. Aufbau und Einführung eines Grundwortschatzes

Die Kinder erhalten prinzipiell gleichzeitig Zugang zu allen vier Lernbereichen, aber natürlich gibt es im Detail funktionale und damit auch zeitliche Abhängigkeiten: Die Einführung der Anlauttabelle geht allen Schreibaktivitäten voran; das selbstständige Lesen im Lese-Heft wird erst dann vorgeschlagen, wenn die Kinder lautorientiert weitgehend vollständig verschriften können.

Der Aufbau eines Grundwortschatzes mit den entsprechenden Eintragungen im *Wörterheft* beginnt schwerpunktmäßig erst im zweiten Halbjahr des ersten Schuljahrs. Solche zeitlichen Angaben lassen sich aber nur ungefähr machen, da ein wichtiges Prinzip die *Individualisierung* ist. Die Lehrerin führt zu Beginn des 1. Schuljahrs eine Analyse der Lernausgangslage durch; in den folgenden Monaten kann sie aus dem Niveau der Verschriftungen beim freien Schreiben (vgl. Tabelle 4.1) die weitere Entwicklung des Schriftspracherwerbs erkennen und bei Problemen zusätzliche Lernangebote machen, z. B. mithilfe der Lernsoftware der ABC-Lernlandschaft. Zusätzlich zur gemeinsamen Anlauttabelle (vgl. Abb. 1.1, S. 10) lassen sich Anlauttabellen individuell über ein Computerprogramm aufbauen. Dies ermöglicht die Anfertigung reduzierter Tabellen für Kinder mit noch wenig Schrifterfahrung. Ebenso können Kinder ihre eigenen Anlauttabellen erstellen und zwischen alternativen Anlautbegriffen wählen, z. B. bei der Ph-G-K /b/ – <b> zwischen BABY und BAGGER und weiteren Begriffen.

Sobald die Kinder die alphabetische Strategie beherrschen, werden sie gezielt auf Rechtschreibbesonderheiten aufmerksam gemacht, z. B. indem sie aufgefordert werden, in ausgewählten Wörtern der „Erwachsenen-Übersetzung“ ihres Textes die Buchstaben zu markieren, die sie schon richtig geschrieben haben. Rechtschreibung wird von Anfang an als Norm bewusst gemacht, ihre Einhaltung aber noch nicht durchweg eingefordert. Innerhalb dieses vorgegebenen Rahmens können die Kinder die konkreten Aufgaben oft selbst wählen. Im Unterricht wechseln sich Phasen individueller Arbeit mit gemeinsamen Phasen ab, in denen das Vorlesen von Kinderbüchern, die Vorbereitung und Durchführung von Projekten oder andere gemeinsame Aktivitäten im Mittelpunkt stehen.

Die ABC-Lernlandschaft ist kein *Lehrgang*, der einzelne Lektionen vorgibt. Stattdessen bietet sie gut durchdachte und ansprechende *didaktische Materialien*, die die Lehrkraft je nach Lernstand individualisiert und unter Wahrung einer relativ großen Wahlfreiheit der Kinder einsetzen kann. Ebenso findet sie in der ABC-Lernlandschaft Hilfen für die Bewältigung der organisatorischen Anforderungen des offenen Unterrichts. Trotzdem kann gelten, dass eine optimale Umsetzung des Konzepts hohe pädagogische und didaktische Kompetenzen der Lehrenden fordert.

## 6.5 Strukturierte Spracherfahrung: Der Ansatz von *Beate Leßmann*

Auch im Spracherfahrungsansatz von *Beate Leßmann* (2007, 2015, 2016) sind das selbstständige Schreiben mit einer Anlauttabelle und die Einbettung des Lesen- und Schreibenlernens in die Lebenswirklichkeit der Kinder zentral. Einmal in der Woche tragen ein oder zwei Kinder einen ihrer selbst verfassten Texte in einer „Autorenrunde" der ganzen Klasse vor. Nach dem Textvortrag erhalten Autor und Autorin Rückmeldung zu Gelungenem und Hinweise für die Weiterarbeit. Durch das literale Agieren in der Autorengemeinschaft Klasse erfahren die Kinder, dass Schreiben sinn- und identitätsstiftend ist. Gleichzeitig eignen sie sich Wissen über das Verfassen von Texten an.

Integriert in das authentische Lesen und Schreiben werden orthografische Strukturen gemeinsam besprochen und individuelle Lernwortschätze aufgebaut. Wie bei *Gudrun Spitta* (1983) überträgt die Lehrerin vor einer Veröffentlichung die Kindertexte von der „Privatschreibung" in die „Erwachsenenschrift" oder „Buchschrift". So ist es für die Kinder von Anfang an klar, dass die „Erwachsenenschrift" das anzustrebende Lernziel ist. Entsprechend erlernen die Kinder auch schon früh die Arbeitstechniken des Abschreibens und Nachschlagens und werden dazu angehalten, ihre Texte selbst zu korrigieren. Beim Schreiben eigener Texte markieren sie diejenigen Wörter mit einem Punkt, bei denen sie unsicher sind und die sie später orthografisch überprüfen möchten.

Die konkreten Zwischenziele und entsprechende Hilfestellungen werden von der Lehrkraft individuell vorgegeben; auch in dieser Variante des Spracherfahrungsansatzes spielt die Individualisierung eine zentrale Rolle. Gleichzeitig setzen sich die Kinder auch *gemeinsam* aktiv mit Rechtschreibfragen auseinander: In *Rechtschreibgesprächen* werden orthografische Strukturen thematisiert (vgl. auch Spitta 1983; Brinkmann & Brügelmann 2018): Die Kinder überlegen, warum ein Wort so und nicht anders geschrieben wird, wo die Schwierigkeiten beim Einprägen liegen könnten und wie ein noch unbekanntes Wort wohl zu schreiben ist. Das authentische Schreiben und die Rechtschreibgespräche werden ergänzt durch die Wortschatzarbeit, die nicht einseitig auf den Erwerb der Rechtschreibung ausgerichtet ist, sondern immer auch die Beschäftigung mit den Wortbedeutungen einschließt. Die rechtschriftliche Übung dieser Wörter erfolgt mithilfe individueller Rechtschreibkarteien. Im 1. Schuljahr werden die Wörter von jedem Kind in einem „Wortschatzkästchen" gesammelt, ab dem 2. Schuljahr werden sie zur „Behandlung", d.h. Korrektur, oder nur zum systematischen Üben in eine „Wörterklinik" genannte Rechtschreibkartei „eingewiesen". Nach fünf korrekten Schreibungen werden die Wörter aus der Klinik „entlassen" und in ein ABC-Heft übertragen.

Das Üben der Wörter ist kein einfaches Auswendiglernen der Graphemfolgen; vielmehr erarbeitet das Kind zunächst mithilfe der Lehrkraft besonders schwierige Stellen im Wort und überlegt mögliche Lösungshilfen über Wortbausteine, Rechtschreibregeln und Strategien, die aus den Rechtschreibgesprächen bekannt sind. Verschiedene Farben und Symbole signalisieren auf der Karteikarte Strukturen und Hilfen (vgl. Beispiel in Abb. 6.3). Im Wort (Er) <siegt> wird das Graphem <g> als besonders schwierig rot gekennzeichnet; der grüne Pfeil signalisiert, dass das Graphem <g> über die Verlängerungsregel ableitbar ist. Die Wortbausteine <sieg> und <t> werden gelb unterstrichen, ebenso in der Grundform des Verbs <siegen>.

Für die Auswahl der Wörter zur „Behandlung" in der Wörterklinik kommen orthografisch noch nicht korrekte Wörter aus eigenen Texten infrage, ebenso häufige, oft falsch geschriebene Funktionswörter und Wörter aus einem vorgegebenen Grundwortschatz. Die Übung von Wörtern wird ergänzt durch die Thematisierung orthografischer Muster und Strukturen, bei denen ein Kind noch Unsicherheiten aufweist.

Der Ansatz von *Beate Leßmann* zeigt exemplarisch, wie authentisches Lesen und Schreiben, die Einführung und Nutzung orthografischer Strukturen und der Erwerb von Lernwörtern verbunden werden können. Einen etwas anderen Weg geht der „radikale Spracherfahrungsansatz" von *Falko Peschel* (2006), den ich im nächsten Abschnitt vorstellen und diskutieren werde.

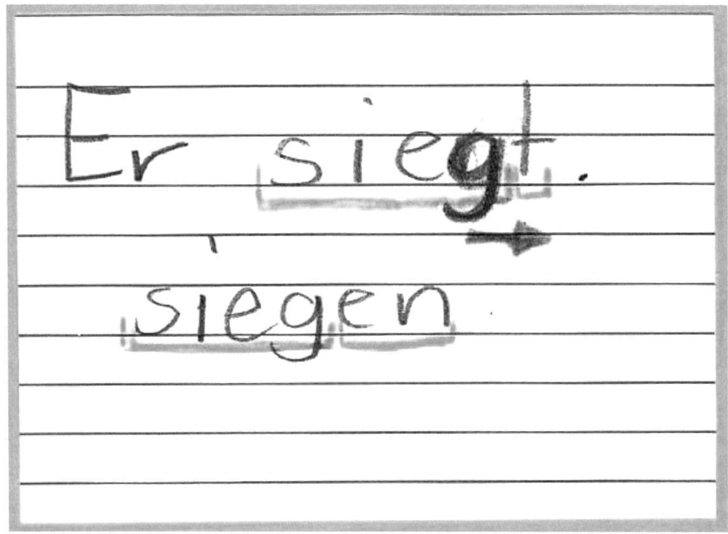


Abb. 6.3: Markiertes Wort für die Rechtschreibkartei „Wörterklinik“ nach Leßmann[43]

## 6.6 Der „radikale“ Spracherfahrungsansatz von *Falko Peschel*



**Pädagogische und didaktische Standortbestimmung**

*Falko Peschel* bezeichnet seinen Ansatz selbst als *radikale Form* des Spracherfahrungsansatzes (F. Peschel 2006, S. 178); er meint damit einen offenen Erstlese- und -schreibunterricht, der fast ausschließlich auf den Texten der Kinder und dem von ihnen selbst gewählten Lesematerial beruht. Es ist eine „Didaktik des leeren Blattes“, bei dem das selbstständige Schreiben von Anfang an im Zentrum des Unterrichts steht. Rechtschreiben wird fast nur im Kontext der eigenen Texte eines Kindes thematisiert, Gleiches gilt für die Aufsatzerziehung. Es handelt sich also um einen *integrierten Sprachunterricht.*

Der Beitrag von *Peschel* zum Spracherfahrungsansatz ist bemerkenswert, nicht nur wegen seiner sehr konsequenten Konzeption; *Peschel* praktiziert seine Variante des Spracherfahrungsansatzes selbst als Lehrer an einer Grundschule und hat den Unterricht und die Entwicklung der Kinder in ei-

43 Die Abbildung wurde von Frau Dr. Leßmann freundlicherweise zur Verfügung gestellt.

nem Jahrgang vom Beginn des ersten bis zum Ende des vierten Schuljahrs in seiner Dissertation dokumentiert (F. Peschel 2006). Dies ist ein einzigartiges Dokument, das Einblick in die Realität seines Unterrichts gibt. Die meisten Studien, die sich mit Lernergebnissen befassen, beruhen nur auf kategorialen Aussagen der Lehrenden zur gewählten Unterrichtskonzeption; allenfalls werden einige Schulstunden zusätzlich von den Forschern beobachtet und analysiert (vgl. Kap. 9). Allerdings ist zu bedenken, dass *Peschel* als „teilnehmender Beobachter" nicht immer die objektive Sicht eines Außenstehenden einnehmen konnte, was er auch selbst so sieht.

Pädagogisch und didaktisch orientiert sich *Peschel* einerseits an *Reichen* (1982, 2001/2006), andererseits an *Brügelmann* und *Brinkmann* (1998), grenzt seine Konzeption aber in bestimmten Aspekten von beiden Positionen ab. Von *Reichen* übernimmt er konzeptionell und ganz konkret die Anlauttabelle (Buchstabentabelle), aber auch das Primat des Schreibens: Wie *Reichen* vertraut *Peschel* darauf, dass sich das Lesen durch das Schreiben mit der Zeit von selbst einstellt. Interessanterweise beobachtet er bei den ersten Leseversuchen in diesem Kontext oft auch Prozesse des *Erlesens*, also Anzeichen der alphabetischen Strategie – einen Entwicklungsschritt, den Reichen ja gänzlich in Abrede stellte. Allerdings bemerkt auch *Peschel* bei den meisten Kindern einen relativ schnellen Übergang zu einem angemessen betonten Lesen.

Beim Schreiben akzeptiert *Peschel* im Gegensatz zu *Reichen* am Schreibanfang auch lautbezogen unvollständige Schreibungen, also *<SN> für *Sonne* oder *<HNT> für <*Hund*>; die Kinder dürfen zunächst auch ihre eigene Sprache verschriften und werden nicht wie bei *Reichen* schon im frühen Stadium des Schriftspracherwerbs auf die Standardlautung aufmerksam gemacht. Wie *Brügelmann* und *Brinkmann* orientiert sich *Peschel* am Entwicklungsmodell des Schriftspracherwerbs (vgl. Kap. 4); die kontinuierliche Analyse der freien Schreibungen der Kinder zur Ermittlung des jeweiligen Entwicklungsstands bzw. Lernfortschritts ist ein zentrales Element seines Ansatzes. Material für diese Analysen gibt es reichlich, da das selbstständige Schreiben die Hauptaktivität der Kinder ist. Von den vier Säulen, die *Brügelmann & Brinkmann* (1998) für den offenen Erstlese- und Schreibunterricht formuliert haben (s.o.), übernimmt *Peschel* nur die beiden ersten, das freie Schreiben und das freie Lesen, nicht jedoch die systematische Einführung von Schriftelementen und Leseverfahren und den Aufbau eines Grundwortschatzes. Beide Aspekte werden in das freie

Schreiben und Lesen integriert. Konsequenterweise gibt es auch keine Arbeitsblätter, Übungsbücher oder Rechtschreibkarteien. Ausnahme ist der *Sprachforscher Rechtschreiben* von *Peschel & Reinhardt* (2001), ein Sprachbuch, das Anregungen zum Sammeln, Erforschen und Ordnen von Wörtern gibt, aber erst relativ spät im Erwerbsprozess eingesetzt wird. Jedes Klassenzimmer verfügt aber über eine reichhaltige Bücherei mit fiktionalen Kinderbüchern, Büchern zu Sachthemen und Wörterbüchern. Darüber hinaus hat jedes Kind sein eigenes Wörterbuch.

Die Kinder wählen die Themen für ihre Texte selbst: Sie schreiben über persönliche Erlebnisse, sie schreiben Geschichten (auch nacherzählte), Gedichte, verfassen aber ebenso Texte über Sachthemen („Forschervorträge"), zu denen sie Bücher heranziehen, sobald sie lesen können. In Kreisgesprächen in der Klasse werden die individuellen Tätigkeiten zusammengeführt: Die Kinder lesen ihre Texte vor und berichten über Sachthemen, mit denen sie sich beschäftigen, und über geplante Projekte.

*Peschel* begründet sein Konzept eher *pädagogisch* als *fachdidaktisch*: Sein Unterricht will die Bedingungen realisieren, unter denen Kinder weitgehend selbstreguliert und eigenaktiv lernen, ihre eigenen Wege gehen und ihren Interessen folgen können.



**Rechtschreiben lernen im „radikalen" Spracherfahrungsansatz**

In der erwähnten Längsschnittstudie (F. Peschel 2006) erhob *Peschel* auch objektive Leistungsdaten zur Rechtschreibentwicklung, u.a. mit einem standardisierten Test, der *Hamburger Schreibprobe* (HSP). Die dabei von *Peschels* Klasse erreichten Werte lagen durchweg über der Norm, d.h. über dem Mittelwert der Vergleichsstichprobe, vor allem im 2. und im 3. Schuljahr[44]. Dies entspricht nun gar nicht den negativen Erwartungen der Öffentlichkeit an die Rechtschreibleistungen in einem Unterricht, in dem das freie Schreiben im Mittelpunkt steht! Eine Analyse der Bedingungen für diesen Lernerfolg ist deshalb besonders lohnend.

Wie *Reichen* nimmt auch *Peschel* an, dass Rechtschreiben nicht explizit gelehrt werden muss, ja, eigentlich gar nicht explizit gelehrt werden kann. Er verzichtet deshalb gänzlich darauf, Rechtschreibregeln wörtlich

44 Natürlich kann die Studie aufgrund der niedrigen Probandenzahl und des Fehlens einer Kontrollgruppe nicht als empirischer Nachweis für die generelle Effektivität des Konzepts gewertet werden; auf der anderen Seite sollte der Erfolg in diesem konkreten Fall durchaus Anlass zu weiterführenden Überlegungen geben.

vorzugeben, weist manchmal allerdings doch auf orthografische Strukturen hin (s. u.). Prinzipiell versteht *Peschel* die Rechtschreibentwicklung als Prozess einer *impliziten Musterbildung*, die sich vorrangig auf der Basis *inzidentellen Lernens* ohne gezielte Unterweisung vollzieht. Für die recht guten Rechtschreibleistungen, die die Schülerinnen und Schüler in *Peschels* Unterrichtspraxis erzielen, sind allerdings aus meiner Sicht vor allem die folgenden Elemente relevant:

1. Eine Arbeitsatmosphäre in der Klasse, die der Rechtschreibung einen wichtigen Platz zuweist
2. Rückmeldungen zu orthografisch noch nicht korrekten Schreibungen und Vermittlung von Strategien zur selbstständigen Kontrolle
3. Konsequent entwicklungsorientierte und individuelle didaktische Hilfestellungen
4. Hinweise auf orthografische Strukturen
5. Umfangreiche Schreiberfahrung

Zu 1 und 2: *Peschel* betont,

> „dass Rechtschreiben in einem solchen Unterricht von Anfang an einen hohen Stellenwert haben muss. Für die Kinder muss es immer klar sein, dass es eine ‚Buch'- oder ‚Erwachsenenschrift' gibt, die man anstreben sollte, – auch wenn die momentane Rechtschreibleistung immer nur eine Annäherung an dieses Ziel sein kann."
>
> (F. Peschel 2006, S. 201 f..)

*Peschel* lehnt jedoch Verfahren ab, bei denen die Texte der Kinder vor der Veröffentlichung durch die Lehrkraft korrigiert werden (z. B. wie bei Spitta 1983) und überträgt stattdessen den Kindern selbst die Verantwortung. Bei Unsicherheiten können sie sich mit Mitschülerinnen und Mitschülern beraten, im Wörterbuch nachschlagen, jederzeit aber auch Hilfen von der Lehrkraft erhalten. Dass diese primär *internale* Kontrolle durchaus funktioniert und die Kinder selbst das Lernziel *Rechtschreiben* übernehmen, sieht man an Beobachtungen wie der folgenden:

> „In der hier untersuchten Klasse wurden die Geschichten mit der Zeit von den Kindern automatisch immer mehr überarbeitet bzw. auf die richtige Rechtschreibung hin durchgesehen. Die Forderung (zu ergänzen: an die Lehrkraft, GSN), die ‚Fehler' in einem Text zu markieren, ging dabei von den Kindern aus."[45] (Peschel 2006, S. 193)

45 Peschel fügt allerdings hinzu, dass dies nur ein Teil der Kinder war.

Der letzte Satz klingt fast wie eine Entschuldigung, als Lehrer überhaupt auf Fehler hinzuweisen, aber Abweichungen von der korrekten Schreibweise zu erkennen, sind eine Voraussetzung zur Weiterentwicklung der Rechtschreibkompetenz – und das sieht *Peschel* auch so:

> „Gerade das Machen von ‚Fehlern' schafft beim Kind dabei die notwendige Diskrepanz, die ihm ein Lernen ermöglicht." (F. Peschel 2006, S. 85)

Rückmeldungen zur Rechtschreibung können die Kinder auch über die Rechtschreibprüfung beim Schreiben am Computer erhalten.

Zu 3: Die konsequente Entwicklungsorientierung und die Individualisierung der Hilfestellungen halte ich ebenso für zentrale Bausteine des Erfolgs. Bei der Durchsicht eines Kindertextes geht *Peschel* wie folgt vor: Er markiert fehlerhafte Wörter, die ein Kind entsprechend seines Entwicklungsstands eigentlich schon korrekt schreiben können sollte, anders als Wörter, deren Schreibung ein Kind noch nicht kennen kann, womit es sich aber seiner Meinung nach befassen sollte. Alle anderen Fehler bleiben unmarkiert. Bei *Jonas* kann es darum gehen, lautorientiert vollständiger zu schreiben, bei *Mila* um die Groß- und Kleinschreibung oder die Vokallängenmarkierung usw. Eine solche Individualisierung erspart den Kindern kognitiv eine Überforderung und emotional Frustrationen; es ist genau das Vorgehen, das sich in der Förderung bei Lese-Rechtschreib-Schwäche bewährt hat (vgl. Scheerer-Neumann 2018) und vermutlich auch in jedem guten Nachhilfeunterricht realisiert wird.

Zu 4: Wie schon erwähnt, lehnt *Peschel* explizit ausformulierte Rechtschreibregeln ab, so wie sie in vielen Sprachbüchern zu finden sind. Dies bedeutet aber nicht den vollständigen Verzicht auf die Arbeit mit orthografischen Strukturen: Bei der Besprechung von Fehlern in den Texten der Kinder verweist er z. B. bei morphematischen Schreibungen auf „Verwandte", bei der Groß- bzw. Kleinschreibung auf die Wortart, bei der Frage nach Kürze- oder Längezeichen auf die Länge des vorausgehenden Vokals. So fragt er z. B. nach: „Heißt es *wen* oder *wenn*?" (F. Peschel 2015, S. 79). Diese orthografischen Strukturen müssen zuvor angesprochen worden sein, sonst könnten die Kinder die Hinweise nicht nutzen. Zusätzlich vorgesehen ist auch eine „forschende Auseinandersetzung als explizite Beschäftigung mit bestimmten Rechtschreib-Phänomenen", z. B. beim Sammeln und Sortieren von Wörtern mit bestimmten Phänomenen. Hierfür steht als Arbeitsmaterial der schon erwähnte „Sprachforscher Rechtschreiben" von *Peschel* und *Reinhardt* (2001) zur Verfügung, ein Arbeitsbuch, das Anregungen zu solchen Sammlungen gibt.

### Inzidentelles und implizites Lernen

Wird der Anspruch des „radikalen" Spracherfahrungsansatzes, die Rechtschreibung primär über *inzidentelles* und *implizites* Lernen zu vermitteln, eingelöst? Lerntheoretisch bedeutet *inzidentelles* Lernen ja, beiläufig zu lernen, also zu lernen, ohne dass die Aufmerksamkeit auf den Lerngegenstand gerichtet ist. Wenn die Rechtschreibung primär inzidentell erworben werden könnte, würde es ja ausreichen, genau das zu tun, was Kritiker des freien Schreibens behaupten, nämlich die Kinder einfach schreiben zu lassen und darauf zu warten, dass sie über ihren Kontakt mit der Schrift beim Lesen die Rechtschreibung erwerben. Dies funktioniert aber genau deshalb nur in sehr engen Grenzen, weil beim Lesen die Aufmerksamkeit primär auf den *Inhalt* und nicht auf die *Orthografie* gerichtet ist.

Nun ist es ja aber gerade das Kennzeichen des Ansatzes von *Peschel*, dass dem Rechtschreiben von Anfang an ein hoher Stellenwert im Unterricht zugewiesen wird (s. Punkt 1), es also gerade *nicht* im Schatten der Aufmerksamkeit steht! In einer solchen Lernatmosphäre lernen Kinder *explizit*, auch wenn sie nicht ständig zum Lernen aufgefordert werden. Wie im obigen Zitat zum „automatischen Überarbeiten" deutlich wurde, übernehmen viele Kinder ja auch bereitwillig das Lernziel Rechtschreibung.

*Implizites Lernen* ist ein zusätzliches oder sekundäres Lernen: Beim Schriftspracherwerb werden Wörter gelesen oder rechtschriftlich erworben, aber Lernende lernen nicht nur die Graphemfolgen, sondern darüber hinaus unbewusst etwas über *orthografische Strukturen* unterschiedlicher Größe und Komplexität, auch wenn diese im Unterricht nicht thematisiert werden. Im „radikalen Spracherfahrungsansatz" gibt es dagegen häufig *explizite* Lernsituationen – immer dann, wenn die Kinder über eine Schreibweise beraten, im Wörterbuch nachschlagen oder den Lehrer befragen ... Wie groß der zusätzliche Anteil des *impliziten* Lernens im Vergleich zum herkömmlichen Rechtschreibunterricht ist, lässt sich nicht abschätzen. Als Lernziel für seine Schülerinnen und Schüler sieht *Peschel* die Entwicklung eines *Rechtschreibgespürs* und er hat Recht, dass dieses nicht direkt lehrbar ist. Aber das Rechtschreibgespür steht am Ende eines Lernprozesses, bei dem man das Kind durchaus begleiten kann – und genau dies wird in seiner konkreten Arbeit ja auch deutlich.

## 6.7 Kritik am Spracherfahrungsansatz

### Kritik in den Medien

Die öffentliche Kritik am Spracherfahrungsansatz ist in weiten Teilen identisch mit der Kritik an der Methode *Lesen durch Schreiben* von *Jürgen Reichen*: In den Medien geht es vor allem um die Gefahr des Einprägens falsch geschriebener Wörter und um das Problem der Umstellung vom lautorientierten zum orthografisch korrekten Schreiben. Beide Einwände kann man weitgehend entkräften, wenn das lautorientierte Schreiben – wie bei den in diesem Kapitel beschriebenen Ansätzen – nur als Einstieg in das Schreiben gewählt und früh durch Lernwörter und Hinweise auf orthografische Strukturen ergänzt wird.

In Kapitel 4 habe ich darüber hinaus aufgezeigt, dass beim frühen lautorientierten Schreiben die einzelnen Wörter immer wieder neu – und entsprechend der zunehmenden lautanalytischen Kompetenz der Kinder immer besser – im Moment des Schreibens *konstruiert* und nicht aus dem Gedächtnis abgerufen werden. Trotzdem liegt hier ein mögliches Problem: Im Einzelfall wird man recht gut erkennen können, ob ein Kind die Wörter beim Schreiben primär noch konstruiert oder ob sich doch schon Routinen bilden, die dann möglicherweise später tatsächlich ein Umlernen erfordern; das unterschiedliche Entwicklungstempo innerhalb einer Klasse erschwert diese Einschätzung für alle Kinder. Eine frühe Schriftorientierung über die Abschrift der Kindertexte in „Erwachsenenschrift" und die Vorgabe von Modellwörtern und Lernwörtern ist deshalb sinnvoll. Kritischer als das Speichern einzelner fehlerhafter Wörter wäre die Herausbildung einer „Laissez-faire"-Haltung gegenüber der Rechtschreibung; der Ansatz von *Peschel* (2006) zeigt, wie wichtig es gerade im Kontext des sehr freien Schreibens ist, dass die Kinder sich die Herausforderung der Rechtschreibung zu eigen machen.

### Kritik aus der primär linguistisch orientierten Deutschdidaktik

Die Kritik aus der linguistisch orientierten Deutschdidaktik an Anlauttabellen wurde schon im letzten Kapitel angesprochen. Sie richtet sich gegen die Fokussierung der Phonem-Graphem-Ebene. Wie in Kapitel 2 erläutert, sind Phoneme ebenso wie Laute keine unmittelbar zugänglichen Einheiten; die kleinsten Einheiten der gesprochenen Sprache, die ohne sie zu verändern segmentiert werden können, sind Silben. Sie sind deshalb die primären Einheiten im silbenanalytischen Ansatz von *Röber,* der in Kapitel 8 vorgestellt werden wird. Allerdings ist unsere Schrift keine Silbenschrift und auch bei Röber findet man einen didaktischen Baustein, bei dem die einzelnen Buchstaben im Fokus stehen – als „Vorbereitung des Lesen- und Schreibenlernens" (Röber 2015a, S. 213).

Weiterhin kritisiert *Röber* das Prinzip von Anlauttabellen, Ph-G-K ausschließlich über *Anlaute* einzuführen; sie befürchtet, dass die Kinder den Graphemen dann ausschließlich die Lautwerte des jeweiligen Anlautes zuordnen würden und ihnen die *Lautvariation* dann verborgen bliebe (Röber 2015a, S. 108). Diese ergibt sich aus der Koartikulation, der artikulatorischen Beeinflussung eines Lautes durch die anderen Laute einer Silbe: Ein /p/ klingt im Wort *Pilz* anders als im Wort *spielen,* ein /t/ in *Turm* anders als in *stark.* Diese Variabilität der Lautwerte des gleichen Phonems erschwert ohne Zweifel das Schreiben mit der Anlauttabelle und die Schreibvariante *<SCHBILN> überrascht nicht, weil das /p/ im Inlaut nicht aspiriert wird. Aber Schulanfänger werden beim Schreiben ja nicht alleine gelassen und die Lehrkraft führt beim gemeinsamen Schreiben die Variabilität vor. Zudem haben die Kinder in ihrer langen „Lernkarriere" schon erfahren, dass in der Welt Variabilität die Regel ist: Der eigene Name kann sehr unterschiedlich klingen, je nachdem, von wem er gesprochen wird; nicht alle Hunde sehen so aus wie der Hund im Bilderbuch usw. Dass es eine Variabilität auch im Bereich der Ph-G-K gibt, wird die Kinder nicht überraschen. Trotzdem sollte das Problem im Unterricht thematisiert werden.

Allgemein werfen linguistisch orientierte Deutschdidaktikerinnen und -didaktiker dem SEA *Systemferne* und ein unzutreffendes *abbildtheoretisches Schriftverständnis* vor, das Schrift ausschließlich als Wiedergabe der gesprochenen Sprache versteht (Mesch 2015). Dass die deutsche Schrift weit komplexer und ebenso grammatisch fundiert ist, habe ich schon im „Steckbrief zur deutschen Orthografie" in Kapitel 2 gezeigt und dies ist natürlich auch den Autorinnen und Autoren der in diesem Kapitel beschriebenen Ansätze bekannt. Allerdings ist die deutsche Schrift durchaus *auch* eine *phonografisch fundierte Alphabetschrift* und genau diese Eigenschaft erkennen schon manche Vorschulkinder und nutzen sie für ihre ersten selbstständigen Verschriftungen. Der SEA hilft zunächst, diese Schreibstrategie weiter zu verfolgen und auszubauen, in dem Bewusstsein, dass phonemanalytische Kompetenzen zentral für den weiteren Schriftspracherwerb sind (vgl. Schnitzler 2008).

*Bredel* & *Röber* (2015) kritisieren die „zweistufige" Modellierung des Schriftspracherwerbs im SEA, bei der orthografische Strukturen erst in einem zweiten Schritt thematisiert werden und stellen ihr den „einstufigen" silbenanalytischen Ansatz gegenüber, der von Anfang an die Silbenstrukturen der Schrift thematisiert (Bredel & Röber 2015, Röber 2015a, vgl. Kap. 8). Die alphabetische Phase des Entwicklungsmodells betrachten sie als Folge eines Unterrichts, der zunächst lautbezogenes Schreiben toleriert, eine teilweise sicher richtige Interpretation: Wenn Kinder in der Schule von Anfang an auf orthografische Strukturen hingewiesen werden, werden sie versuchen, diese auch in ihre frühen Schreibungen zu integrieren – trotzdem gilt, dass schon vorschulisch schreibende Kinder primär lautbezogen konstruieren. Und selbstverständlich würden die Vertreter/-innen des SEA nicht bezweifeln, dass der Rechtschreibunterricht einen Einfluss auf die Entwicklung der verschiedenen Facetten der „orthografischen Strategie" hat (vgl. Kap. 4). Trotzdem unterstellen *Bredel & Röber* (2015) und *Röber* (2015a) den Protagonisten des SEA eine *nativistische Theorie*, in der der Schriftspracherwerb entsprechend einer „natürlichen" Entwicklung und über Reifungsprozesse abläuft und den Kindern einen „eigenaktiven Strategiewechsel" vom „lautgetreuen Schreiben" hin zum orthografischen Schreiben abverlangt. Dies wird ohne Zitat einfach behauptet und kulminiert bei *Röber* in folgenden Aussagen:

> „Der Faktor Umwelt, der Lernen erst ermöglicht und entscheidend leitet, bleibt in dieser Modellierung unbeachtet."
>
> „Dem steht ein Lernbegriff der Kognitionswissenschaft gegenüber, die Lernen als Fähigkeit des Menschen interpretiert, Angebote der Umwelt aufzunehmen und zu verarbeiten, um dadurch mit deren Anforderungen besser zurechtzukommen."
>
> (Röber 2015a, S. 165)

Dabei übersieht *Röber*, dass das Entwicklungsmodell des Schriftspracherwerbs innerhalb der Kognitionspsychologie entstanden ist (Frith 1986, vgl. Kap. 3)! Die unterschiedlichen Strategien wurden und werden keineswegs als Ergebnis von Reifungsprozessen verstanden, sondern – ähnlich wie bei *Piaget* – als kognitive Prozesse, die sich in der *Interaktion* von schon existierenden kognitiven Strukturen und neuen Herausforderungen sowie Erfahrungen bilden und verändern. Unzutreffend ist auch der Vorwurf von *Bredel & Röber* (2015), im SEA würde jenseits des lautbezogenen Schreibens nur auswendig gelernt; warum sie die Thematisierung orthografischer Strukturen in den Ansätzen von *Brinkmann* (2008) und *Leßmann* (2007, 2015) nicht zur Kenntnis nehmen, bleibt unklar.

Die angesprochenen Kritikpunkte können also kaum als stichhaltig gelten; trotzdem bleiben neben den weiter oben angesprochenen Problemen kritische Fragen an den SEA, z. B. die Frage nach der Effizienz eines weitgehend in das freie Schreiben integrierten Rechtschreibunterrichts im Vergleich zu einem systematischen Unterricht, bei dem die Auswahl und Reihenfolge der Themen ausschließlich sachimmanenten Überlegungen folgt und die Aufmerksamkeit der Kinder sich ganz auf die orthografischen Phänomene richten kann (vgl. Fay 2015).

## 6.8 Die Realisierung des Spracherfahrungsansatzes in der Schule

Das vielleicht größte Problem ist die Realisierung und Konkretisierung der besprochenen Varianten des SEA in der schulischen Praxis. Es wurde ja deutlich, dass diese methodisch weitaus mehr beinhalten, als „die Kinder einfach schreiben zu lassen …“. Vielmehr geht es jeweils um eine Balance zwischen dem „Ausprobieren“ beim freien Schreiben und der Übernahme normierter Schreibungen, wobei die didaktischen Hilfestellungen zudem noch individuell zu gestalten sind.

Dass in der Praxis die Ansätze nicht immer in ihrer Ausgewogenheit übernommen werden, ist zu befürchten und manchmal haben die Autorinnen und Autoren an möglichen Verzerrungen durchaus auch ihren Anteil: Gerade in kürzeren Darstellungen, in denen es darum geht, die Quintessenz eines Ansatzes zu vermitteln, kann die Balance leicht in den Hintergrund geraten. So wählte *Peschel* für seinen Beitrag in dem sehr lesenswerten Sammelband des Grundschulverbandes *Rechtschreiben in der Diskussion* (hrsg. von E. Brinkmann 2015) den etwas irreführenden Titel: *Rechtschreiben lernt man am besten durch freies Schreiben und Lesen.* Wenn man seinen Ansatz kennt, weiß man, dass die Kinder hier das Rechtschreiben nicht primär *durch* das freie Schreiben, sondern *beim* freien Schreiben erlernen. Ähnlich die starke Betonung des *impliziten* und des *inzidentellen*

Rechtschreiblernens in seinem Beitrag *Offener Sprachunterricht in der Praxis* in der Zeitschrift *Grundschulunterricht Deutsch* (2008); in seinem eigenen Unterricht wird es durch hohe Anteile des *expliziten* (wenn auch durchaus selbstständigen) Lernens ergänzt. Es wäre fatal, wenn gerade motivierte junge Lehrerinnen und Lehrer den SEA in vereinfachter Form und nicht in seiner ganzen Komplexität kennenlernen – und umsetzen – würden.

# 7 Rechtschreiben von Anfang an: Aktuelle Fibellehrgänge

In den Medien und in den sozialen Netzwerken wird der Fibelunterricht mit konsequentem Rechtschreiben von Anfang an verbunden. Auf einen Teil der Fibellehrgänge trifft dies auch zu; daneben gibt es jedoch ebenso Konzepte, die das freie Schreiben früh integrieren, und sogar Lehrwerke, die fast eher dem Spracherfahrungsansatz zuzurechnen sind. Schon deshalb darf nicht allgemein von der Wirkung „der Fibel" auf die Rechtschreibleistung von Kindern gesprochen werden; die Lehrgänge sind genauer zu analysieren. Allerdings ist derzeit eine Tendenz zur stärkeren Berücksichtigung der Rechtschreibung schon ab dem ersten Schuljahr zu beobachten.

## 7.1 Zur Konzeption aktueller Fibellehrgänge

Das Ende des „alten" Methodenstreits (vgl. Kap. 3) hat keineswegs die Anzahl der Fibeln auf dem Schulbuchmarkt reduziert, allerdings greift der Begriff *Fibel* heute zu kurz. Von den Schulbuchverlagen werden „Lehrwerke" oder sogar „Materialpakete" angeboten, die weit mehr umfassen als nur die klassische Fibel: Arbeitshefte zum Lesen, Arbeitshefte zum Schreiben, Anlauttabellen, Wortkarten, Material zur inneren Differenzierung, teilweise als Lernsoftware, diagnostische Verfahren, Handpuppen … Methodisch überwiegen *analytisch-synthetische* Ansätze, d. h. Ansätze, die zwar vom Wort ausgehen, dieses aber sogleich in Laute gliedern und analog die Synthese beim Lesen fordern (vgl. Kap. 3). Neben Neuerungen, auf die ich gleich noch zu sprechen komme, lassen sich in den heutigen Fibeln folgende didaktische Gemeinsamkeiten finden:

- Sukzessive Einführung der Buchstaben (Graphem-Phonem-Korrespondenzen)
- Lese- und Schreibwörter jeweils nur aus diesen Buchstaben (mit Ausnahme einiger weniger „Ganzwörter")
- Zu Beginn Bevorzugung strukturell einfacher Wörter, d. h. kurzer

Wörter mit einfach gebauten Silben (keine Konsonantenhäufungen), allmähliche Steigerung der Komplexität

- Lesetexte thematisch vielfältig, aber Kontinuität durch Fibelfiguren (Dino, Wiesel, Kater, Hund, Fantasiefiguren ...) und namentlich eingeführte Kinder; einige Fibeln mit durchgehender Geschichte
- Etwa gleichzeitiger Beginn des Lesens und Schreibens; allenfalls geht das Lesen dem Schreiben etwas voraus.
- Aufbau eines Schreibwortschatzes von Anfang an
- Weiterführung des Lehrwerks im 2. (ggf. bis zum 4.) Schuljahr

**Sukzessive Einführung der Buchstaben (Graphem-Phonem-Korrespondenzen)**

Im Gegensatz zum Vorgehen beim Spracherfahrungsansatz werden im Fibelunterricht die Graphem-Phonem-Korrespondenzen nicht auf einmal, sondern sukzessiv eingeführt. Zumeist ist für jede neue G-Ph-K mindestens eine Doppelseite in der Fibel vorgesehen. Im Unterricht und in den Arbeitsheften werden Wörter mit dem entsprechenden Anlaut analysiert und das Schreiben des Buchstabens wird intensiv geübt. Die Einführung der Buchstaben erstreckt sich über einen großen Teil des ersten Schuljahrs. Als erste Buchstaben werden zumeist <M, m> und <A, a> eingeführt, in der weiteren Reihenfolge unterscheiden sich die Lehrgänge.

Entscheidungskriterien sind zum einen die *Häufigkeit* der G-Ph-K in der deutschen Schrift, zum andern der Schwierigkeitsgrad bei der Analyse und Synthese der Konsonanten: Sogenannte *Dauerlaute*, die *einer festen Stellung der Artikulationsorgane* entsprechen wie [l], [m], [n] und [s], sind leichter zu analysieren und mit einem nachfolgenden Vokal zu synthetisieren als Laute, die einer *Artikulationsbewegung* entsprechen wie [p], [t], [g] (Plosive). Weiterhin stellt sich die Frage, ob ein Graphem für den frühen Lesewortschatz benötigt wird: So hielt sich die analytisch-synthetische DDR-Fibel *Unsere Fibel* (z. B. 1984) an die Reihenfolge: Dauerlaute – Plosive; das Nachfolge-Werk *Meine Fibel* von 1990 gab schon als dritten Buchstaben <P, p> vor, damit nicht nur <Mama>, sondern auch <Papa> gelesen und geschrieben werden konnte. Silbenorientierte Fibeln (s. u.) führen schon früh relativ viele Vokale ein, um Leseübungen mit einfachen analogen Silben wie <mi>, <ma>, mo>, <mu> zu ermöglichen.

**Beschränkung der Lesetexte auf eingeführte Buchstaben und Beginn mit strukturell einfachen Wörtern**

Bei der Konstruktion von Lesetexten wird in analytisch-synthetischen Fibeln darauf geachtet, dass die Wörter jeweils nur die Buchstaben enthalten, die im Lehrgang bereits eingeführt wurden. Da dieses Prinzip die Texte vor allem am Anfang sehr einschränken würde, werden zwei Hilfsmittel genutzt: Zum einen ersetzen Bilder schwierig zu lesende Wörter, zum andern werden in vielen Fibeln „Ganzwörter" vorgegeben, die sich die Kinder zunächst visuell ohne weitere Hilfestellung merken sollen. Meistens werden allerdings die noch fehlenden Buchstaben bald eingeführt und eine Analyse findet zeitversetzt statt.

Abbildung 7.1 macht deutlich, dass trotz der Nutzung von Ganzwörtern (hier <ruft>, <und>) und Bildern frühe Lesetexte in der Regel doch noch recht inhaltsarm sind. Zusätzlich zur Berücksichtigung der schon gelernten Buchstaben wird die anfängliche Textkonstruktion durch die Wahl einfach strukturierter und nicht zu langer Wörter eingeschränkt: Vermieden werden vor allem Konsonantenhäufungen am Silbenbeginn, da hier die Synthese für die Kinder besonders schwierig ist.

Nina und Nino und Ina im .
Mama und Oma .
Am Momo und Imo .
Momo ruft Mama .
Mama ruft Oma und Nina .
Mama ruft Nino und Ina .

Abb. 7.1: Lesetext aus: *Bücherwurm-Fibel* (2018). Stuttgart: Ernst Klett Verlag, S. 25

Allgemein werden die etwas kargen Lesetexte auch durch eine reiche Bebilderung kompensiert, die Anlass zum Beschreiben und Erzählen gibt, durch Vorlesetexte und durch das Einfügen differenzierter schwierigerer Texte als „Lesefutter" für Frühleser und schnell lesen lernende Kinder.

Auch auf der leichtesten Stufe steigt die Komplexität der Wortstrukturen mit der Zeit an – nach dem Prinzip: *Vom Leichten zum Schweren.*

**Ein kurzer Blick auf die Themen**

Der Inhalt der Fibeltexte steht hier nicht zur Diskussion; dieser Aspekt ist aber so interessant, dass ich darauf aufmerksam machen möchte. Fibeltexte sind ein kultureller Spiegel: Wie werden Kinder wahrgenommen? Welche Themen werden für sie als wichtig erachtet? Man denke an das „Hoch-deutsche Lutherische ABC und Namen-Büchlein für Kinder welche anfangen zu lernen“ (z. B. 1832), das religiöse Texte und moralisch bildende Geschichten enthielt! Seit den 1980er-Jahren wird sehr darauf geachtet, dass es unter Fibelkindern auch Kinder mit Migrationshintergrund und behinderte Kinder gibt; im Zentrum der Diskussion standen und stehen ebenso die sozialen Rollen der Geschlechter und Generationen. Gelegentlich führte dies dann zu einer einfachen Umkehrung, so wenn jetzt Papa das Baby füttert und Opa gleichzeitig mit Kopfhörern und tänzelnd am Herd steht und Pfannkuchen bäckt (Meine Fibel von 2000, S. 8/9).

Die meisten Fibeln sind thematisch sehr vielseitig; neben Themen aus dem Alltag der Kinder gibt es sachkundliche Texte und auf den späteren Seiten oft auch Gedichte und Leseproben aus der Kinderliteratur. Einige Fibeln erzählen eine kontinuierliche Geschichte; so erleben *Nino* und *Nina* im ersten Teil der *Lollipop Fibel* Abenteuer mit Fantasiegestalten. Die *Tobi Fibel* erzählt die Geschichte der Kobolde *Ela* und *Alo*; Vorlesetexte führen in die Geschichte ein und ergänzen die zunächst noch kurzen Lesetexte.

**Schreiben und Rechtschreiben in analytisch-synthetischen Leselehrgängen**

Wie beim Spracherfahrungsansatz werden auch in analytisch-synthetischen Fibellehrgängen die Kinder zunächst in die alphabetische Strategie eingeführt, d. h., sie werden mit dem alphabetischen Prinzip unserer Schriftsprache und mit Ph-G-K vertraut gemacht. Das Schreiben ist zunächst ein Ab- und Nachschreiben; trotzdem werden die vorgegebenen Wörter nicht nur kopiert und graphomotorisch geübt, sondern auch lautanalytisch gegliedert.

Später sollen diese Wörter auch auswendig geschrieben werden können; dies sind dann die ersten Lernwörter. Parallel zum Aufbau eines Schreibwortschatzes, der sich je nach Bundesland nach einem vorgegebenen Grund- oder Basiswortschatz richten kann, werden die Kinder in erste orthografische Regelmäßigkeiten eingeführt. Es werden Rechtschreibstrategien vermittelt, mit deren Hilfe die orthografischen Strukturen genutzt werden können. Der vom Baden-Württembergischen Kultusministerium 2018 herausgegebene „Rechtschreibrahmen“, an dem sich zunehmend die Schulbuchverlage orientieren, gibt Anforderungen jeweils für zwei Klassenstufen vor. Für die Klassen 1/2 sind vorgesehen: die Großschreibung von Eigennamen und prototypischen Nomen sowie des Satzanfangs, die Verdopplung von Konsonantengraphemen und die Konstantschreibung bei Auslautverhärtung (<Hun*d*> trotz [hʊnt]).

## 7.2 Neuerungen

Als Neuerungen sind seit den 1990er-Jahren in Fibellehrgängen drei wichtige Tendenzen zu erkennen:

- Im Zuge der Öffnung des Unterrichts stellen etwa seit den 1990er-Jahren auch viele der primär analytisch-synthetischen Verfahren parallel zur sukzessiven Einführung und Übung der Buchstaben (G-Ph-K und Ph-G-K) den Kindern *Anlauttabellen* zur Verfügung, die das ganze Alphabet oder zumindest die Basisgrapheme umfassen. In einigen Fibeln sind diese Tabellen – wie schon seit Jahrhunderten – primär als Gedächtnishilfen gedacht, in anderen (z. B. *Löwenzahn, Kunterbunt, FARA und FU, PIRI 1*) haben sie jedoch die Funktion, das freie Schreiben anzuregen.
- Etwa um die Jahrtausendwende wurde die Silbe als strukturierende linguistische Einheit „wiederentdeckt“. Mit *Lesen in Silben* von *Rosemarie Handt* und *Klaus Kuhn* erschien 2002 eine explizite Silbenfibel (neueste Auflage: *ABC der Tiere, Die Silbenfibel*, hrsg. von K. Kuhn 2021), in der die Wörter im Text farblich in Silben gegliedert vorgegeben wurden. Inzwischen findet sich die Silbengliederung in zahlreichen Fibeln; einige, wie z. B. die *Bausteine Fibel* (2014) und *Löwenzahn* (2015), bieten eine Silbenversion alternativ zu den herkömmlich gestalteten Texten an.
- Im Vergleich zu ihren Vorgängern beinhalten neuere Fibellehrgänge in weit größerem Umfang *differenzierte Lernangebote* auf unterschiedlichen Schwierigkeitsstufen. Dies gilt nicht nur für die Arbeitshefte, sondern ebenso für viele Fibeln: Auf Doppelseiten werden thematisch vergleich-

bare Texte in drei Versionen mit aufsteigender sprachlicher Komplexität angeboten. Silbenfibeln gliedern die Wörter zumeist nur auf der leichtesten Stufe konsequent. Auf der höchsten Stufe orientiert sich die Wortauswahl nicht mehr an den schon eingeführten Buchstaben.

**Anlauttabellen und freies Schreiben auch in Lehrgängen**

Die Rezeption des Spracherfahrungsansatzes und der Methode *Lesen durch Schreiben* in Deutschland wird seit den 1990er-Jahren teilweise auch in Fibellehrwerken sichtbar (z. B. *Löwenzahn, Kunterbunt, FARA FU, PIRI 1*). Zusätzlich zur sukzessiven Einführung der Buchstaben werden den Kindern früh Anlauttabellen zur Verfügung gestellt, die selbstständiges Schreiben ermöglichen.

Zwischen den Lehrwerken bestehen Unterschiede im Anteil und in der Bedeutung, die dem freien Schreiben im Gesamtkonzept zugewiesen wird, ebenso in den Antworten auf die Frage, wann und wie korrigiert werden soll. Zumeist wird in Anlehnung an den Ansatz von *Gudrun Spitta* (vgl. Kap. 6) vorgeschlagen, Kindertexte durch „Erwachsenen-" oder „Buchschrift" zu ergänzen. Korrekturen als Lernanstöße werden erst dann als sinnvoll erachtet, wenn ein Kind lautbezogen weitgehend vollständig schreiben kann. Auch dann wird nicht jedes falsche Wort automatisch zum Lernwort: Die Lehrkraft trifft eine individuelle Auswahl, die den Lernstand des Kindes und die Schwierigkeit des Wortes berücksichtigt.

Neben den Fibeln, die „zweigleisig" Anlauttabellen und freies Schreiben in einem analytisch-synthetischen Lehrgang integrieren, gibt es auch vorwiegend *schreiborientierte* Ansätze, die dem Spracherfahrungsansatz (SEA) nahestehen. Wie beim SEA werden die Kinder über eine Anlauttabelle und das freie Schreiben in die Schrift eingeführt, in der Erwartung, dass sich hierdurch das Lesen anbahnt. Leseübungen und auch das orthografisch korrekte Schreiben werden zunächst zurückgestellt.

Abweichend vom SEA führen nicht alle Lehrwerke für den geöffneten Erstlese- und Schreibunterricht alle Buchstaben gleichzeitig ein: Bei *Konfetti* (2013) gibt es vier Anlauttürme; der erste Turm enthält nur Vokale und Diphthonge, der zweite und dritte Konsonanten, wobei ähnliche stimmhafte und stimmlose Konsonanten (z. B. /d/ vs. /t/) nicht in einem Turm auftreten. Im vierten Turm finden sich schwierigere Elemente wie mehrbuchstabige Grapheme. Die Kinder befassen sich durchaus sukzessiv mit den Ph-G-K; sie können deren Reihenfolge aber weitgehend selbst bestimmen und dazu die jeweils entsprechenden Aufgaben in einem Heft auswählen (Schreiben des Buchstabens, Anlautübungen mit Bildern, Wörter schreiben). Entsprechend der offenen Konzeption gibt es zu den erwähnten Lehrwerken keine Fibel mit sprachlicher „Schonkost", sondern Lesebücher bzw. Lesebilderbücher und Lesehefte, zunächst zum Vorlesen, später aber auch zum selbstständigen Lesen.

Zur Beurteilung der Funktion einer Buchstaben- oder Anlauttabelle, des Stellenwerts des freien Schreibens und des jeweils vorgeschlagenen Korrekturverhaltens muss jeder (Fibel)lehrgang individuell analysiert werden. Dabei ist auch zu beachten, dass es gerade aktuell – möglicherweise aufgrund der Diskussion in den Medien – Veränderungen in den neueren Auflagen gibt. Einige Fibeln wie *Meine Fibel* (2018) haben sich nie auf das freie Schreiben eingelassen, andere, die didaktisch im Umkreis des Spracherfahrungsansatzes einzuordnen sind und einen Einstieg in die Schrift über das freie Schreiben vorschlagen, rudern etwas zurück: Bei *Tinto 1* (2018) können die Buchstaben für alle Schülerinnen und Schüler jetzt in der gleichen Reihenfolge *oder* aber individuell eingeführt werden, zu *Zebra 1* (2018) ist zu lesen, dass „das freie Schreiben in den hinteren Teil ausgelagert wurde". Fast durchgängig liegt ein Schwerpunkt der Lehrgänge jetzt auch auf der Arbeit mit Rechtschreibstrategien.

### Neuerung im Retrodesign: Die Rückkehr der Silbe in die Fibel

In synthetischen Leselehrgängen galt die Silbe schon immer als wichtige sprachliche Einheit; Wörter wurden in Silbentrennung vorgegeben, um den Kindern das Erlesen zu erleichtern. Der synthetische Fibellehrgang *Die goldene Brücke* gliederte noch 1975 etwa im ersten Drittel der Fibel neue Wörter durch kleine Zwischenräume in Silben (vgl. Abb. 3.1) und auch die DDR-Fibel *Unsere Fibel* (z. B. 1974) gab die ersten Wörter parallel zur Normalschreibung auch in Silbengliederung vor. In der BRD verschwanden danach die Silben weitgehend aus den Fibeln; der zunehmende Fokus auf die *Funktion* der Schrift, die *Sinnentnahme* beim Lesen, schien unvereinbar mit einem sprachstrukturellen Ansatz.

Glücklicherweise „überwinterte" die Silbe in der Legasthenietherapie, allgemein in der Förderung leseschwacher Kinder, wo sie schon immer einen zentralen Platz hatte und noch hat (vgl. Kossow 1972, Dummer-Smoch & Hackethal 1984, Reuter-Liehr 1992/2006, Scheerer-Neumann 1981, 2018, Ritter & Scheerer-Neumann 2009). Über ihre Erfolge bei der Förderung lese- und rechtschreibschwacher Kinder kehrte die Silbengliederung zurück in Fibeln.

### Warum Silben? Linguistische Grundlagen

Wörter sind keine Lautketten, die Laute überlagern sich akustisch und auch bei der Artikulation besteht eine weitgehende Abhängigkeit („Koartikulation“, vgl. Kap. 2). Die Segmentierung der Laute beim Schreiben und die Synthese beim Lesen sind deshalb anspruchsvolle kognitive Tätigkeiten und keine einfachen Subtraktionen oder Additionen von Lauten. Neben der eigentlichen Synthese besteht beim Erlesen eine weitere Aufgabe in der Entscheidung, welche Buchstaben bzw. entsprechenden Laute für die Synthese zusammenzufassen sind. In der gesprochenen Sprache – und entsprechend auch beim lauten Lesen – sind Silben die zentralen sprachlichen Einheiten, die zum Verständnis des Wortes führen; sie können isoliert ausgesprochen werden, ohne sie zu verändern. Der Linguist *Utz Maas* sieht in der Silbe die „Grundeinheit der phonographischen Repräsentation“ (Maas 2000, S. 85) und kognitionspsychologisch gilt die Silbe als eine wichtige Verarbeitungseinheit, sowohl beim Lesen(lernen) als auch beim Schreiben (vgl. Scheerer-Neumann 2018).

Kinder, die im Vorschulalter oder zu Beginn des ersten Schuljahrs das Grundprinzip einer alphabetischen Schrift verstanden haben und die Lautwerte einiger Buchstaben kennen, lesen zumeist konsequent von links nach rechts, sprechen sich die Lautwerte der einzelnen Buchstaben vor und versuchen dabei, sie zu synthetisieren. Bei einsilbigen Wörtern gelingt dies noch recht gut, bei mehrsilbigen machen die Silbengrenzen oft Probleme: So las die Erstklässlerin *Julia* zum Wort <Tulpe> zunächst [tu:lp$^h$] – dann ging ihr die Puste aus! Bei einem späteren Versuch war [tu:-lp$^h$] zu beobachten und dann doch [tu:l-pə]. Julia hat hier selbst die korrekte Silbengliederung gefunden, aber natürlich stellt sich die Frage, ob dieser wichtige Teilprozess des Lesens nicht didaktisch unterstützt werden kann und sollte, zumal leseschwache Kinder oft Probleme mit der Silbensegmentierung haben (Scheerer-Neumann 1977, 1981).

### Aktuelle Silbenfibeln

Die Fibel *ABC der Tiere* (2000/2021) war ein Vorreiter und versteht sich explizit als Silbenfibel, in vielen anderen heutigen Fibeln wie *Piri 1* (2013), *Niko 1* (2014) und *Karibu* (2015) ist die Silbe ebenso zentral und weitere nutzen sie anfänglich zur Gliederung der Texte. Die Gliederung erfolgt durch eine wechselnde Einfärbung der Silben (vgl. Abb. 7.2) oder durch Silbenbögen (z. B. *Meine Fibel* 2018). Die Autoren beziehen sich in der Begründung ihrer Methode zumeist auf FRESCH, die *Freiburger Rechtschreibschule* (Renk & Brezing 2015), die ihren Ursprung in der Arbeit von *Helene Buschmann* mit lese- und rechtschreibschwachen Kindern hat. Betroffene Kinder haben oft schon Probleme, die gesprochene Sprache in Sprechsilben zu gliedern, vor allem gelingt es ihnen aber nicht, silbische Strukturen beim Lesen und Schreiben zu nutzen.

Die Methode FRESCH vermittelt und übt dies über das *Sprechschreiben:* Die Kinder gliedern zunächst Wörter beim Sprechen deutlich in Silben („rhythmisches Syllabieren") und schwingen synchron dazu einen Arm in weiten Bögen. In einem zweiten Schritt werden Silbenbögen geschrieben; später sind in vorgegebene Wörter Silbenbögen einzuzeichnen. Das Verfahren soll die Kinder vor allem dazu befähigen, „lautgetreu" zu schreiben, und die anfänglich verwendeten Wörter bestehen zumeist aus relativ einfachen Silben, bevorzugt Bigramme aus einem Konsonanten und einem langen Vokal. Im *ABC der Tiere* beginnt die Einführung der Grapheme über solche Bigramme, die zunächst *ganzheitlich* wiedererkannt werden sollen: mu, mi, mo, ma, la, li, lo, la ... Aus diesen Silben werden dann erste Wörter gebildet: <Lama>, <Limo>, <Mama>, <Mimi>, <Mio> usw.

Jaguare leben in den Regenwäldern
von Südamerika. Sie klettern auf
Bäume und jagen ihre Beute.
Jaguare können auch schwimmen.

Abb. 7.2: Beispiel für einen in Silben gegliederten Text aus: Handt, R. / Kuhn, K. / Mrowka-Nienstedt, K. (2001): *ABC der Tiere*, Arbeitsheft zum Leselehrgang, S. 76

Alle Silbenfibeln thematisieren auch den *Aufbau* der Silben, wobei den Vokalen als Silbenkernen eine besondere Bedeutung zukommt: Oft werden sie als die *Könige* bezeichnet, denn „jede Silbe hat einen König" (Piri 1, Lehrerband 2013, S. 3). Im *ABC der Tiere* sind die Vokale die *Klinger* und geschlossene Silben werden über die Beschreibung *Starter – Klinger – Stopper* erarbeitet. In der weiteren Arbeit greifen die Autoren dieser Fibel auf das Häuser-Modell von *Christa Röber* zurück, das offene und geschlossene Silben sowie Silben mit Doppelkonsonanten jeweils unterschiedlich bildlich darstellt (vgl. Kap. 8, Abb. 8.2).

Der Einstieg in die Schriftsprache erfolgt in den Silbenfibeln zumeist über das Lesen, aber das Schreiben schließt sich an die ersten Leseversuche an. Geschrieben werden zunächst die Silben/Wörter, die auch gelesen wurden; im *ABC der Tiere* markieren die Kinder beim Schreiben die Silben eines Wortes durch verschiedene Farben. Die korrekte Schreibung soll primär von der Silbenstruktur abgeleitet werden. Daneben gibt es aber auch von Anfang an *Lernwörter (Merkwörter)*, zumeist aus dem Grundwortschatz, die korrekt zu schreiben sind. Bei *Niko 1* wird das „Richtigschreiben von Anfang an" betont, andere Lehrgänge stellen den Kindern jedoch auch *Schreibtabellen* (Anlauttabellen) zum frühen freien Schreiben zur Verfügung. Mit den beim freien Schreiben zwangsläufig auftretenden Rechtschreibfehlern wird ähnlich wie schon oben beschrieben umgegangen: Im Lehrgang *ABC der Tiere* sollen Texte, die zur Veröffentlichung – also für Leserinnen und Leser – geschrieben sind, korrekt sein (Kuhn 2015). Bei *Piri 1* wird individuell, je nach dem Lernstand eines Kindes, vorgegangen und lautbezogen angemessene Schreibungen können zunächst akzeptiert werden.

### Umfassende Angebote für die innere Differenzierung

Über viele Jahre galten Fibeln geradezu als Symbol für einen gleichschrittigen frontalen Unterricht: In den Klassenzimmern des ersten Schuljahrs konnte man in der Tat beobachten, wie die immer gleichen Textstellen von allen Kindern nacheinander laut vorgelesen wurden. Im schlimmsten Fall wurde dabei noch der „Lesekaiser" gekürt, der fehlerlos vorlesen (bzw. den Text gut auswendig lernen!) konnte. Kinder mit anfänglichen Schwierigkeiten standen am Pranger und verloren manchmal die Lesemotivation für ihr ganzes Leben. Die Öffnung des Unterrichts seit den späten 1970er-Jahren kam nicht nur diesen Kindern zugute, sondern ebenso den schnell Lernenden, die sich nun mit für sie angemessenen Aufgaben und Texten beschäftigen konnten.

Im Rahmen der heutigen vielfältigen Angebote gibt es nicht nur Texte und Aufgaben, die die in allen Klassen anzutreffenden Unterschiede in den Lernvoraussetzungen und im Lerntempo berücksichtigen, sondern ebenso spezielle Angebote für den jahrgangsübergreifenden Unterricht (z. B. *Kunterbunt, Tinto*), für Inklusionsklassen (*Jo-Jo, ABC der Tiere* Förderausgabe) und für Kinder mit Migrationshintergrund (*Oskar, Xa-Lando, Luna Fibel*).

Diese differenzierten Materialien sind sehr zu begrüßen, allerdings können sie nur dann effektiv eingesetzt werden, wenn die Lehrkraft über gute didaktische und diagnostische Kompetenzen verfügt und die Vielfalt im Materialangebot auch organisatorisch bewältigt. Während im klassischen Fibellehrgang Lernschritte vorgegeben wurden, muss die Lehrkraft jetzt individuell je nach Lernstand eines Kindes die Lernangebote auswählen. Neben konkreten diagnostischen Aufgaben im Material, die ihr dabei Hilfestellung geben, verweisen viele Lehrerkommentare als grundlegende Orientierung auf das Entwicklungsmodell des Schriftspracherwerbs, das ich in Kapitel 4 vorgestellt habe. Wie beim Spracherfahrungsansatz wird von den Kindern in einem differenzierten Unterricht oft selbstständiges Arbeiten erwartet; in den Arbeitsheften helfen ihnen dabei wiederkehrende Aufgabentypen (z. B. Bilder ankreuzen, deren Bezeichnungen mit dem gleichen Anlaut beginnen, einen Satz lesen und ankreuzen, ob er Sinn macht, z. B. *Autos können fliegen.*).

## 7.3 Aktuelle Fibellehrgänge: Würdigung und Kritik

Analytisch-synthetische Fibeln führen auf direktem Weg in das phonografische Prinzip unserer Schriftsprache ein. Die sukzessive Thematisierung der Buchstaben (Graphem-Phonem-Korrespondenzen) und die zunächst sehr einfach strukturierten Wörter stellen sicher, dass auch Kinder mit wenig Vorerfahrung und langsamer lernende Kinder die Chance haben, „mitzuhalten“. Auf der anderen Seite erfordert die sofortige Analyse der Wörter in ihre lautlichen Bestandteile und die entsprechende Synthese von Anfang an schon ein gewisses Maß an *phonologischer Bewusstheit*, über das nicht alle Kinder verfügen. Diese Kinder fallen auch nicht unbedingt auf, weil bei der relativ geringen Anzahl der anfänglichen Lesewörter durchaus auch eine ganzheitliche Lesestrategie erfolgreich sein kann. Umso wichtiger sind die diagnostischen Aufgaben, die bei Schwierigkeiten einen Förderbedarf signalisieren.

Die Gliederung von Texten in Silben erleichtert am Schulanfang – und langsam lernenden Kindern auch noch später – das Lesen, die Silbengliederung der gesprochenen Sprache das Schreiben. Insofern können Silbenmethoden im Erstlese- und Schreibunterricht durchaus als Ansatz zur Prävention von Lese-Rechtschreib-Schwäche gesehen werden. Es stellt sich jedoch die Frage, ob eine so lange und konsequente Silbentrennung wie im *ABC der Tiere* notwendig ist – und ob sie schneller lernende Kinder nicht sogar in ihrer Entwicklung behindert. Die Gliederung der Wörter in Silben reißt oft die bedeutungstragenden sprachlichen Einheiten, die Morpheme, auseinander und verhindert damit möglicherweise eine direkte Sinnentnahme. Betroffen sind vor allem die Wortstämme in Verben wie bei <leben> und <jagen> in Abbildung 7.2. Problematisch sind auch einsilbige Substantive und Adjektive im Plural wie bei <Bäume>. Insofern ist es positiv zu sehen, dass *Piri 1* schon bald für schneller lesen lernende Kinder Texte in Normalschrift vorgibt. Allerdings fanden *Hasenäcker & Schröder* (2017) in einer lexikalischen Entscheidungsaufgabe[46], dass – im Durchschnitt – auch noch im zweiten Schuljahr Wörter in Silbengliederung schneller als in morphematischer Gliederung erkannt werden (z. B. BÄ:RIN vs. BÄR:IN). Bei den Viertklässlern gab es kaum eine Zeitdifferenz; ihnen unterliefen aber bei Silbengliederung mehr Fehler als bei Morphemgliederung und Erwachsene erkannten die Wörter in Morphemgliederung etwas schneller als in Silbengliederung.

Ein weiteres Problem, das in allen Fibeln mit Silbentrennung auftritt, ist die Gliederung von Wörtern mit Doppelkonsonanten nach betontem, kurzem Vokal (Schärfungswörter). Wie in Abbildung 7.2 zu sehen ist, werden die Konsonanten so getrennt, wie es die Silbentrennung beim Schreiben verlangt. Für das Lesen ist diese Einteilung eine eher zweideutige Hilfe: Auf der einen Seite signalisiert der die erste Silbe schließende Konsonant in <*klet*tern >, <*kön*nen> und <*schwim*men> korrekt den Kurzvokal (im *ABC der Tiere* „Stopper“ genannt), auf der anderen Seite wird der Konsonant beim normalen Sprechen nur einmal artikuliert – und nicht zweimal, wie die optische Trennung der Buchstaben im Graphem <*t*t>, <*n*n> und <*m*m> nahelegen könnte. Linguistisch haben wir es hier mit einem *Silbengelenk*

46 In einer lexikalischen Entscheidungsaufgabe werden dem Probanden in zufälliger Reihenfolge Wörter und Pseudowörter gezeigt; bei Wörtern ist Taste A, bei Pseudowörtern Taste B zu betätigen. Die jeweilige Reaktionszeit wird ermittelt.

zu tun, das wahrnehmungsmäßig zu beiden Silben gehört (vgl. Eisenberg 2017). Bei der silbischen Schreibweise der Fibeln müssen die Kinder lernen, den zweiten Konsonanten nicht getrennt auszusprechen.

Und was kann das syllabierende Mitsprechen beim Schreiben leisten? Das deutliche Mitsprechen hilft sicher beim Schreiben von „lautgetreuen" Wörtern – schon alleine deshalb, weil den Kindern bei den Übungen die Standardlautung – oder gar eine Explizitlautung – vermittelt wird, also [ga:r.tən] oder [ga:r.te:n] anstelle von [ga:tn]. Durch das Syllabieren wird die Aufmerksamkeit auch auf die unbetonten Silben gerichtet; über das Wissen, dass in jeder Silbe ein Vokal zu schreiben ist, kann der <Igl> zum <Igel> werden. Nun war *Helene Buschmann* der Meinung, dass man über das Syllabieren auch die Doppelkonsonanten nach kurzem, betontem Vokal *hörbar* machen könne. Diese Annahme ist in der Deutschdidaktik umstritten. Tatsächlich fanden *Tacke, Brezing & Schultheiß* (1992) bei rechtschreibschwachen Kindern nach einem fünfwöchigen Training mit FRESCH deutliche Verbesserungen gerade beim Schreiben von Schärfungswörtern. *Tacke* (2007) vermutet allerdings, dass die Kinder die Doppelkonsonanten nicht „hörten", sondern sich über eine Pilotsprache – z. B. [pʊp-pə] zu <Puppe> – einprägten. Ich stimme dieser Vermutung prinzipiell zu, halte es aber auch durchaus für möglich, dass man *lernen kann,* das Silbengelenk *wahrzunehmen*: Das Wissen um die Verdopplung eines einzelnen Konsonanten nach kurzem, betontem Vokal, kann vor allem bei Nasalen (z. B. /m/ /n/) und Liquiden (z. B. /l/) dazu führen, dies schon in der Wahrnehmung zu „spüren". Unsere Wahrnehmung ist nicht rein sensorisch, sondern wird durch kognitive Lernprozesse überformt. Ein Beispiel hierfür bot schon die Lehrerin, die glaubte, in [igl] ein [e] zu hören (vgl. Kapitel 5).

Zum Schluss dieses Kapitels soll noch ein „klassisches" Problem angesprochen werden, das auch viele der neuen Fibeln noch nicht gelöst haben: Es ist die anfänglich „verbogene", künstliche Sprache in Fibeln, die durch die sukzessive Einführung der Buchstaben und die Restriktionen im Hinblick auf die Wortstruktur bedingt ist. In vielen Fibeln finden sich auf den ersten Seiten Sätze wie *Oma ist am (Piktogramm Zaun), Nina und Ali sind im (Piktogramm Sandkasten).* Die Verwendung des Verbs *sein* als Vollverb ist in diesen Kontexten ganz sicher kein guter Stil und würde später in einem Aufsatz mit einem A am Rand geahndet! Beliebt sind auch Fragesätze und Exklamationen wie: *Malt Mila? Toll Nino!* Erfahrungsgemäß gelingt es Leseanfängern noch nicht, aus den Satzzeichen auf die korrekte Intonation zu schließen, und auch wenn sie die Grapheme korrekt synthetisieren, erkennen sie im Gelesenen keinen Sinn. Diesen verstehen sie erst, wenn ihnen die Wortgruppen vorgelesen werden.

Auch der Wortschatz in Fibeln entspricht oft nicht der Sprache der Kinder: *Schlummern* anstelle von *schlafen, meinen* anstelle von *sagen* (vermutlich weil <f> und <g> noch nicht eingeführt wurden) oder gar *Miese Enten!* An manchen Stellen wird in den Texten sehr deutlich, dass es nicht darum geht, eine Begebenheit zu erzählen, sondern vor allem um das Üben bestimmter Buchstaben – so wenn die Kinder im *Kaufhaus* überlegen, ob sie eine *Krone*, einen *Kran, Ketten* oder *Kekse* kaufen wollen – auf keinen Fall jedoch *Krimskrams*! Gerade angesichts dieses Beispiels kann man sich fragen, ob es wirklich nötig ist, die sukzessive Einführung der Buchstaben über die ersten Monate hinaus auszudehnen. Kinder, die ein so schwieriges Wort wie *Krimskrams* lesen können, kennen die Korrespondenz <K> – /k/ vermutlich schon oder sie könnten sie schnell erwerben. Wir wollen ja, dass Kinder bald zu Leserinnen und Lesern werden, und es gibt heute viele leicht lesbare Kinderbücher. Aber erst wenn die Jungen und Mädchen mit allen G-Ph-K vertraut sind, sind sie „fit" für die selbstständige Lektüre.

Es soll jedoch nicht bestritten werden, dass für einen Teil der Kinder eine sukzessive – und langsame – Einführung der Buchstaben zu Beginn des Lehrgangs lernförderlich ist. Aber muss man mit aller Gewalt versuchen, aus wenigen Buchstaben etwas Textartiges zu erschaffen? Vielleicht wäre es sinnvoll, zu diesem frühen Zeitpunkt das Lesematerial zunächst auf einzelne Wörter und voneinander unabhängige (aber vollständige!) Sätze zu beschränken! Über Wort-Bild-Zuordnungen, Suchen nach Zusammengehörigem (Brot – essen), Ausreißern (Hund – Ente – Gans – Was passt nicht dazu?) lassen sich kurzweilige Übungen erstellen. Texte zum Selberlesen sollten besser erst dann vorgegeben werden, wenn die Vorkenntnisse der Kinder sprachlich und pragmatisch angemessene Formulierungen erlauben (vgl. die Lesebücher bei *Tinto* und *Konfetti*). Außerdem ist das Vorlesen von Kinderliteratur im Erstunterricht schon so fest verankert, dass auch früh im Schuljahr nicht auf Texte verzichtet werden muss.

## 7.4 Zusammenfassender Blick auf heutige Fibellehrwerke

Trotz des gemeinsamen analytisch-synthetischen Rahmens weisen die derzeitigen Lehrwerke zum Erstlese- und -schreibunterricht eine beachtliche didaktische Vielfalt auf: Unterschiede gibt es bei der Aufnahme einer Anlauttabelle mit Möglichkeiten zum freien Schreiben, in der Anzahl der anfänglichen Ganzwörter und in der Einführung der Silbe als strukturierende sprachliche Einheit. Beim Schreiben mit einer Anlauttabelle ergeben sich zwangsläufig Fehler, die – je nach Ansatz – zunächst gar nicht oder vorsichtig und individuell – korrigiert werden sollen. Allerdings werden im Rahmen aller Lehrgänge ausgewählte Wörter auch orthografisch gesichert und Rechtschreibstrategien vermittelt.

Wie ihre Vorgänger, geben Fibeln auch heute noch Lernschritte vor, das umfangreiche Material zur inneren Differenzierung berücksichtigt jedoch auch langsamer Lernende und Kinder mit noch unzureichenden Deutschkenntnissen. So sinnvoll und notwendig die innere Differenzierung ist, es darf nicht übersehen werden, dass sie an die Lehrkraft sehr hohe didaktische und pädagogische Anforderungen stellt.

Die – leider sehr gedrängte – Übersicht in diesem Kapitel hat deutlich gemacht, dass es „die Fibel“ nicht gibt und dass ein konsequentes „Rechtschreiben von Anfang an“ auch nicht für alle Lehrwerke für den Erstlese- und Schreibunterricht gilt. Kapitel 8 wird nun zeigen, dass „Rechtschreiben von Anfang an“ auch außerhalb von Fibellehrgängen – und in den folgenden Beispielen sogar stringenter – realisiert werden kann.

# 8 Rechtschreiben von Anfang an: Alternative Ansätze

Wie Kapitel 7 gezeigt hat, fordern nicht alle Fibellehrgänge normgerechtes Schreiben von Anfang an. Auf der anderen Seite liegen für den Anfangsunterricht alternative Konzepte vor, die die Rechtschreibung früh in den Erstunterricht einbinden. Zwei dieser Ansätze werden in diesem Kapitel vorgestellt. Trotz des gemeinsamen Postulats des „Richtigschreibens von Anfang an" unterscheiden sie sich in einem zentralen Punkt: Während Marion Bergk von der Funktion der Schrift ausgeht und die ersten Wörter – neben ihrer Komplexität – nach ihrem Bezug zur Lebenswirklichkeit der Kinder auswählt, steht bei dem silbenanalytischen Konzept von Christa Röber die Struktur der Wörter im Vordergrund.

## 8.1 Rechtschreiben von Anfang an mit Wörtern und Texten der Kinder: Der Ansatz von *Marion Bergk*

*Marion Bergk* hat einen Zugang zum Schreibenlernen entwickelt, der pädagogische und didaktische Elemente des Spracherfahrungsansatzes aufgreift, die Kinder aber von Anfang an auf korrekte Schreibungen orientiert. Sie hat diesen Ansatz nicht nur entwickelt, sondern auch selbst und in Zusammenarbeit mit anderen Lehrerinnen erprobt. Aus dieser Zusammenarbeit ist eine umfangreiche Sammlung von Unterrichtsideen hervorgegangen (Bergk 2002); die theoretischen Grundlagen findet man in *Bergks* Beitrag *Anfang gut – alles gut* im Sammelband *Schulanfang ohne Fibeltrott* (1984), den sie gemeinsam mit *Kurt Meiers* herausgegeben hat und in ihrem Buch *Rechtschreibenlernen von Anfang an* (1987).

**Einstieg in die Schrift über handlungsbezogenes Schreiben**

Wie die Vertreterinnen und Vertreter des offenen Unterrichts (vgl. Kap. 6) kritisiert *Bergk* die reduzierte Sprache und die inhaltliche Beliebigkeit der üblichen ersten Fibelsätze; diesen setzt sie für die Kinder bedeutungsvolle Wörter entgegen. Bedeutungsvoll sind in ihrem Lernsetting außer den Namen der Kinder auch die allerersten Wörter, weil sie *handlungsorientiert* eingesetzt werden: *ja* und *nein, gut* und *nicht gut,* um die eigene Meinung bekannt zu geben, *ist da* neben dem eigenen Namen in der Klassenliste zur Bestätigung der Anwesenheit, *wir* zur Beschriftung des Klassenfotos, *ich* als Unterschrift zum Selbstbildnis. Bevor die Kinder die Wörter selbstständig schreiben, erhalten sie in einem ersten Schritt eine kopierte Vorlage mit dem Wort oder den Wörtern in Graphemgliederung; mehrbuchstabige Grapheme wie <sch> oder <ei>, aber auch <tt> oder <oh> bilden jeweils ein Segment, auch <en> und <er> am Wortendrand bleiben zusammen (vgl. Abb. 8.1).

Abb. 8.1: Matrize mit „ja" und „nein": Die Grapheme werden von den Kindern ausgeschnitten, korrekt zusammengelegt, danach aufgeklebt und nachgespurt. (Aus: Bergk, M. (1987): *Rechtschreibenlernen von Anfang an.* Frankfurt/M.: Diesterweg, S. 46).

Die Lehrerin spricht die Wörter in normaler Aussprache und gedehnt vor: *n-ei-n;* die Kinder schneiden die Grapheme auseinander, legen sie nach Vorlage wieder korrekt nebeneinander, kleben sie auf, spuren sie anschließend nach und sprechen das Wort aus. Selbstständiges Lesen wird zunächst noch nicht erwartet. Beim Sprechen beobachten die Kinder ihre Artikulation, auch mithilfe eines Spiegels. Es gibt genügend Material, so dass ein Wort am gleichen Tag oder an verschiedenen Tagen zerschnitten, aufgeklebt und in verschiedenen Farben nachgespurt und dann frei geschrieben werden kann, so dass ein hoher Übungsgewinn entsteht.

Nach den ersten, sehr einfachen, von der Lehrerin vorgegebenen Wörtern, machen die Kinder selbst Vorschläge und die Lehrerin wählt daraus passende (und nicht zu komplexe) Wörter, zumeist aus einem Kontext, der sich beim Gespräch im Morgenkreis als wichtig erwiesen hat: Die *Ratte* auf dem Schulweg, die *Polizei* auf dem Schulhof oder der kranke *Hund* zu Hause … Alle Wörter werden in der beschriebenen Weise in Grapheme gegliedert vorgegeben, von den Kindern ausgeschnitten, neu zusammengelegt, aufgeklebt, nachgespurt und gelesen. Das Verfahren ist im Prinzip analytisch-synthetisch, aber Analyse und Synthese werden in den ersten zwei bis drei Monaten in einem ersten Schritt von der Lehrerin demonstriert. So haben auch langsamer lernende Kinder die Möglichkeit, über dieses Modellverhalten in die entsprechenden Prozesse einzudringen. Schneller lernende Kinder können mehrere Wörter bearbeiten oder schon zu Sätzen übergehen. Sowohl Wörter als auch Sätze werden in die Eigenfibel eingetragen und durch Zeichnungen ergänzt.

Beim Manipulieren mit den ausgeschnittenen Graphemen kann die Lehrerin auch zeigen, welche Konsequenzen falsch zusammengelegte Grapheme haben – wenn aus der Ratte eine *ettaR* wird oder aus der Polizei eine *zoPilei*; Kinder lieben solche Unsinnswörter, regen selbst zu weiteren Vertauschungen an und dringen so weiter in die Synthese ein. Die Grapheme werden immer im Zusammenhang mit Wörtern eingeführt. Es gibt keine Anlauttabelle; *Bergk* befürchtet, dass die in diesen Tabellen realisierte 1:1-Zuordnung von Graphemen und Phonemen die Einsicht der Kinder in die Positionsabhängigkeit von Lauten verhindern könnte (vgl. Kritik von Röber, Kap. 6). Es gibt im Klassenraum aber ein Plakat mit einem *Buchstabenbaum,* der alle Grapheme im Überblick enthält. Jedes Blatt ist mit einem Graphem beschriftet; nicht nur einbuchstabige wie <M>, <m> und <U>, <u>, auch die Grapheme <mm>, und <Uh>, <uh> haben ihre eigenen Blätter – in unmittelbarer Nachbarschaft zum jeweiligen einbuchstabigen Graphem. Kommt ein Graphem in einem Wort vor, das die Kinder bearbeiten, so wird im Anschluss das jeweilige Blatt farbig umrandet. So entsteht ein Überblick über bereits besprochene Grapheme.

#### Schreiben als Rechtschreiben und der Erwerb von Lernwörtern

Zur Aneignung der korrekten Schreibungen werden die Kinder dazu angeregt, eine *Merksprache* zu nutzen, die die besonderen Stellen eines Wortes verdeutlicht: Beim Wort *Ratte* wäre das [t] doppelt zu sprechen [rat.tə], bei

Mutter sollten zusätzlich das [e] und das [r] am Wortende – entgegen der normalen Aussprache – deutlich artikuliert werden ([mut.ter] anstelle von [mutɐ] ).

Alle gemeinsam bearbeiteten Wörter werden in einem *Riesen-Wörterbuch* gesammelt, einem großen Faltbuch mit Wortkarten-Taschen, das im Klassenzimmer an der Decke befestigt ist und dessen Seiten wie ein Leporello auseinandergezogen und zusammengeschoben werden können. Beim Schreiben von Sätzen und kleinen Texten, die der anfänglichen Wortarbeit folgen, können die Kinder dort immer die korrekten Schreibungen nachschauen, später natürlich auch in einem Wörterbuch. Zudem hat jedes Kind selbst einen Karteikasten, in dem es neben den gemeinsamen auch *eigene Wörter* sammeln kann.

Aber Texte entstehen oft in Zusammenarbeit von zwei oder sogar drei oder vier Kindern. Die soziale Komponente ist *Marion Bergk* sehr wichtig und beim Schreiben ermöglicht die Kooperation, sich gemeinsam Gedanken nicht nur um Inhalt und Formulierung, sondern auch um die Rechtschreibung zu machen. So entstehen Rechtschreibgespräche schon unmittelbar beim Schreiben. Während des Verfassens von Texten können die Kinder auch jederzeit bei der Lehrerin die korrekte Schreibung eines Wortes nachfragen; sie schreibt das Wort entweder auf die Folie des Tageslichtprojektors oder auf einen Zettel, den die Kinder mitnehmen können.

Die gemeinsamen Gespräche der kooperierenden Kinder, das Nachschauen der Wörter im Leporello oder Karteikasten oder das Nachfragen bei der Lehrerin binden Zeit und Energie und so entstehen in der Regel bei diesem Verfahren im Vergleich zum freien Schreiben zumeist nur recht kurze Texte, die aber keineswegs weniger lesenswert sind. Oft schreiben verschiedene Gruppen zum gleichen Thema und dann ist die Neugier groß, zu erfahren, wie andere es bearbeitet haben. Ein gemeinsames Thema hat auch den Vorteil, dass schon im Vorfeld Wörter zu einem semantischen Feld als Auswahl an der Tafel rechtschriftlich vorgegeben werden können. Trotz Nachfragens und Nachdenkens sind die Texte natürlich nicht immer fehlerfrei; die Kinder schreiben mit Bleistift, so dass die Fehler sich nach der Rückmeldung durch die Lehrerin gut korrigieren lassen.

Zahlreiche weitere Vorschläge, wie man den kreativen Umgang mit Sprache und das Rechtschreibenlernen verbinden kann, finden sich in dem schon erwähnten Band *Unterrichtsideen* (Bergk 2002): Textergänzungen, Basteln von Wort- oder Satz-Puzzeln, Umschreiben von Gedichten oder selbstständiges Verfassen z. B. von *Elfchen*[47] oder Gummiband-Gedichten (Bergk 2002, S. 67):

> Auf einer Brücke
> auf einer bunten Brücke
> auf einer bunten, langen Brücke
> sitzt ein Affe
> sitzt ein brauner Affe …

Durch die Wiederholung werden hier die Wörter geübt, ohne dass dies von den Kindern als langweilig empfunden wird. Eigentliche Rechtschreibregeln sieht *Bergk* eher nach dem 2. Schuljahr, aber schon im Anfangsunterricht sollen die Kinder Regelmäßigkeiten, die sie erkannt haben, als Merksätze festhalten, z. B. „Nach ei schreibe ich z und nie tz".

Zum Lesen stehen die von den Kindern selbst geschriebenen Texte zur Verfügung, daneben aber auch verschiedene Fibeln, ebenso Lesehefte und anderes Lesematerial, das im vorliegenden Kontext aber nicht weiter ausgeführt werden kann. Vor allem im 1. Schuljahr wird den Kindern auch viel vorgelesen.

### Würdigung des Ansatzes und Kritik

*Dietrich Pregel* sprach vom „Fibel-Dadaismus", *Bruno Bettelheim* hielt die anfängliche Fibelsprache für eine „Beleidigung der Intelligenz des Kindes" – und beide hatten Recht! Sätze wie *Ina kommt an: „Mein Eis!"* oder *Mal Toni, mal Ina* entsprechen weder dem Sprachgebrauch von Kindern noch von Erwachsenen und werden nur durch zusätzliche Erklärungen und Abbildungen überhaupt verständlich. Einzelne Wörter sind da wesentlich authentischer und „ehrlicher". Neben dem handlungsorientierten Gebrauch[48], für den sich natürlich nicht alle Wörter eignen, lassen sich zu Nomen und vielen Verben mit den entsprechenden Bildern Spiele wie Domino, Lotto und Memospiel herstellen und als Lernspiele einsetzen.

---

47 Die Gedichtform Elfchen besteht aus 5 Zeilen mit 11 Wörtern; die Überschrift ist ein Nomen, die weitere Satzstruktur ist relativ streng vorgegeben, so dass zumeist bis zur Fertigstellung mit wenigen Wörtern „jongliert" wird.

48 Neben den beschriebenen Beispielen können Wörter handlungsorientiert auch in Rollenspielen zur Kennzeichnung von Rollen und Requisiten eingesetzt werden, Materialkästen lassen sich beschriften, im Sportunterricht können die Kinder selbst auf Schildern Anweisungen geben: „schleichen" – „hüpfen" usw.

Den Einstieg in den Schriftspracherwerb über einzelne Wörter halte ich für sinnvoll und angesichts der deutschdidaktischen Tradition, Wörter immer in Sätze einzubinden, auch für mutig[49]. Positiv sehe ich ebenso die frühe *Schriftorientierung* und die *Segmentierung* der Wörter in *Grapheme,* die von Anfang an deutlich macht, dass manche Buchstaben in bestimmten Kontexten als Einheiten „zusammengehören". Natürlich treten Doppelkonsonanten und Vokale mit einem Dehnungs-h durch die relativ freie Wahl der Wörter früher auf als in den „komponierten" Fibeltexten und man könnte durchaus kritisch fragen, ob die Vielzahl der komplexen Grapheme nicht manche Kinder überfordert.

Und wie ist das „Rechtschreiben von Anfang an" im vorliegenden Ansatz zu beurteilen? Die variable Anzahl der Wörter, mit denen sich die einzelnen Kinder beschäftigen, und die gut zugänglichen Vorlagen verhindern frühe Misserfolge, die langsame Lerner früher in einem stark rechtschreibbezogenen Erstunterricht erleben mussten. Auf der anderen Seite bedeutet, weniger zu schreiben (oder häufiger von einer Vorlage abzuschreiben) auch weniger selbstständige Übung in der Phonemanalyse und Phonemsynthese, wie sie beim „freien Schreiben" umfassend möglich ist.

Es stellt sich auch die Frage, ob das sehr konsequente „Rechtschreiben von Anfang an" die Spontaneität beim Schreiben nicht doch beeinträchtigt. Unter den Beispielen für Schreibanlässe findet man bei *Bergk* auch das Briefeschreiben; geübt und korrigiert werden nicht nur die Anfangs- und Schlussformeln, sondern auch Sätze wie: „Ich mag Dich." oder „Willst Du mich besuchen?" Die Autorin merkt an: „Was sie auch schreiben, es soll richtig geschrieben sein" (Bergk 1987, S. 198). Vielleicht würde man sich hier wünschen, dass manchmal die Emotionen Vorrang vor der Rechtschreibung haben dürfen! Verständlich der Stoßseufzer eines Erstklässlers:

> „Schau doch mal, was ich schreibe und nicht immer nur, wie ich es schreibe!"

49 Erinnert sei auch an die Vorstellung, dass Kinder in der Schule immer im „ganzen Satz" sprechen sollten – die Linguistik hat inzwischen gezeigt, dass Unvollständigkeit geradezu ein Kennzeichen der mündlichen Sprache ist.

## 8.2 Rechtschreiben durch Rechtlesen: Der silbenanalytische Ansatz von *Christa Röber*

**Theoretische Grundlage**

Beim silbenanalytischen Ansatz von *Christa Röber* steht nicht wie bei *Marion Bergk* die Funktion, sondern die *Struktur* der Schriftsprache im Vordergrund.

> „Das Konzept zielt darauf ab, den Kindern von Beginn an durch eine sprachanalytisch fundierte Progression im Unterricht die Möglichkeit zu geben, *Wissen über orthografische und grammatische Regularitäten* zu erwerben." (Röber 2015, S. 90)

Im Anfangsunterricht zentral sind *silbische* Strukturen; dabei geht *Röbers* Ansatz über die in den silbenorientierten Fibeln beschriebene Funktion der Silbe als *Gliederungseinheit* hinaus: Wie im „Steckbrief zur deutschen Orthografie" in Kapitel 2 dargestellt, sind Graphem-Phonem-Korrespondenzen oft mehrdeutig; so können die Vokalbuchstaben jeweils für den kurzen (ungespannten) oder den langen (gespannten) Vokal stehen. Aber:

> „Die Schreibung der Silben – und dieser Aspekt ist relativ neu in der Didaktik – gibt nahezu ausnahmslos an, wie die Artikulation der gesamten Silbe einer Gruppe – im Kontrast zu einer anderen Gruppe – zu erfolgen hat." (Röber & Olfert 2010)[50]

Die Kinder werden beim silbenanalytischen Ansatz deshalb niemals dazu aufgefordert, Grapheme isoliert zu lesen; ausgesprochen werden soll immer die ganze Silbe. Die Vermittlung der verschiedenen silbischen Strukturen, die im Folgenden dargestellt wird, beginnt mit dem Lesen: *Rechtschreiben* durch *Rechtlesen* – anstelle von *Lesen durch Schreiben*!

Entsprechend der Ausrichtung des Konzepts an der Struktur der Sprache beginnt der Einstieg in den Schriftspracherwerb mit einer typischen Wortform des Deutschen: dem *Trochäus*. Diese Wortform besteht aus zwei Silben, die erste Silbe ist betont, die zweite unbetont: *Rose, Tante, Puppe, Kinder, geben* ... Die Länge des Vokals der betonten Silbe ergibt sich aus dem silbischen Kontext: In *offenen* Silben – wenn dem Vokal innerhalb der betonten Silbe kein Konsonant folgt – wird er gespannt (lang) gesprochen: <Ro> – [ro:]; zum Konsonanten der folgenden Silbe hat er einen „losen"

50 https://www.ph-freiburg.de/fileadmin/dateien/fakultaet1/ew/ew1/Personen/roeber/publikationen/eigene/ABC-der_Tiere_Sch%C3%B6ggl.pdf abgerufen am 11.5.2019

Anschluss. Folgt auf den Vokal noch innerhalb der Silbe ein Konsonant, ist die Silbe also *geschlossen*, so ist der Vokal ungespannt (kurz) und der Anschluss an den Vokal „fest“ (vgl. Tabelle 2.2). Diese Silbenmuster werden von *Röber* zumeist durch ein Häusermodell mit Garage bildlich dargestellt (vgl. Abb. 8.2), im weiter unten beschriebenen Lesebuch sind es Zirkuswagen mit Anhänger[51]. Beim losen Anschluss befindet sich der auf den Vokal folgende Konsonant in der Garage, beim festen Anschluss im zweiten Zimmer des Hauses. Schwierig darzustellen sind für alle silbischen Ansätze die Doppelkonsonanten nach gespanntem Vokal, da sie wahrnehmungsmäßig sowohl zur ersten als auch zur zweiten Silbe gehören („Silbengelenk“, vgl. Eisenberg 2017). Röber wählt das Bild einer Garage, die in das Haus hineinragt.

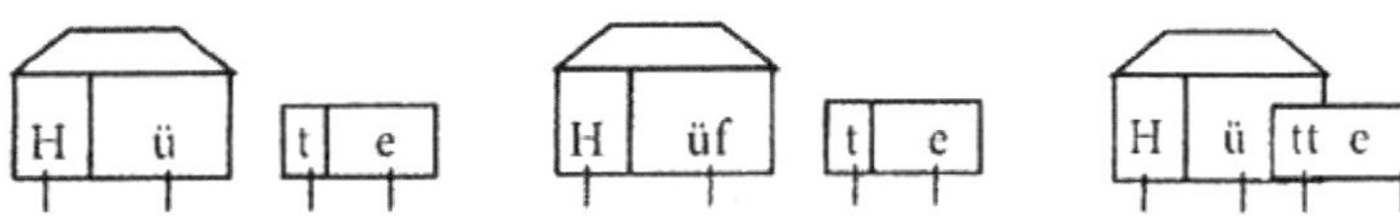


Abb. 8.2: Das Häusermodell zur Darstellung der unterschiedlichen Reime der betonten Silben. Links: gespannter (langer) Vokal in der offenen Silbe, Mitte: ungespannter (kurzer) Vokal in der geschlossenen Silbe, rechts: ungespannter (kurzer) Vokal vor einem Silbengelenk, das graphemisch durch zwei Konsonanten wiedergegeben wird. (Aus: Röber, Ch. (2015): *Rechtschreiben durch Rechtlesen*, S. 97)

**Die Kinder vom Zirkus Palope: Lesen**

Seit 2016 liegt zum silbenanalytischen Ansatz von *Röber* ein Lehrwerk für das erste Schuljahr vor, *Die Kinder vom Zirkus Palope*, aktuell in der Überarbeitung von *Röber, Häusle & Berchthold* (2020), die über das Internet[52] abrufbar ist. Für das erste Schuljahr umfasst das Lehrwerk ein reich bebildertes Lesebuch (Buch 1: Erste Wörter und Sätze) und fünf Arbeitshefte, dazu Lieder, Ausmalbilder, Wortkarten usw. Der Lehrerkommentar, das „Begleitbuch zum Unterricht“ (Röber, Häusle & Berchthold 2021) enthält neben einer allgemeinen Einführung detaillierte didaktische Hinweise.

Erzählt wird aus dem Leben einer großen Zirkusfamilie; die Namen der Protagonisten sind Kunstwörter, allesamt Trochäen, die entsprechend der drei Häusermodelle konstruiert wurden: So gibt es u. a. *Mame*, *Pape* und

51 Beim Zirkuswagen mit Anhänger ist die Farbcodierung relevant; deshalb wird hier auf das Haus-Garage-Modell zurückgegriffen.

52 https://zirkus-palope.de/downloads

*Ape, Rere* und *Renre* und *Holme* und *Holle*. Die Kinder sollen zu Beginn der ersten Klasse diese und andere Namen (insgesamt 24!) als „Wortbilder" auswendig lernen; im Laufe des Schuljahres werden die Strukturen analysiert und die entsprechenden Buchstaben eingeführt. Wenn man sieht, wie schnell schon Vorschulkinder die Namen der Helden ihrer Zeichentrickserien kennen, kann man sich das Lernen der Namen der Mitglieder der Zirkusfamilie gut vorstellen; die Annahme des Lernens von „Wortbildern" ist jedoch zu diskutieren (s. u.).

Im Laufe des ersten Schuljahres setzen sich die Kinder mit allen drei trochäischen Wortformen auseinander, zunächst dienen jedoch ausschließlich Wörter mit einem gespannten Vokal in der betonten Silbe als Lesevorlagen. Die ersten Wörter, die analysiert, gelesen und geschrieben werden, sind die Namen *Pepe, Pape* und *Ape*. Die Kinder werden mit dem Betonungsmuster des Trochäus vertraut gemacht und üben das Wahrnehmen von Betonungsmustern auch an anderen Wörtern, die als Bilder vorgegeben werden. Am Wort *Pepe* erkennen sie, dass der gleiche Buchstabe (<e>) unterschiedlich gesprochen werden kann und die zweite Silbe des Trochäus, die Reduktionssilbe, häufig ein <e> enthält (auch in Kombination mit <el>, <en>, <er>). Die Buchstaben werden in den Zirkuswagen und den Anhänger eingetragen und die Vokale entsprechend ihrer Betonung und Position farblich unterschiedlich gekennzeichnet; die Konsonanten bleiben dagegen schwarz. Beim Eintragen in das Wagenmodell wird den Kindern bewusst, dass jede Silbe, auch die unbetonte, immer einen Vokal enthält.

Mit Ausnahme der langen Vokale werden Laute nie isoliert ausgesprochen, jedoch findet trotzdem eine Orientierung auf Laute statt. So wird bei der Einführung der Buchstaben <P> und <A> und der Figur *Pape* (und analog bei den anderen Buchstaben) vorgegeben (Röber et al. 2020, S. 14):

A
PA
Pape
Ape

Welche Prozesse tatsächlich bei den Kindern ablaufen, lässt sich schwer sagen, aber die Synthese von <P> und <A> zu <PA> und das Weglassen des <P> bei <Ape> sind Aufgaben, die sich ebenso im Kontext von analytisch-synthetischen Fibellehrgängen und in Übungsprogrammen zur phonologischen Bewusstheit finden. Ähnliches gilt für die Einführung der

Namen, bei denen der Vokal ausgetauscht wird: Pa Pu Pape. Im weiteren Verlauf gibt es viele Wortspiele: So überbieten sich Papagei und Pelikan in Abwandlungen wie: „Suse, Suse, mit der Nuse von Pupe." oder „Sose, Sose, mit der Rose von Pope" (Röber et al. 2020, S. 59). Etwa im zweiten Drittel des Buches werden konjugierte Verben eingeführt (z. B. *Lole malt*), an denen gezeigt wird, dass „Geschwisterwörter" verwandte Schreibungen haben.

Trotz dieser Erweiterung erschweren die Einschränkungen durch die Wortstrukturen und die sukzessive Einführung der Buchstaben natürlich die Konstruktion von Lesetexten. Der schön gestaltete Band 1 des *Zirkus Palope* (Erste Wörter und Sätze) enthält entsprechend vor allem Texte zum Vorlesen durch die Lehrkraft. Die Kinder lesen zunächst nur einzelne Wörter. Damit sie Sätze lesen können, werden „kleine" Wörter mit jeweils nur wenigen Buchstaben *ganzheitlich,* also nicht über die sie konstituierenden Buchstaben, vorgegeben. Es wird angenommen, dass die Kinder diese Wörter „als Bild abspeichern können".

> „Diese Gruppe (der kleinen Wörter)[53] umfasst vor allem Artikel, Präpositionen, Personalpronomina, einige Partikel (<noch, schon, dann> usw.), Fragewörter, häufige Adverbien (<jetzt, nun> usw.). Im Laufe der ersten zwei Schuljahre wächst ihre Anzahl kontinuierlich an." (Röber et al. 2021b, S. 51)

Den Materialien ist zu entnehmen, dass auch einige Verben ganzheitlich gelernt werden sollen, darunter <ist> und <sind>. Dass ein rein struktureller Zugang zur Schrift zunächst kaum Lesetexte ermöglicht, ist verständlich und zeigt nur, dass auch dem silbenanalytischen Ansatz die Quadratur des Kreises nicht gelingt und er Kompromisse eingehen muss.

„Ganzwörter" finden sich auch auf den ersten Seiten von methodenintegrierenden und einigen analytisch-synthetischen Fibeln; dass sie aber ebenso in einem primär an schriftsprachlichen Strukturen orientierten Konzept eine Rolle spielen – und sogar weit länger als in den Fibeln –, überrascht. Der silbenanalytische Ansatz hat sich ja zum Ziel gesetzt, den Kindern dabei zu helfen, *die Systematik der Schrift* zu entdecken und zu nutzen – beim Einprägen von Ganzwörtern werden die Kinder jedoch allein gelassen! Dass Kinder sich Wörter nicht als identische Abbilder einprägen, hat die Forschung hinlänglich gezeigt (vgl. Scheerer-Neumann 1987). Statt-

53 Einschub von mir GSN

dessen wählen Leseanfängerinnen und -anfänger auffällige Merkmale, an denen sie ein Wort wiedererkennen können. Dies ist häufig der Anfangsbuchstabe und/oder der Endbuchstabe, manchmal verbunden mit auffälligen Unter- oder Oberlängen oder einer ungewöhnlichen Länge des Wortes.

Nun sollen die Kinder aber gerade auch „Wortbilder“ zu Wörtern lernen, deren Buchstaben im Unterricht noch nicht behandelt wurden; wie merken sie sich dann ein Wort wie <jetzt>? *Das Wort mit dem Haken vorne?* Oder wenn <ja> zuvor eingeführt wurde: <jetzt> *ist das lange Wort mit dem Haken vorne*? Man kann nur vermuten, dass viele Kinder auch Buchstaben kennen, die noch nicht im Unterricht eingeführt wurden – oder die Wörter sogar erlesen. Es ist ohnedies kaum vorstellbar, dass ein Kind, das schon <ma> und <pa> phonografisch liest, sich <ja> ausschließlich visuell einprägt! Es soll hier nicht bestritten werden, dass Kinder Wörter „als Ganzes“ benennen können; offen bleibt, auf welcher Basis sie dies tun und ich vermute, dass hier Buchstaben eine größere Rolle spielen, als es der Begriff des „Wortbildes“ nahelegt.

Wie dem auch sei, mithilfe der Ganzwörter lassen sich im vorliegenden Lehrwerk dann Sätze – oder Teilsätze – formulieren, so z. B. zu entsprechenden Bildern (Röber et al. 2020, S. 58):

| | |
|---|---|
| **Su**se | **Su**se |
| mit der **Ro**se | mit der **Lu**pe |
| von **Pa**pe | von **Fie**fen |

### Die Kinder vom Zirkus Palope: Schreiben

„Rechtschreiben von Anfang an“ wird in diesem Lehrwerk eindeutig als Ziel formuliert (Begleitbuch, Röber et al. 2021, S. 27 f.). Als Hilfe zum Schreiben gibt es keine Anlauttabelle. Wie oben beschrieben, werden neue Konsonantbuchstaben über den Anlaut der betonten Silbe eines Namens aus der Zirkusfamilie erarbeitet. Für die heutige Didaktik ungewöhnlich, werden die Buchstaben nicht mit ihrem *Lautwert*, sondern mit ihrem *Namen* benannt, also <P> – /peː/ und nicht <P> – /pə/. Beim Schreiben eines Wortes sollen die Kinder primär nicht die phonologische Form eines Wortes, seine *Lautung*, analysieren, sondern sich an ihrer eigenen *Artikulation* orientieren. Dies wäre bei *Pape* die Mundöffnung vom /p/ zum /aː/ und die folgende Schließung zur zweiten Silbe mit der erneuten Öffnung. Dabei wird den Kindern vermittelt, dass man an seinen Mundbewegungen merken kann, wie viele Buchstaben und welche Buchstaben zu schreiben sind (Röber et al. 2021, S. 23 f.). Die Kinder beobachten ihre Mundbewegungen im Spiegel oder bei anderen Kindern.

> „So sehen sie bei diesen Silben (<Pe>, <Pa>, <Ma>...), wenn sie sprechen, die Bewegung zwischen deren Beginn und deren Ende. Zusätzlich erhalten sie die Möglichkeit, die lautliche Einheit der Silbe zu gliedern: Sie hören zwei Laute. Bei der Betrachtung der geschriebenen Sprache sehen sie zwei Buchstaben; der erste Schritt zum Entdecken der Verbindung von Lauten als den hörbaren Produkten der (zu sehenden und zu spürenden) Artikulation ist gemacht" (Röber et al. 2021b, S. 51)

Die Kinder schreiben zunächst nur Wörter, die im Lehrgang vorkommen. Die Bewegungsabläufe beim Schreiben werden sehr sorgfältig eingeübt. Es gibt kein Verbot des freien Schreibens, aber spontane Texte werden immer korrigiert und den Kindern wird vermittelt, dass ihr Schreiben eher als „experimentierendes Spielen" angesehen wird, als eine „Als-Ob-Handlung" (Röber 2015). Im ersten Schuljahr schreiben die Kinder im Unterricht primär Wörter. Das Textschreiben ist erst für das zweite Schuljahr vorgesehen und selbst Sätze sollen erst geschrieben werden, wenn es den Kindern gelingt, über implizites oder explizites Lernen die Struktur von Sätzen (z.B. die Verbzweitstellung) zu erkennen und Satzanfang und Satzende korrekt zu markieren.

**Würdigung und Kritik**

Eine fundierte Analyse des Lerngegenstands – hier der Schriftsprache – ist eine gute Voraussetzung für die Entwicklung eines didaktischen Konzepts. Im Zentrum des Ansatzes von *Röber* steht die Silbe und – wie schon im Zusammenhang mit silbenorientierten Fibeln vorgetragen – ist diese Einheit nicht nur aus linguistischer, sondern auch aus psycholinguistischer und kognitionspsychologischer Sicht eine gute Wahl.

Der Ansatz von Röber geht über die Gliederungsfunktion der Silbe hinaus und auch die Vermittlung der verschiedenen trochäischen Wortformen ist positiv zu sehen, weil sie das Lesen und später auch den Erwerb der Rechtschreibung erleichtert. Zu fragen ist jedoch, ob eine solch extreme „Diät", die Beschränkung des Lesematerials auf trochäische Wortformen, wirklich notwendig ist. Tatsächlich wird sie ja auch durchbrochen und zwar auf überraschende Weise. Der Ansatz richtet sich gegen Konzepte, die, wie die schreiborientierten Verfahren und die analytisch-synthetischen Fibellehrgänge, die Phonem-Graphem-Ebene fokussieren und versucht deshalb – aus meiner Sicht überzogen – diese Ebene so weit wie möglich auszuklammern und darüber hinaus die Schrift „widerspruchsfrei“ zu vermitteln. Dies führt zu Lernangeboten wie dem „Ganzwortlesen“ bis ins 2. Schuljahr, dessen Probleme ich schon im vorletzten Abschnitt diskutiert habe.

Naiv-ganzheitliches Lesen ist die spontane Lesestrategie des Vorschulkindes und der Einstieg in das Lesen bei der Ganzheitsmethode. Aber selbst die Ganzheitsmethodiker begannen mit der Analyse der Wörter in Buchstaben und Laute schon nach wenigen Monaten im ersten Schuljahr (vgl. Kap. 3). Für Außenstehende ist es unverständlich, warum ein Kind, das <Na, Nu, Nane> lesen kann, nicht auch <nun> „lesen darf“, sondern das Wort wie ein Bild benennen soll. Natürlich entsprechen einsilbige Wörter nicht immer der Struktur der ersten Silbe des Trochäus: Trotz der betonten geschlossenen Silbe wird im Wort <nun> der Vokal lang gesprochen. Aber das Widerspruchsfreie lässt sich ohnedies nicht durchhalten: Der Hinweis, dass man die *Anzahl* der Buchstaben aus der Artikulation erfühlen kann, gilt natürlich nicht immer, wie sich am Wort <Kinder> und vielen anderen demonstrieren lässt (/kindɐ/). Die Regelungen der deutschen Orthografie sind weit systematischer als oft angenommen – hier ist *Röber* zuzustimmen –, aber sie sind sehr vielschichtig und manche Schreibungen lassen sich erst über zwei oder drei zusätzliche Regelungen erklären.

Und sollte man Kinder wirklich erst dann zum Schreiben von Sätzen anregen, wenn sie wissen, wie ein Satz aufgebaut ist? Ist zum Formulieren eines Satzes explizites grammatisches Wissen notwendig? Schreibprotokolle aus früh frei schreibenden Klassen zeigen, dass die Kinder weitgehend in ganzen Sätzen schreiben. Vermutlich haben sie sich diesen Aspekt der Schriftlichkeit als Zuhörer beim Vorlesen von Kinderbüchern angeeignet. Die Beispiele in Abbildung 6.1 und 6.2 zeigen vollständige Sätze, wenn diese angebracht sind und selbst das Vorschulkind von Abb. 4.3 hat keine Probleme, Sätze zu formulieren. Der Autor der *Schreckensklaue* (vgl. Abb. 4.5) schreibt: *Es war ein kleiner Langhals-Dinosaurier. Der Dinosaurier hieß Flip. Er hatte noch 3 Freunde. Sie spielten oft zusammen* (orthografisch korrigiert). Unvollständige Sätze findet man in Situationen der Überforderung wie bei *Maria* (vgl. Abb. 2.1): Wenn das basale Schreiben noch die gesamte Aufmerksamkeit erfordert, gelingt die gleichzeitige Überwachung („monitoring“) der Syntax nicht.

Es wäre auch interessant zu beobachten, ob die Lehrkräfte, die mit dem *Zirkus Palope* arbeiten, das Konzept tatsächlich so stringent umsetzen, wie es das Begleitbuch vorgibt. Geben sie zu Buchstaben immer nur den Namen an oder manchmal doch auch den Lautwert? Schreiben sie passend zu einem inhaltlichen Kontext manchmal Wörter an die Tafel, die nicht der Form des Trochäus entsprechen? Analysieren sie manchmal Wörter, die eigentlich ganzheitlich gelernt werden sollen? Ebenso aufschlussreich wäre es, die von den Kindern tatsächlich angewandten Lese- und Schreibstrategien zu untersuchen. Und natürlich wäre auch ein Leistungsvergleich mit anderen Methoden des Erstlese- und Schreibunterrichts interessant; insbesondere ist der Anspruch der Methode zu prüfen, *alle* Kinder gleichermaßen zu erreichen. Eine eher informelle Studie der Autorinnen (Berchthold, Häusle & Röber 2019) aus dem 3. Schuljahr zeigt, dass die Kinder, die mit dem Häusermodell unterrichtet wurden, beim Schreiben zweisilbiger Nomen (teilweise Wörter mit Doppelkonsonanten) weniger Fehler machten als andere Kinder und dass ihre Fehlerzahl noch geringer war, wenn sie die Wörter in Häuser-Modelle eingetragen konnten.

Umfassendere Evaluationsstudien zu verschiedenen Ansätzen werden im folgenden Kapitel vorgestellt und diskutiert; dabei wird leider auch deutlich werden, dass forschungsmethodische Probleme die Interpretation der Ergebnisse häufig erschweren.

# 9 „Schreiben lernen nach Gehör" im Spiegel der Forschung: Ergebnisse methodenvergleichender Studien

Die Vielzahl der für das schulische Lernen relevanten Faktoren erschwert die Planung und Durchführung von Evaluationsstudien und die Interpretation ihrer Ergebnisse. Trotzdem lassen sich im Hinblick auf die Lernergebnisse bei unterschiedlichen didaktischen Ansätzen jeweils typische Lernverläufe aufzeigen. Dies wird anhand ausgewählter Studien konkretisiert.

## 9.1 Gibt es in Deutschland wirklich eine „Rechtschreibkatastrophe"?

**Neunormierung von Rechtschreibtests und Daten aus dem Bildungsmonitoring**
Bevor ich auf die differenziellen Effekte unterschiedlicher Methoden im Erstlese- und Schreibunterricht zu sprechen komme, soll die Berechtigung des „Katastrophenszenarios" überprüft werden. Tatsächlich kann man epochal in Deutschland eine deutliche Verschlechterung der Rechtschreibung beobachten, so beim Vergleich der Rechtschreibleistungen von Jugendlichen und jungen Erwachsenen aus den 1960er-/1970er-Jahren mit ihren Altersgenossen in den 1990er- und 2000er-Jahren: Bei der Neunormierung des Diktats „Moselfahrt" fanden *Zerahn-Hartung, Strehlow, Haffner et al.* (2002) im Jahr 1995 bei den 16- bis 30-Jährigen deutlich schlechtere Leistungen im Vergleich zu einer entsprechenden Stichprobe aus dem Jahr 1968; fast die Hälfte der Probanden von 1995 wäre 1968 als rechtschreibschwach eingestuft worden! Die Autorinnen und Autoren weisen zwar darauf hin, dass einige Wörter sich 1995 vermutlich nicht mehr im aktiven Wortschatz der Probanden befanden (z. B. eilends, ungestüm) – aber auch bei Berücksichtigung dieses Problems bleibt eine deutliche Differenz zwischen den Kohorten, die auch im Rahmen der LOGIK-Studie von *Schneider & Stefanek* (2007) bestätigt wurde.

In den Folgejahren blieb die Rechtschreibleistung dagegen stabiler: Bei der Neunormierung des Rechtschreibtests *Hamburger Schreibprobe (HSP)* fanden sich zwischen 2002 und 2012 nur moderate Veränderungen – in der Grundschule sogar mit positiver, in der Sekundarstufe allerdings mit negativer Tendenz (May, Vielhuf & Malitzky 2013). Die im Rahmen der Schulleistungsstudie IGLU bei Viertklässlern erhobenen Rechtschreibleistungen stiegen von 2001 bis 2006 leicht an (Kowalski, Voss, Valtin & Bos 2010). Dagegen ermittelte das IQB ebenfalls bei Viertklässlern eine leichte Verschlechterung zwischen 2011 und 2016, die möglicherweise auf die zunehmende Heterogenität der Schülerinnen und Schüler in der Grundschule zurückzuführen ist (Schneider, Schipolowski & Stanat 2019). 22 Prozent der Schülerinnen und Schüler verfehlten den von der Kultusministerkonferenz (KMK) gesetzten Mindeststandard; am Ende des 9. Schuljahrs waren es 14 Prozent, d. h., dass es unabhängig von einer Veränderungsdynamik offenbar einen Handlungsbedarf gibt (vgl. Kap. 10).

### Rechtschreibfehler in Texten

Bei der Auswertung der Rechtschreibfehler von Viertklässlern in *Texten*, die zu einer kurzen Filmsequenz zu schreiben waren, fanden *Steinig, Betzel, Geider & Herbold* (2009) und *Steinig & Betzel* (2013) eine Verschlechterung der Leistungen nicht nur von 1972 bis 2002, sondern auch von 2002 bis 2012: Von 7 Fehlern auf 100 geschriebene Wörter 1972 stieg der Wert auf 12 im Jahr 2002 und auf 17 im Jahr 2012. Allerdings schrieben die Schülerinnen und Schüler der jüngeren Kohorten zunehmend längere Texte und auch ihr Wortschatz gewann an Umfang.

### Wie lassen sich diese Veränderungen erklären?

Wie ist die *epochale* Verschlechterung der Rechtschreibleistungen zu erklären und warum ergeben sich aus der jüngeren Zeit differenzielle Ergebnisse zwischen Rechtschreibtests und der Rechtschreibleistung in Texten? Für die *epochale* Veränderung gibt es eine recht plausible Erklärung: Mit der „kommunikativen Wende“ in der Deutschdidaktik und der Hinterfragung traditioneller Lehr- und Lernziele in den 1970er-Jahren wurden schulische Inhalte neu diskutiert und das korrekte Schreiben trat gegenüber dem selbstständigen Verfassen von Texten als Lernziel etwas zurück. Dies lässt sich im diachronen Vergleich der Lehrziele in Lehrplänen nachweisen; es zeigt sich auch in Stundentafeln und in der Anzahl der innerhalb eines Schuljahrs zu schreibenden Diktate. Diese Verschiebung schlägt sich in den Daten von *Steinig et al.* (2009) und *Steinig & Betzel* (2013) nieder: Bei mehr Rechtschreibfehlern schreiben die Kinder 2002 und 2012 nicht nur längere Texte und weisen einen vielfältigeren Wortschatz auf, sondern beziehen auch häufiger Stellung zum gezeigten Film, anstatt den Inhalt einfach nachzuerzählen.

Lassen sich auch die unterschiedlichen Ergebnisse zur Entwicklung zwischen 2002 und 2012 bei *May* (Rechtschreibtest) und *Steinig & Betzel* (freier Text) erklären? *May* und seine Mitarbeiter (May et al. 2013) hatten bei Grundschülern ja eher eine leichte Verbesserung der Rechtschreibleistung festgestellt, *Steinig & Betzel* (2013) im vierten Schuljahr dagegen eine weitere Verschlechterung im Vergleich zu 2002.

Diskrepante Befunde sind oft auf methodische Unterschiede der Studien, z. B. in der Stichprobenauswahl, zurückzuführen. Hier könnte die Aufgabenstellung bzw. ihre Interpretation durch die Kinder entscheidend sein: Bei der HSP wird in der Instruktion deutlich gemacht, dass es sich um eine Art Diktat handelt, beim Schreiben des freien Textes bei *Steinig & Betzel* (2013) wurde nicht auf die Rechtschreibung hingewiesen, sondern sogar betont, dass der Text nicht für die Schule, sondern für einen „Professor" zu schreiben sei. Es ist sehr gut möglich, dass die Viertklässler des Jahres 1972 internalisiert hatten, „immer korrekt zu schreiben", während das Verfassen von Texten aber zunehmend als mehrstufiger Prozess vermittelt und verstanden wird, bei dem die Rechtschreibung zunächst nicht im Fokus steht. Diese Vermutung wird durch eine Studie von *Hüttis-Graf & Wirzing* (2018) gestützt, die – allerdings beschränkt auf das 1. Schuljahr (Mai/Juni) und den Großraum Hamburg – zwischen 1994 und 2014 eine Reduzierung der Rechtschreibfehler beim Wortschreiben, dagegen einen Anstieg der Fehlerquotienten beim Textschreiben gefunden haben.

## 9.2 Methodische Probleme der Lehr-Lern-Forschung

Die Ermittlung der durchschnittlichen Rechtschreibleistung einer Kohorte ist methodisch noch vergleichsweise einfach: Wichtig ist vor allem, dass die Probandengruppe nicht zu klein ist und weitgehend repräsentativ für die Schulstufe bzw. Altersgruppe. Weit komplexer ist es, den Einfluss *unterschiedlicher Methoden* des Erstlese- und Schreibunterrichts auf die späteren schriftsprachlichen Kompetenzen zu untersuchen. Eigentlich sollte dies nicht so schwierig sein: Man müsste nur die Lese- und Rechtschreibleistungen von Kindern vergleichen, die nach unterschiedlichen Methoden unterrichtet wurden. Im Prinzip wird in der Forschung auch so verfahren, aber es stellen sich eine Reihe von Problemen ein, die kaum ganz zufriedenstellend zu lösen sind: Es geht vor allem um zwei Themenkomplexe: die Merkmale des jeweiligen Unterrichts und die kognitiven Voraussetzungen und die Lebensumwelt der Kinder.

Die relevanten Untersuchungen sind in der Regel *Feldstudien* und *keine experimentellen Studien,* d. h., der Unterricht wird nicht nach Vorgaben von Wissenschaftlern standardisiert durchgeführt; stattdessen erfolgt eine Kategorisierung nach den Angaben der Lehrkraft zu der von ihr gewählten Methode, im günstigen Fall ergänzt durch zusätzliche Beobachtungen in einigen Unterrichtsstunden. Bei solchen Beobachtungen wird zumeist deutlich, dass Lehrende häufig Bausteine aus unterschiedlichen Verfahren kombinieren und die Zuordnung zu einem Ansatz oder einer Methode weit schwieriger ist als man annehmen würde (vgl. Hanke 2005).

Weiterhin ist aus der Lehr-Lern-Forschung schon seit langem bekannt, dass außer der gewählten Methode weitere Faktoren die Unterrichtsqualität bestimmen und einen Einfluss auf das Lernergebnis haben. Dazu gehören u. a. *die Klassenführung, die Klarheit des Lehrervortrags, die Motivierungsqualitäten der Lehrperson* und *die Variabilität der Unterrichtsformen* (vgl. Helmke & Weinert 1997, Hattie 2009). Allerdings scheinen gerade im Bereich der Rechtschreibung eher gegenstandsspezifische als allgemeine pädagogische Variablen wirksam zu sein. So fanden *Helmke & Weinert* (a. a. O.) bei der Rechtschreibung – anders als im Bereich Mathematik – mit Ausnahme der Motivierungsqualität keinen Zusammenhang zwischen einzelnen allgemein pädagogischen oder didaktischen Unterrichtsmerkmalen und den Leistungsanstiegen der Kinder. Im Projekt EVES (s. u.) erwiesen sich die *effektive Lernzeit* und die – auf die Rechtschreibung bezogene – *diagnostische Kompetenz* sowie die *Sachkenntnis* der Lehrenden als förderlich für die Rechtschreibleistung der Kinder (Hofmann, Zöller & Roos 2009).

Schließlich wird das Lernergebnis durch *Merkmale der Kinder* mitbestimmt. Im Bereich des Schriftspracherwerbs sind dies vor allem der *Sprachentwicklungsstand* und *relevante Vorkenntnisse* einschließlich der *phonologischen Bewusstheit.* Diese Faktoren korrelieren wiederum mit dem soziokulturellen Milieu, das auch die weitere Lernentwicklung beeinflusst.

Interessanterweise wirkt sich der soziokulturelle Hintergrund nicht nur auf die jeweils betroffenen Kinder aus – das durchschnittliche soziokulturelle Milieu einer Klasse hat darüber hinaus einen Einfluss auf den Leistungsstand der ganzen Klasse (vgl. Treutlein & Schöler 2009).

## 9.3 Anforderungen an eine empirische Studie im Anfangsunterricht

In einem optimalen Studiendesign müsste sich der Unterricht möglichst genau an einer von mehreren alternativen Unterrichtskonzeptionen orientieren; dagegen sollten die Strukturierung des Unterrichts, die Zuwendung der Lehrperson und die effektive Lernzeit in Klassen, die nach den verschiedenen Methoden unterrichtet werden, vergleichbar sein. Auf der Seite der Kinder, der Probanden der Stichprobe, wäre eine Parallelisierung im Hinblick auf ihre Intelligenz, ihre Vorkenntnisse im Lesen und Schreiben einschließlich der phonologischen Bewusstheit und der soziokulturellen Merkmale der Familie notwendig. Werden einflussreiche Faktoren wie der soziokulturelle Status der Familien der Kinder nicht durch Parallelisierung ausgeschaltet, ist eine besonders große Probandenzahl notwendig, um eine angenäherte Gleichverteilung in den verschiedenen Bedingungen doch noch zu erreichen.

Hier wird schon deutlich, wie schwierig es ist, in Feldstudien ein auch nur einigermaßen akzeptables Versuchsdesign zu realisieren; weiter erschwert wird dies durch die notwendige Zustimmung der Lehrenden und der Eltern der betroffenen Kinder zur Teilnahme am Forschungsprojekt. Es ist nicht ausgeschlossen, dass vor allem auf Lehrerseite die Bereitschaft zur Mitarbeit zu einer Verzerrung führt, in der Art, dass nur Lehrende, die sich ihrer Methode sehr sicher sind, ihre Teilnahme zusagen. Ein weiteres methodisches Problem entsteht durch die Rückmeldungen zum erhobenen Leistungsstand der Kinder an die Schulen im Laufe einer längeren Studie, die aus ethischen Gründen gegeben werden müssen – und auf die Lehrerinnen und Lehrer bewusst oder unbewusst mit Anpassungen ihres Unterrichts reagieren! Aber natürlich darf es auch nicht sein, dass einem Kind vermutlich sinnvolle Übungen vorenthalten werden, nur weil diese nicht Teil eines vorgesehenen methodischen Konzepts sind!

## 9.4 Trotz uneinheitlicher Befunde: Es gibt Muster im Lernverlauf

Die besprochenen Probleme lassen erahnen, dass Studien mit gleicher Fragestellung nicht immer zu den gleichen Ergebnissen führen. So fand *Funke* (2014) in einer *Metaanalyse*, die eine große Anzahl empirischer Studien zusammenfassend auswertet, beim Rechtschreiben zwar eine Tendenz zu einem Leistungsvorteil beim Unterricht mit Fibellehrgängen im Vergleich zu LdS, kam aber wegen der Heterogenität der Einzelbefunde zu keiner eindeutigen Schlussfolgerung. Allerdings wird in den Daten ein Muster sichtbar, wenn man die *Lernverläufe* von der Mitte des 1. Schuljahrs an analysiert: Danach finden die Kinder bei LdS schneller einen Zugang zum Schreiben als bei anderen didaktischen Vorgehensweisen. Entsprechend der Methode schreiben sie jedoch zunächst nicht orthografisch korrekt, sondern angenähert lautgetreu; ermittelt man in einem Rechtschreibtest nicht die Anzahl der korrekt geschriebenen *Wörter*, sondern die der korrekten *Grapheme* (Buchstaben), können LdS-Kinder zu einem frühen Zeitpunkt sogar bessere Leistungen erreichen als Fibelkinder (Schründer-Lenzen & Mücke 2005; Weinhold 2006).

Schon am Ende des 1. Schuljahrs dreht sich das Bild jedoch um und LdS-Kinder erzielen in Rechtschreibtests statistisch signifikant oder zumindest numerisch niedrigere Werte als Fibel-Kinder[54]. Dieses Bild bleibt im Wesentlichen im 2. Schuljahr bestehen, danach holen die LdS-Kinder auf. Leider erfährt man nur in wenigen Studien etwas über den jeweiligen Rechtschreibunterricht im 2. und vor allem im 3. und 4. Schuljahr, so dass eine Interpretation der angenäherten Leistungen sehr schwierig ist. Eine Ausnahme macht die Studie von Friedrich (2009), die aber aufgrund der kleinen Stichprobe (2 Klassen LdS, zwei Klassen Fibelunterricht) nur als Fallstudie gewertet werden kann. Die Arbeit ist jedoch so interessant, dass

54 Aus der Übersicht von Funke fallen nur 2 Arbeiten heraus, die am Ende des 1. Schuljahrs einen Vorteil der LdS Kinder fanden: Dummer-Smoch (1995) und Brügelmann u. a. (1994). Dummer-Smoch setzte als Messinstrument die *Diagnostische Bilderliste* ein, die lediglich die *lautbezogene* Verschriftung bewertet, so dass diese Daten für die Fragestellung bei Funke eigentlich gar nicht relevant sind. Die Erkundungsstudie von Brügelmann u.a. (1994) verglich in den Jahren 1990/91 Stichproben aus der DDR (Fibel), der BRD (verschiedene Zugänge) und aus der Schweiz (Lesen durch Schreiben, LdS). Neben dem Problem der Vergleichbarkeit der Stichproben bleibt die Frage nach der konkreten Umsetzung von LdS in der Schweiz – es sei an die Orientierung an der Standardlautung bei Reichen erinnert und an Reichens Klage, dass „fälschlicherweise behauptet werde, bei LdS spiele die Orthografie keine Rolle" (vgl. Kap. 5). Die *Lernverläufe* in den Daten von Brügelmann u.a. sind trotz dieser Bedenken sehr interessant.

ich über sie weiter unten ausführlicher berichten werde. Bevor ich die Anlage und die Ergebnisse einiger Studien zur *Rechtschreibung* mit größeren Stichproben im Detail vorstelle und diskutiere, zunächst ein zusammenfassender Blick auf die *Leseleistungen*:

Beim *Lesen* zeigt *Funkes* Übersicht recht klar, dass nach LdS unterrichtete Kinder am Ende des 1. und des 2. Schuljahrs hinter den Fibel-Kindern zurückliegen, jedoch im 3. und 4. Schuljahr aufholen. Dieses Ergebnis ist nicht überraschend: Wenn Lesen im Anfangsunterricht nicht vermittelt und geübt wird, sind anfänglich auch niedrigere Leistungen zu erwarten; bemerkenswert ist, dass die LdS-Kinder trotz des fehlenden Erstleseunterrichts im 3. und 4. Schuljahr weitgehend aufschließen. Allerdings wäre durchaus zu prüfen, ob das Lesen nicht teilweise doch schon seit dem 1. Schuljahr geübt wurde; M. Peschel (2004, Kap. 5) beobachtete entsprechende Abweichungen bei LdS in der Schulpraxis.

## 9.5 Der bayerische Schulversuch *Phonetisches Schreiben*

Der Schulversuch des *Bayrischen Staatsinstituts für Schulqualität und Bildungsforschung* in München zum *Phonetischen Schreiben*, der unter Mitarbeit des Linguisten *Günther Schweisthal* von der LMU München im Schuljahr 1998/99 begann, kann fast als *experimentelle* Studie gewertet werden (ISB 2003, 2004). Den beteiligten Schulen wurde ein neues Verfahren für den Erstlese- und Rechtschreibunterricht vorgegeben und im ersten Jahr durch Fortbildungen begleitet.

Die für den Schulversuch entwickelte didaktische Methode lehnte sich an LdS von *Reichen* an (vgl. Kap. 5), die Kinder schrieben von Anfang an frei. Das Vorgehen war aber systematischer als bei LdS und enthielt auch lehrgangsartige Elemente, z. B. Spiele und Aufgaben mit dem „Buchstaben der Woche“ und die Übung von Wörtern aus einem Grundwortschatz – in einer Auswahl, die die jeweils schon beherrschte/n Schreibstrategie/n berücksichtigte.

Als Schreibstrategien wurden zunächst die *phonetische* (lautorientierte), dann die *phonologische* (phonemorientierte) und schließlich die *orthografische* Verschriftung eingeführt. Für die ersten beiden Strategien gab es zwei konsekutive Lauttabellen, die auch Laute in Endposition enthielt (z. B. den Schwa-Laut [ə] in Ros*e*). Während die erste Tabelle lediglich Ph-G-K zu einfachen Lauten/Phonemen vorgab, umfasste die zweite Lauttabelle auch komplexe Phoneme wie /ks/ – <x>, /ts/ – <z>, /ʃp/ – <sp> und /ʃt/ – <st> usw. Die Schreibungen der unbetonten Silben /ən/ (wie in *ma-len)* und /ɐ/ (wie in *Ru-der*) wurden systematisch geübt. Die Grundidee bei der Vermittlung der orthografischen Strategie bestand darin, durch Einsichten in schriftsprachliche Regularitäten das *wortspezifische Lernen* zu erleichtern. Dazu wurden Wörter in Ähnlichkeitsklassen vorgegeben (z. B. fa*h*ren, Frü*h*ling, ne*h*men) und die Abweichungen von einer rein lautbezogenen Verschriftung besprochen. Lesen wurde zunächst nicht geübt.

Am Schulversuch nahmen insgesamt 40 Schulklassen teil, 20 wurden nach der Methode des phonetischen Schreibens unterrichtet, 20 erhielten einen lehrgangsbezogenen Fibelunterricht (Kontrollgruppe). Mit fast 1000 Probanden handelt sich um eine recht große Stichprobe. Der Anteil der Kinder mit einer anderen Muttersprache als Deutsch war in beiden Gruppen etwa gleich. Die primär deutschsprachigen Kinder in beiden Gruppen unterschieden sich nicht in ihren schriftsprachlichen Vorkenntnissen; dagegen lagen die Kinder der Kontrollgruppe mit einer anderen Muttersprache im Vergleich zu den entsprechenden Kindern der „phonetischen Gruppe" in diesen Indikatoren (z. B. vorschulische Buchstabenkenntnis) etwas zurück. Die Rechtschreibleistung wurde im Längsschnitt bis ins 4. Schuljahr mit der Hamburger Schreibprobe (HSP) erhoben, die neben einer Auswertung auf der *Wortebene* eine differenzierte Auswertung auf der *Graphemebene* vorsieht. Das Wort <Frühstück> enthält 7 Grapheme: <F/r/üh/s/t/ü/ck>. Die Schreibungen *<Früschtük> und *<Frühstük> sind beide falsch; im ersten Fall sind nur vier Grapheme korrekt, im zweiten Fall sechs.

Die Ergebnisse zu den Graphemtreffern werden im Folgenden zunächst getrennt für monolingual deutschsprachige Kinder und Kinder mit einer anderen Muttersprache vorgestellt.

Die Daten der Kinder mit deutscher Muttersprache zeigen den oben skizzierten Lernverlauf (vgl. Abb. 9.1 oben): Zur Mitte und am Ende des 1. Schuljahrs lagen die phonetisch unterrichteten Kinder deutscher Muttersprache mit sogar überdurchschnittlichen Prozenträngen[55] (PR) deutlich vor den Fibelkindern. In der Mitte des 2. Schuljahrs holten die Fibelkinder nicht nur auf, sondern waren sogar etwas leistungsstärker, ihre Überlegenheit reduzierte sich jedoch wieder in den folgenden Schuljahren. Mit einem PR von 49

55 Der durchschnittliche Prozentrang (PR) beträgt 50.

lag die Fibelgruppe am Ende des 4. Schuljahres leicht, aber nicht signifikant, vor der phonetischen Gruppe mit einem PR von 45. Dass die Kinder der phonetischen Gruppe abweichend vom oben skizzierten Trend nicht nur in der Mitte, sondern sogar noch am Ende des 1. Schuljahrs vorn lagen, könnte auf die explizite Vermittlung der Schreibung von unbetonten Silben zurückzuführen sein und auf die Übung von Wörtern aus dem Grundwortschatz.

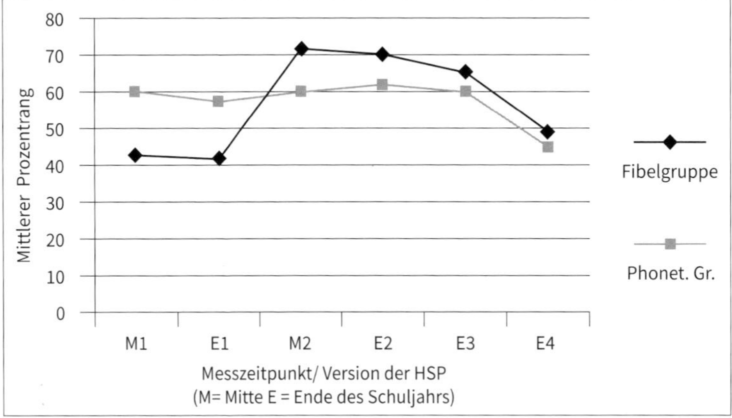


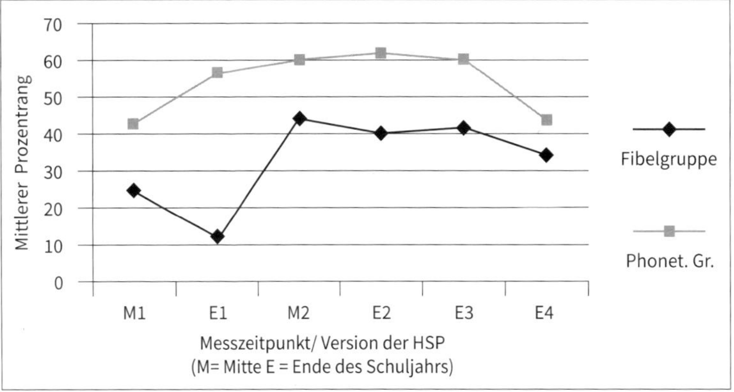


Abb. 9.1: Mittlere Prozentränge im Rechtschreibtest HSP (Auswertung nach Graphemtreffern) vom 1. bis zum 4. Schuljahr in Abhängigkeit von der Lehrmethode. Oben: Kinder deutscher Muttersprache, unten: Kinder nicht-deutscher Muttersprache (eigene Darstellung nach den Daten aus ISB 2004)

Bemerkenswert sind die Ergebnisse der Kinder nicht-deutscher Muttersprache (vgl. Abb. 9.1 unten): Über alle Erhebungszeitpunkte hinweg war die phonetische Gruppe leistungsstärker als die Fibelgruppe. Gegen Ende des 4. Schuljahrs reduzierte sich diese Differenz[56]. Mit einem durchschnittlichen PR von 34 lagen die Rechtschreibleistungen der Fibelkinder auch am Ende des 4. Schuljahrs deutlich unterhalb der Leistungen der phonetischen Gruppe.

Vergleicht man die Leistungen der Kinder mit deutscher und nicht-deutscher Muttersprache, die nach der gleichen Methode unterrichtet wurden, so sieht man in der phonetischen Gruppe nach einem etwas schwächeren Start der Kinder nicht-deutscher Muttersprache schon am Ende des ersten Schuljahrs eine weitgehende Angleichung, während sie in der Fibelgruppe über alle Erhebungszeitpunkte bis zum Ende des 4. Schuljahrs leistungsschwächer waren.

Für die deutschsprachigen Kinder ergab die Studie somit den oben skizzierten differenziellen Lernverlauf: Frühes freies Schreiben führte zu einem schnelleren Einstieg in die Schrift als ein Fibellehrgang; orthografisch korrektes Schreiben gelang dagegen im Rahmen eines Lehrgangs früher. Aber: Bis zum Ende der Grundschulzeit erfolgte eine weitgehende Angleichung der Leistungen. Frühes freies Schreiben war also nicht „schädlich" – führte allerdings auch nicht zu besseren Rechtschreibleistungen.

Anders die Situation bei Kindern nicht-deutscher Muttersprache: Hier lagen die Kinder der phonetischen Gruppe zu allen Zeitpunkten vor der Fibelgruppe; da die Vergleichskinder der Fibelgruppe allerdings schon zu Beginn des Schuljahrs niedrigere schriftsprachliche Vorkenntnisse aufwiesen, können die Differenzen nicht eindeutig interpretiert werden. Dagegen zeigen die Daten sehr eindrucksvoll, dass auch Kinder nicht-deutscher Muttersprache sich über das frühe freie Schreiben – in der Modifikation des bayrischen Schulversuchs – die Schrift erobern können. Auch ein solch positives Ergebnis ist aber erst dann anwendungsreif, wenn es mehrfach mit unterschiedlichen Lehrpersonen und in verschiedenen Kontexten repliziert wurde. Wichtig wäre auch, den Sprachstand der Kinder im Deutschen differenziert zu erheben. Leider fehlen im bayerischen Schulversuch diese Daten und es gibt auch keine entsprechenden Nachfolgeuntersuchungen. In anderen Studien, wie in der nun folgenden Studie *BeLesen,* schnitten die Kinder nicht-deutscher Muttersprache bei offenen Verfahren nicht so gut ab.

56 Hierbei sollte aber berücksichtigt werden, dass die Prozentrangskala keine lineare Skala ist und numerisch gleiche Differenzen unterschiedliche Fehlerdifferenzen implizieren können.

## 9.6 *BeLesen:* Die Berliner Längsschnittstudie zur Lesekompetenzentwicklung von Grundschulkindern

In den Jahren 2002 bis 2006 wurde in sozioökonomisch und soziokulturell benachteiligten Berliner Stadtteilen mit einem hohen Migrantenanteil eine Längsschnittstudie zur Lese- und Rechtschreibentwicklung durchgeführt, die u.a. auch den Einfluss unterschiedlicher Unterrichtsmethoden thematisierte (Schründer-Lenzen & Merkens 2006). Am Forschungsprojekt waren insgesamt 26 Brennpunktschulen mit 59 Klassen (= 1236 Schülerinnen und Schüler) beteiligt. Für die Auswertung wurde die Stichprobe teilweise etwas reduziert, um durch den Ausschluss z.B. von Inklusionsklassen eine größere Homogenität und Vergleichbarkeit zu erreichen. Die Kinder wurden von der Mitte des 1. bis zum Ende der 3. Klasse halbjährlich mit einem Rechtschreibtest (zunächst Hamburger Schreibprobe HSP, später Diagnostischer Rechtschreibtest DRT), einem Test zum basalen Lesen (Würzburger Leise Leseprobe WLLP) und einem Leseverständnistest (ELFE) getestet.

Die Zuordnung der Klassen zu den verschiedenen didaktischen Ansätzen erfolgte aufgrund von Angaben in Fragebögen durch die Lehrpersonen. Aus diesen Angaben wurden vier Kategorien gebildet:

- *Fibellehrgang*: Hier nutzten die Lehrkräfte im Wesentlichen die Materialien, die die jeweils gewählte Fibel vorgab (Gruppe Fibel).
- Fibel + Spracherfahrung: Der Fibellehrgang wurde durch Elemente des Spracherfahrungsansatzes ergänzt, dominierte jedoch den Unterricht (Gruppe Fibel+).
- Spracherfahrung + Fibel: Hier dominierten Elemente des Spracherfahrungsansatzes; auf einen Fibellehrgang wurde jedoch nicht verzichtet (Gruppe Spracherfahrung+).
- Lesen durch Schreiben: Im 1. Schuljahr wurde zunächst schreiborientiert mit einer Anlauttabelle bei einer hohen Toleranz für Rechtschreibfehler unterrichtet. In Leseecken hatten die Kinder Zugang zu Leseheften und Kinderbüchern (Gruppe LdS).

Neben den Lese- und Rechtschreibleistungen wurden das kognitive Fähigkeitsniveau und der Sprachstand erhoben; in diesen Indikatoren bestand ebenso wie bei dem Anteil der Jungen/Mädchen und der Kinder nicht-deutscher Muttersprache kein signifikanter Unterschied zwischen den Gruppen.

Wie aufgrund des Einzugsgebiets zu erwarten, erreichte die Gesamtstichprobe im Vergleich zur bundesdeutschen Norm in der *Rechtschreibung* nur unterdurchschnittliche Werte; die Leistungen der mehrsprachigen Kinder lagen im Durchschnitt zu allen Zeitpunkten noch unter denen der monolingual deutschen (Schründer-Lenzen & Merkens 2006). Der Einfluss der unterschiedlichen didaktischen Ansätze auf die Rechtschreibleistung war insgesamt nicht sehr stark, aber doch sichtbar und abhängig von der sprachlichen Situation der Kinder. Die Rechtschreibentwicklung der monolingual deutschsprachigen Kinder folgte dem weiter oben beschriebenen Lernverlauf: In der Mitte des 1. Schuljahrs erreichte die LdS-Gruppe die besten, die Fibel-Gruppe die schwächsten Leistungen. Der Abstand zwischen LdS und den integrierten Methoden war nur gering. Vom Ende des 1. Schuljahrs bis zum Ende von Klasse 3 war die Gruppe Fibel+ recht erfolgreich; erst am Ende der 3. Klasse wurde sie von der Fibel-Gruppe nicht nur eingeholt, sondern auch minimal überholt. Die Gruppe LdS lag am Ende des 1. Schuljahrs noch auf Platz 2 und rutschte dann bis zum Ende des 3. Schuljahrs auf Platz vier ab, mit einer geringen Differenz zur Gruppe Spracherfahrung+. Insgesamt wird also auch hier wieder deutlich, dass LdS einen schnellen Einstieg in die Schrift ermöglicht, Lehrgänge aber in den folgenden Jahren zu einer etwas besseren Rechtschreibleistung führen. Ob es – wie in den anderen Studien – im 4. Schuljahr eine Angleichung gegeben hätte, muss offen bleiben. Leider fehlen auch in dieser Studie Angaben zur Rechtschreibdidaktik jenseits des Anfangsunterrichts, so dass auch offen bleiben muss, ob die geringeren Leistungen der LdS-Kinder eher auf den Anfangsunterricht oder auf den nachfolgenden Unterricht zurückzuführen sind; die Autoren vermuten, dass in der Fibel-Gruppe auch im 2. Schuljahr eher lehrgangsorientiert unterrichtet wurde. Kinder nicht-deutscher Muttersprache wiesen schon in der Mitte des ersten Schuljahrs die vergleichsweise besten Rechtschreibleistungen beim Fibelunterricht auf, der bis zum Ende des 3. Schuljahrs fast immer an erster Stelle verblieb. Die mit LdS unterrichteten Kinder konnten in der Mitte des ersten Schuljahrs noch ganz gut mithalten, fielen in den folgenden Jahren – wie ihre primär deutschsprachigen Klassenkameraden – aber zurück.

Beim *basalen Lesen* und beim *Leseverständnis* führen in beiden Sprachgruppen insgesamt die *methodenintegrierenden Verfahren* zu den besten Ergebnissen, allerdings mit Ausnahme des Testzeitpunkts am Ende des 1. Schuljahrs: Hier erreichen die mehrsprachigen Kinder in der Fibel-Gruppe die besten Ergebnisse, d. h., die systematische Unterweisung ist für sie von Vorteil. Die LdS-Gruppe liegt bei den mehrsprachigen Kindern zu allen Testzeitpunkten auf dem letzten Platz, bei den monolingual deutschsprachigen fährt sie nur etwas besser. Auch wenn ein erster Einstieg in die Schrift über das Schreiben sinnvoll sein kann, ist es also wenig hilfreich, das *Lesen* im 1. Schuljahr als Lerngegenstand ganz der Eigenaktivität der Kinder zu überlassen.

Wie sind die Unterschiede zwischen den Ergebnissen der phonetischen Gruppe der bayerischen und LdS in der Berliner Studie bei Kindern nichtdeutscher Muttersprache zu erklären? Man kann Vermutungen anstellen: Vielleicht ist vor allem relevant, dass die Berliner Studie in sozialen Brennpunkten durchgeführt wurde und die Risikofaktoren Bildungsferne und mangelnde Deutschkenntnisse sich möglicherweise potenzieren. Denkbar ist aber auch, dass die Lehrkräfte im bayerischen Schulversuch im Bewusstsein, für eine neue Methode mitverantwortlich zu sein, besonders auf „Risikokinder" geachtet haben.

## 9.7 *LdS*, Fibellehrgänge und das silbenanalytische Verfahren im Vergleich

Die Studie von *Swantje Weinhold* (2006, 2010) ist deshalb besonders bemerkenswert, weil sie im Längsschnitt nicht nur LdS und Fibellehrgänge miteinander verglich, sondern auch die silbenanalytische Methode mit einbezog. Mit insgesamt 13 Klassen – davon 5 mit Fibellehrgängen (Fara und Fu, Tobi), 5 nach der silbenanalytischen Methode (das Lehrwerk *Die Kinder vom Zirkus Palope* lag damals allerdings noch nicht vor) und 3 nach LdS unterrichteten – war die Stichprobe nicht sehr groß. Umfangreiche Lehrerbefragungen und Unterrichtsbeobachtungen ermöglichten jedoch eine valide Zuordnung der Klassen zu den Methoden. Die Rechtschreibleistung wurde bis zum Ende der Klasse 2 halbjährlich über die Hamburger Schreibprobe (HSP) und mit eigenen Schreibaufgaben ermittelt, die Leseleistung mithilfe von *Knuspels Leseaufgaben* (Marx 1998). Abbildung 9.2 zeigt die T-Werte der Graphemtreffer in der jeweils angemessenen Fassung der HSP.

Die unter den verschiedenen didaktisch-methodischen Unterrichtsbedingungen erzielten Rechtschreibleistungen liegen relativ nahe beieinander und sind auch statistisch nicht signifikant voneinander unterschieden; trotzdem ergeben sich nicht unerwartete Abweichungen in den Lernverläufen: In der Mitte des ersten Schuljahrs schreiben die Kinder aus den LdS-Klassen mehr Grapheme korrekt als die Fibelkinder; schon am Ende

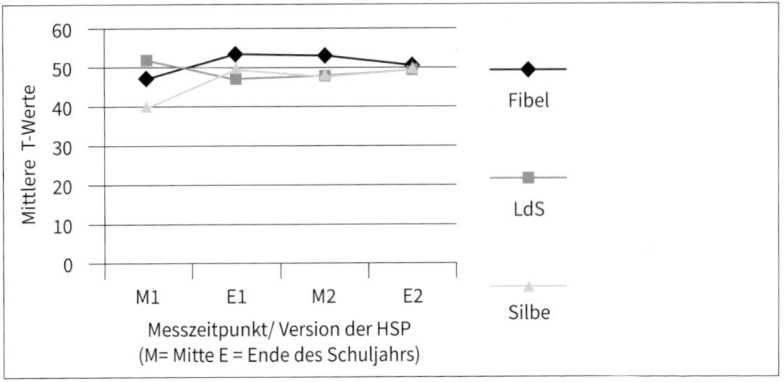


Abb. 9.2: Durchschnittliche Rechtschreibleistungen (T-Werte aus der HSP, Graphemtreffer) der Schülerinnen und Schüler aus Klassen mit unterschiedlichen didaktischen Konzeptionen (aus: Weinhold 2006, S. 143)

des 1. Schuljahrs kehrt sich das Verhältnis um; am Ende des 2. Schuljahrs gibt es eine Annäherung bis auf wenige T-Werte.

Die Kinder aus den silbenanalytischen Klassen starten noch langsamer als die Fibelkinder und liegen in der Mitte des 1. Schuljahrs fast eine Standardabweichung unterhalb der Norm. Aufgrund des geringen Stichprobenumfangs und der fehlenden Kontrolle soziokultureller Faktoren muss man bei der Interpretation dieser Daten vorsichtig sein, trotzdem sind sie nicht überraschend: Die anfängliche Beschränkung auf ausgewählte linguistische Strukturen und entsprechendes Wortmaterial bei der silbenanalytischen Methode könnte beim Schreiben ungeübter Wörter mit anderen orthografischen Strukturen hinderlich sein. Schon bis zum Ende des 1. Schuljahrs holen die „Silbenkinder" dann enorm auf und erreichen wie die beiden anderen Gruppen am Ende des 2. Schuljahrs durchschnittliche Werte.

Lesetests wurden in der Mitte und am Ende des 2. Schuljahrs durchgeführt. Ähnlich wie in den schon berichteten Studien liegen die LdS-Kinder zu beiden Zeitpunkten jeweils an letzter Stelle, erreichen aber am Ende des 2. Schuljahrs trotzdem normbezogen durchschnittliche Werte. Die Kinder aus den beiden anderen Gruppen zeigen in der Mitte des 2. Schuljahrs vergleichbare Leistungen, am Ende des 2. Schuljahrs liegen die Silbenklassen vorn. Dies lässt sich recht gut erklären: In den Untertests 2 und 3 von *Knuspels Leseaufgaben* müssen die Kinder sehr genau lesen und dabei auch orthografische Strukturen nutzen, z. B. ist zu entscheiden, ob die Wörter <ihren> und <irren> gleich klingen und ob ein Pseudowort, z. B. <starck>, wie ein Wort klingt: In diesen Aufgaben können die „Silbenkinder" genau das Wissen einsetzen, das sie im Unterricht erworben haben.

## 9.8 Das Modell *Schriftsprach-Moderatoren (MSM)*

Die folgende Studie, die in den Jahren 2002 bis 2006 in Nordhessen durchgeführt wurde, evaluierte eine Variante des offenen Rechtschreibunterrichts, die *Graf Orthos Rechtschreibwerkstatt* (RWS) von *Norbert Sommer-Stumpenhorst* (2015). Konkret sollte die Frage beantwortet werden, mit welchem didaktischen Ansatz zum Schriftspracherwerb der Anteil lese- und rechtschreibschwacher Kinder am besten reduziert werden könnte (Deimel & Schulte-Körne 2006). Verglichen wurde die Lese- und Rechtschreibentwicklung in 10 Klassen, von denen 5 nach dem Konzept der RWS und 5 nach dem *Fibellehrgang Lollipop* unterrichtet wurden. Weitere 5 Klassen mit verschiedenen didaktischen Konzepten dienten als Kontrollklassen.

In der RWS erfolgt der Einstieg in den Schriftspracherwerb über das lautbezogene Schreiben, wobei aber neben dem freien Schreiben auch vorgegebene „lauttreue" Wörter erarbeitet werden. Bei der Auswahl der folgenden Lernangebote orientiert sich die Lehrkraft individuell am jeweiligen Lernstand eines Kindes. Das Vorgehen betont zwar die Eigenaktivität der Kinder, aber die Anregungen zur Weiterentwicklung der Rechtschreibstrategien erfolgen durch die Lehrkraft. Die verschiedenen Bereiche der Rechtschreibung, für die jeweils umfangreiches Übungsmaterial vorliegt, werden anschaulich in eine mehrstöckige „Werkstatt" gegliedert, bei der nach den Grundlagen im Untergeschoss auf den weiteren Etagen Ordnungen auf der Lautebene, der Wortebene und der Satzebene folgen. Zu allen „Räumen" der Werkstatt gibt es jeweils *Modellwörter,* insgesamt 960.

*Lollipop* von *Wilfried Metze* (2000) ist ein analytisch-synthetischer Fibellehrgang: Die Grapheme werden sukzessiv eingeführt; die jeweiligen Lese- und Schreibwörter umfassen nur diese Grapheme und Konsonantenhäufungen werden zunächst vermieden. Im Arbeitsheft gibt es neben Aufgaben zum Leseverständnis zahlreiche Übungen zur Lautanalyse und -synthese: Wörter mit gleichen Anfangslauten oder Reimwörter finden, die verstreuten Buchstaben eines Wortes wieder in die richtige Reihenfolge bringen usw.

Als besonders positives Merkmal der Studie ist hervorzuheben, dass die beteiligten Lehrerinnen und Lehrer in Fortbildungen mit dem jeweiligen Ansatz vertraut gemacht wurden und bei der Umsetzung der Verfahren auch Beobachtungen zur „Konzepttreue“ vorgenommen wurden. Die Studie lief über vier Jahre; zu Beginn des 1. Schuljahrs wurde mit allen Kindern das *Bielefelder Screening (BISC)* durchgeführt, ein Verfahren, das neben der visuellen Aufmerksamkeit frühe phonemanalytische Kompetenzen erfasst; weiterhin wurde die Anzahl der schon bekannten Buchstaben erhoben. Die Wirksamkeit der verschiedenen didaktischen Ansätze wurde halbjährlich primär durch vier Indikatoren ermittelt: Die mittleren Werte (T-Werte) in je einem Lese- und einem Rechtschreibtest sowie der Anteil der Kinder mit einem Prozentrang unter 10, die als lese- bzw. rechtschreibschwach gelten können. Zur Ermittlung der Rechtschreibleistungen wurde in den ersten beiden Schuljahren die jeweils angemessene Form der *HSP* eingesetzt, im 3. Schuljahr der *Diagnostische Rechtschreibtest (DRT 3)* und im 4. Schuljahr der *Deutsche Rechtschreibtest* (*DERET*). Die Lesegenauigkeit und die Lesegeschwindigkeit auf der Wortebene wurden über die *Würzburger Leise Leseprobe* (WLLP) ermittelt.

Die Erhebung nach den ersten beiden Schuljahren ergab recht eindeutige Befunde: Während die Gruppen hinsichtlich ihrer *Leseleistung*en relativ vergleichbar waren, wies die *Lollipop*-Gruppe mit einem T-Wert[57] von 52 eindeutig (und statistisch signifikant) die besten *Rechtschreibleistungen* auf; die Gruppe *RWS* und die Kontrollgruppe waren wesentlich schwächer und lagen mit einem T-Wert von jeweils 44 dicht beieinander. Der Anteil der Kinder mit einem Prozentrang unter 10 bestätigte dieses Muster. Überraschend war dagegen die Entwicklung in den Folgejahren: Die Gruppe *RSW* verbesserte ihre Rechtschreibleistungen bezogen auf die Klassenstufennorm deutlich, die Kontrollgruppe zeigte einen leichten Anstieg und am Ende des 4. Schuljahrs fand eine Annäherung der Rechtschreibleistungen in allen drei Gruppen statt. *Lollipop* lag numerisch zwar immer noch vorn, aber die Differenzen zwischen den Gruppen waren statistisch nicht mehr signifikant! Die oben skizzierte Tendenz einer frühen Diskrepanz zwischen den Rechtschreibleistungen und einer späteren Angleichung bei unterschiedlichen didaktischen Zugängen zeigt sich also auch hier.

Die Studie bietet noch weitere interessante Ergebnisse, z. B. zu Prädiktoren: Ergebnisse aus dem BISC – aber auch ganz einfach die Anzahl der einem Kind bei Schulbeginn schon bekannten Buchstaben und Zahlen –

57 Der mittlere T-Wert beträgt 50, die Standardabweichung 10.

korrelieren sogar im 4. Schuljahr noch mit der Lese- und Rechtschreibleistung, sagen diese also in gewissem Umfang voraus. Und die „Risikokinder“, also Kinder mit sehr geringem Vorwissen bei Schulbeginn, bleiben weitgehend auch in den Folgejahren in einer niedrigen Leistungsgruppe. Diesen – auch in vielen anderen Studien gefundenen Zusammenhang – werde ich in Kapitel 10 aufgreifen und die Implikationen erörtern.

Ein quasi-experimentelles Vorgehen wie bei MSM, das nur wenige Verfahren miteinander vergleicht, hat den Vorteil, dass die relevanten Faktoren recht gut kontrollierbar sind; auf der anderen Seite kann man die Daten nicht über die eingesetzten Verfahren hinaus verallgemeinern. Aber selbst identische Verfahren führen nicht immer zu den gleichen Ergebnissen, wie die folgende Studie – die auch die *RWS* einbezog – zeigen wird.



## 9.9 Die *„Bonner Studie“* von 2018

Mit Überschriften wie *„Liba mit Fibl“*[58], *„Studie: Rechtschreiben lernt sich am besten mit der Fibel“*[59], *„Mit der Fibel lernen Kinder am besten“*[60] reagierten die Medien im September 2018 deutschlandweit auf eine Pressemitteilung der Universität Bonn[61], in der über eine kombinierte Längs- und Querschnittstudie der Psychologin *Una Röhr-Sendlmeier* und des Psychologen *Tobias Kuhl* zur Evaluation unterschiedlicher Didaktiken im Anfangsunterricht Lesen und Schreiben berichtet wurde. Inzwischen liegen ausführlichere Informationen zur Studie und ihren Ergebnissen vor (Kuhl 2020).

Die Stichprobe der Längsschnittstudie umfasste bei der letzten Erhebung 284 Kinder und wurde durch eine Querschnittstudie (Klasse 1–4) mit insgesamt 2800 Schülerinnen und Schülern ergänzt, die das Muster der Befunde aus der Längsschnittstudie bestätigte: In den ersten drei Schuljahren schnitten diejenigen Kinder, die nach der Methode „Lesen durch Schreiben“ (LdS) oder nach den Prinzipien von „Graf Orthos Rechtschreibwerkstatt“ (RWS) (vgl. 9.8) unterrichtet worden waren, in der jeweiligen Version des Rechtschreibtests HSP deutlich und statistisch

58 SPIEGEL 39, 2018, S, 134

59 zeit.de/news, 16.9.2018

60 spektrum.de/news, 19.9.2018

61 Johannes Seiler, Dezernat 8, Pressemitteilung vom 10.9.2018: „Die Fibel führt zu besserer Rechtschreibung“

signifikant schlechter ab als die Kinder aus Fibelklassen, wobei vor allem die Gruppe RWS sehr niedrige Werte erzielte.

Dies klingt recht eindeutig und scheint die oben erwähnten Schlagzeilen zu bestätigen; allerdings fehlen auch in der Publikation von Kuhl (2020) wichtige Informationen zur Forschungsmethode und weitere Auswertungsschritte, die diese Interpretation der Daten bestätigen - oder ggf. modifizieren würden: Die Zuordnung der Schulen zu einer Didaktik wurde aufgrund nicht näher beschriebener (und offenbar nicht systematischer) Befragungen von Lehrkräften und Schülern und Schülerinnen vorgenommen. Eigene Unterrichtsbeobachtungen wurden nicht durchgeführt, d.h. die Konzepttreue der Verfahren wurde nicht erfasst. Dies ist besonders problematisch bei der RWS; Deimel & Schulte-Körne (2006) fanden in ihrer Studie (vgl. 9.8), dass gerade bei der RWS die Konzepttreue für den Lernerfolg relevant ist. Bei LdS stellt sich vor allem die Frage, wie der Ansatz didaktisch konkretisiert wurde; wie Kapitel 5 gezeigt hat, lässt sich aus Reichens Schriften Unterschiedliches herauslesen und davon abweichende aktuelle Weiterentwicklungen liegen ebenso vor (vgl. Wiemer & Hüttenberger 2015).

Weiterhin stellt sich die Frage, warum in der Querschnittstudie die Familiensprache nicht als Faktor in die Auswertung einging. Dass dieser Faktor in der - im Umfang recht kleinen - Längsschnittstudie keinen signifikanten Einfluss hatte, sollte kein Argument sein. Die Daten zum Anteil mehrsprachiger Schülerinnen und Schüler, die am Projekt teilgenommen haben, liegen leider nicht getrennt nach Studien vor. Aus der Gesamtübersicht (vgl. Tabelle 8 in Kuhl 2020) ist zu ersehen, dass die Mehrsprachigkeit zwischen den Stichproben an Schulen mit unterschiedlichen Didaktiken nicht gleich verteilt war. So beträgt der Anteil der Schülerinnen und Schüler, die zu Hause kein Deutsch sprechen, in der Stichprobe RWS 17,2%, in der Stichprobe Fibel 9,6% und bei LdS 8%. Besonders groß ist die Variationsbreite bei RWS: An Schule 4, mit insgesamt 494 Schüler und Schülerinnen eine große Teilstichprobe, sprechen 40,3 % der Teilnehmenden zu Hause kein Deutsch und nur 22,5% Deutsch als alleinige Familiensprache. Umgekehrt gab es auch an RWS-Schulen Teilstichproben (z. B. Schulen 8 und 10) mit einem sehr hohen Anteil (81,9%; 82,3%) einsprachiger Kinder. Möglicherweise ist die große Streuung in den Rechtschreibdaten bei RWS auf diese heterogene Zusammensetzung zurückzuführen. Es bleibt auch offen, ob die Konstellation der Familiensprachen in den Teilstichproben jeweils repräsentativ für die entsprechenden Schulen ist – und damit möglicherweise auch einen Einfluss auf den Unterricht hat.

Am Ende des 3. Schuljahrs lagen 26% der Schülerinnen und Schüler aus der LdS-Gruppe leistungsmäßig im obersten Quartil der in der Studie erhobenen Gesamtverteilung und immerhin 17% der Schülerinnen und Schüler aus der Gruppe RWS, d.h. beide Methoden bringen durchaus auch gute Rechtschreiber hervor. Ob es besonders erfolgreiche Klassen gibt oder eher individuelle Faktoren wie die Bildungsnähe des Elternhauses den Erwerb der Rechtschreibung positiv beeinflussen, darüber kann wegen fehlender Angaben in der Studie noch nicht einmal in Ansätzen nachgedacht werden. Es fehlen sogar Angaben zum Geschlecht der Probanden.

Obwohl zur Ermittlung der Rechtschreibleistung mit der Hamburger Schreibprobe (HSP) ein normierter Rechtschreibtest eingesetzt wurde, werden die Daten ausschließlich im Rahmen der eigenen Gesamtstichprobe ausgewertet. Da jedoch zur Querschnittstudie auch die mittlere Anzahl der Rohdaten, der Graphemtreffer, berichtet wird, lässt sich hier ein Vergleich mit den klassenstufenspezifischen Normen vornehmen. Es zeigt sich, dass bis zum Ende des zweiten Schuljahrs die Gruppe LdS fast durchschnittliche Leistungen erreicht (T-Werte Ende Kl. 1: 49, Mitte und Ende Kl. 2: 48 und 48); die Fibelgruppe erzielt überdurchschnittliche Ergebnisse (T-Werte 53, 51, 52), während die Gruppe RWS auch im klassenstufenspezifischen Vergleich abfällt (T-Werte 43, 43, 45). In den folgenden vier Erhebungen (Mitte und Ende 3., Mitte und Ende 4. Schuljahr) bleiben die Werte in der Gruppe RWS weitgehend unverändert (T-Werte 43; 42,4; 45; 43), in den beiden anderen Gruppen fallen sie etwas ab; die Fibelgruppe erzielt jetzt durchschnittliche Leistungen (T-Werte 50; 49,5; 50; 51), die Gruppe Lds leicht unterdurchschnittliche (T-Werte 45; 47; 46,5; 46). Zum Verständnis dieser Veränderungen wäre es wichtig, zu wissen, welche rechtschreibdidaktischen Konzepte im Anschluss an den Anfangsunterricht in den Klassen 3 und 4 eingesetzt wurden. Leider erhält man hierzu keine Informationen. Die RWS deckt diese Jahre allerdings noch ab, bei der Bausteine-Fibel kann man vermuten, dass Anschlussmedien des Verlags genutzt wurden; weitgehend offen ist die Frage der angewandten Didaktik bei LdS.

Zum Abschluss dieses Kapitels möchte ich über eine Studie berichten, die eine methodische Alternative zu den „large-scale-Studien“ aufzeigt, sozusagen eine „small-scale“-Studie, in der in wenigen Klassen der Unterricht im Hinblick auf die Rechtschreibdidaktik detailliert beobachtet wird.

## 9.10 Pädagogisch-didaktische Konzepte und Rechtschreibleistungen im 2. Schuljahr

Die Studie von *Karin Friedrich* (2009) ist in den zweiten Teil des methodisch sehr anspruchsvollen Heidelberger Forschungsprojekts EVES eingebettet – **E***valuation eines* **V***orschultrainings zur Prävention von Spracherwerbsproblemen sowie Verlauf und* **E***ntwicklung des* **S***chriftspracherwerbs in der Grundschule*" (Roos & Schöler 2009). EVES erfasste einen großen Teil der Kinder zweier Heidelberger Einschulungsjahrgänge (2001, 2002) und führte Erhebungen und Beobachtungen bis zum Ende der Grundschulzeit durch.

Von den Probanden wurden neben dem Alter und Geschlecht die Intelligenz (CFT 1), soziokulturelle Indikatoren und Daten zur Lern- und Leistungsmotivation erhoben, so dass diese wichtigen Variablen in der Auswertung berücksichtigt werden konnten.

*Friedrich* (2009) untersuchte vier Klassen im 2. Schuljahr, von denen zwei seit dem 1. Schuljahr lehrgangsorientiert und zwei entsprechend einer offenen Konzeption mit frühem freiem Schreiben unterrichtet wurden. In den lehrgangsorientierten Klassen war der Unterricht primär an Lehrwerken ausgerichtet, im 1. Schuljahr an einer Fibel; es dominierten Frontalunterricht und Einzelarbeit. In den Klassen mit offenem Unterricht konnten über Beobachtungen die Unterrichtsformen tatsächlich auch zu 56,6 % (Klasse A) und zu 77,4 % (Klasse B) als „offen" eingeordnet werden, wobei in Klasse B dem Werkstattunterricht mit vielen alternativen Angeboten eine besonders wichtige Rolle zukam.

Am Ende des 1. und am Ende des 2. Schuljahrs wurde der *Weingartner Grundwortschatz-Rechtschreib-Test* für die jeweils angemessene Klassenstufe (WRT 1+ und WRT 2+) durchgeführt. Bei der Auswertung der Gesamtdaten erwies sich die Variable *pädagogisch-didaktisches Konzept* statistisch als nicht bedeutsam, signifikant war jedoch die *Interaktion zwischen pädagogisch-didaktischem Konzept* und *Schuljahr:* Am Ende des 1. Schuljahrs lagen die lehrgangsorientierten Klassen im Mittel vorn, am Ende des 2. Schuljahrs waren die Werte angeglichen. Schaut man sich allerdings die vier Klassen individuell an, so sieht man ein sehr komplexes Befundmuster (vgl. Abb. 9.3):

Die Angleichung der Leistungen zwischen den unterschiedlichen Ansätzen am Ende des 2. Schuljahrs geht allein auf die Leistungen in Klasse A zurück, die überdurchschnittliche Fortschritte machte; die drei anderen

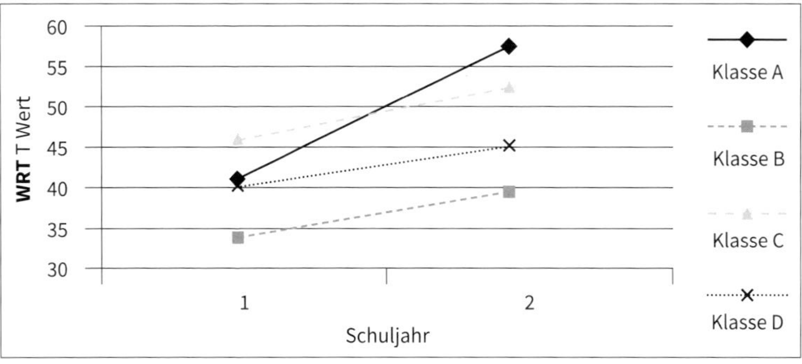


Abb. 9.3: Mittlere T-Werte in den Rechtschreibtests WRT 1+ und WRT 2+ am Ende des 1. und des 2. Schuljahrs in Abhängigkeit von der Klassenzugehörigkeit. Klassen A und B: offener Unterricht, Klassen C und D: Lehrgangsunterricht (aus: Friedrich 2009, S. 222)

Klassen entwickelten sich weitgehend parallel[62]. Unterrichtsbeobachtungen in den beiden offen unterrichteten Klassen zeigten, dass die Lehrerin in Klasse A im 2. Schuljahr die Rechtschreibung in höherem Maße thematisierte als die Lehrerin in Klasse B, orthografische Strukturen erläuterte und kognitiv herausfordernde strategische Aufgaben stellte. Möglicherweise war es ihr Unterrichtsstil, der auch schon am Ende des 1. Schuljahrs zu besseren Rechtschreibleistungen führte als in Klasse B. Es muss hier aber offen bleiben, ob das Gesamtkonzept dieses Unterrichts so erfolgreich war oder einzelne Komponenten den hohen Lernerfolg bedingten – für eine der zentralen Fragen dieses Buches sind die Daten in jedem Fall relevant: Sie zeigen sehr eindrucksvoll, dass die Angst vor „falschem Lernen", vor dem „Einprägen falscher Wortbilder" im offenen Unterricht im 1. Schuljahr unbegründet ist: Im Sinne einer Weiterentwicklung der Rechtschreibkompetenz ist es hier sehr gut gelungen, die Kinder vom anfänglichen lautbezogenen Verschriften zur Nutzung orthografischer Strukturen zu führen.

Dass die Vermittlung orthografischer Strukturen und die Beschäftigung mit strategisch anspruchsvollen Aufgaben (im Gegensatz z. B. zum Abschreiben und Auswendiglernen) im Rechtschreibunterricht auch in den höheren Klassen der Grundschule förderlich ist, wurde in einem anderen Teilprojekt von EVES mit einer größeren Stichprobe im 3. und 4. Schuljahr nachgewiesen (Hofmann, Zöller & Roos 2009). Dabei wurde deutlich, wie

62 Die in der Abbildung dargestellten T-Werte sind Standardwerte mit einem normierten Mittelwert von 50. Der Anstieg der T-Werte vom 1. zum 2. Schuljahr zeigt entsprechend eine überproportionale Verbesserung der Rechtschreibleistung an. Der WRT wertet nur orthografisch vollständig richtige Wörter als korrekt (nicht einzelne korrekte Grapheme).

wichtig die *Vermittlungsphase* ist: Klassen, in denen mehr Zeit auf die Einführung in orthografische Strukturen und ihre strategische Nutzung verwandt wurde, waren erfolgreicher als Klassen mit einem höheren Übungsanteil. Relevant sind hierbei auch die diagnostische Kompetenz und die Sachkompetenz der Lehrperson (vgl. hierzu auch Corvacho del Toro 2013).

## 9.11 Fazit und Desiderate an die Forschung

Die Ergebnisse der in diesem Kapitel berichteten Forschungsprojekte zeigen eindeutig, dass ein Einstieg in die Schrift über das freie Schreiben keineswegs zur Rechtschreibkatastrophe führen muss! Was vielmehr sichtbar wurde, könnte man auf Englisch salopp mit der Formulierung umschreiben: *„You get, what you teach!"* Freies Schreiben ermöglicht einen schnellen Einstieg in das alphabetische Prinzip unserer Schriftsprache und führt allein durch Übung zu zunehmend vollständigeren *lautorientierten* Verschriftungen; *orthografisch* korrektes Schreiben wird weitgehend jedoch nur durch weiterführende, explizit rechtschreibbezogene Unterrichtseinheiten gelernt. Die Rechtschreibung wird nicht, wie vielleicht in der ersten Euphorie des offenen Unterrichts angenommen, implizit und nur durch Gebrauch erworben, sondern muss bewusst angeeignet werden.

Wie man bei *Friedrich* (2009) gesehen hat, kann die Kombination aus frühem freien Schreiben und einem nachfolgenden kognitiv anregenden Rechtschreibunterricht sogar zu besonders guten Rechtschreibleistungen führen. Es findet sich also tatsächlich keine Bestätigung für die immer wieder geäußerte Vermutung, dass sich frühe – und orthografisch noch nicht korrekte – Schreibungen längerfristig einprägten! Dies entspricht auch den Ergebnissen einer ganzen Reihe von internationalen Studien mit Kindern verschiedener Muttersprachen zum *invented spelling:* Selbstständige Schreibversuche im Vorschuljahr haben danach eher einen förderlichen Effekt auf den späteren Schriftspracherwerb und behindern ihn keineswegs (z. B. Ouelette, Sénéchal & Haley 2013; vgl. Brügelmann 2019).

Die Ergebnisse zum Lesen sind weniger positiv: Auch wenn Kinder in reinen LdS-Klassen tatsächlich spontan lesen lernen, liegen sie in ihrer Lesekompetenz in den ersten beiden Schuljahren hinter herkömmlich unterrichteten Kindern zurück. Besonders erfolgreich sind dagegen Schülerinnen und Schüler, die explizit in Silbenstrukturen eingeführt wurden. Dies bedeutet keineswegs, dass man im Erstleseunterricht auf authentische Lektüre verzichten sollte, weist aber auf die Wichtigkeit intakter basaler Leseprozesse hin, die allein durch zusätzliche Lesezeit nicht erworben werden können. Hilfreich sind dagegen die Vermittlung und Einübung von Lesestrategien auf der Silben-, Wort-, Satz- und Textebene (vgl. Scheerer-Neumann 2018).

Und was ist in Zukunft von der Forschung zu erwarten? Methodisch könnte es eine Reihe von Verbesserungen geben: Wünschenswert sind *experimentelle* oder zumindest *quasi-experimentelle* Evaluationsstudien mit parallelisierten Probanden-Gruppen, in denen im Gegensatz zu *Feldstudien* die *Konzepttreue* bei der Umsetzung der verschiedenen Ansätze sicher gewährleistet ist. Bei der Evaluation wäre in einem ersten Schritt zu prüfen, ob ein Konzept den selbst gesteckten Zielen gerecht wird und in einem zweiten, ob oder inwieweit die in Lehrplänen vorgegebenen Lernziele erreicht werden. Neben publizierten – und damit von den Lehrenden einsehbaren Tests – sollten freie Texte einbezogen und neu zusammengestellte Wortlisten diktiert werden, um zu verhindern, dass die Testwörter im Vorfeld besonders geübt werden können („training to the test"). All das klingt relativ plausibel und machbar, aber die Erfordernisse des täglichen Schullebens, das die Lehrenden ohnedies schon sehr belastet und die – durchaus berechtigten – bürokratischen Hürden für Forschungsprojekte schränken die Möglichkeiten ein.

Aber auch im besten Fall kann die empirische, die „evidenzbasierte" Forschung nur allgemeine Tendenzen aufzeigen, die nicht unbedingt für jedes einzelne Kind gelten. Manchmal lassen sich in den Befunden methodenvergleichender Studien „Moderatorvariablen" erkennen, z. B. die Abhängigkeit der Ergebnisse vom Sprachstand eines Kindes oder von der Schriftnähe bzw. -ferne des Elternhauses, die didaktisch zu berücksichtigen sind. Für Kinder mit sehr großen Problemen beim Lesen- und Schreibenlernen wie *Maria* ( Kap. 2) und *Oliver* (Kap. 4) kann sogar eine Methode erfolgreich sein, deren Wirkung im Gruppenvergleich nicht nachweisbar ist, weil die meisten Kinder schon über die entsprechende Kompetenz verfügen. Deshalb sind neben empirischen Gruppenstudien *Einzelfalldarstellungen* sehr wichtig, die zeigen, wie man die individuellen „Stolperstellen" beim Lesen und Rechtschreiben diagnostisch herausfinden kann, um davon gezielte Hilfen abzuleiten (vgl. Scheerer-Neumann 2016, 2018).

# 10 Und wie weiter?

Dass frühes lautorientiertes Schreiben den späteren Erwerb der Rechtschreibung nicht behindert, ließ sich im letzten Kapitel anhand einer ganzen Reihe von Studienergebnissen nachweisen. Allerdings führen LdS und der Spracherfahrungsansatz auch nicht zu besseren Rechtschreibleistungen. Unabhängig von der Lehrmethode erreicht aber etwa ein Fünftel bis ein Viertel der Viertklässler nicht die von der Kultusministerkonferenz 2004 vorgegebenen Leistungsstandards, so dass in jedem Fall ein Handlungsbedarf besteht. Wo liegen die Chancen für eine positivere Entwicklung? Kapitel 10 thematisiert einige zentrale kognitions- und lernpsychologische Erkenntnisse zum Erwerb der Rechtschreibung und ihre didaktischen Implikationen und diskutiert die schulischen Rahmenbedingungen für ihre Realisierung.

## 10.1 Kognitions- und lernpsychologische Erkenntnisse zum Rechtschreiberwerb und ihre didaktischen Implikationen

**Die Bedeutung des lautorientierten Schreibens, der „alphabetischen Strategie"**

Beim Erwerb der Rechtschreibung kommen unterschiedliche Teilkompetenzen zum Tragen; wie wichtig die Fähigkeit ist, lautorientiert verschriften zu können, wurde an den Beispielkindern *Maria* (Kap. 2) und *Oliver* (Kap. 4) deutlich, denen die Lautanalyse kaum oder noch nicht ausreichend gelang: Ihnen fehlte die Basis, das Grundgerüst eines Wortes, in das orthografische Strukturen integriert werden können. Bei ausgeprägter Rechtschreibschwäche liegen fast immer Probleme im lautanalytischen Bereich vor, oft schon auf der Silbenebene; dies wird in vielen Studien und auch sprachübergreifend berichtet (vgl. Schnitzler 2008). Umgekehrt sagen gute vorschulische lautanalytische Kompetenzen einen unproblematischen Schriftspracherwerb voraus (Landerl & Wimmer 1994).

Ähnliches gilt auch für die Folgejahre: In einer eigenen Studie (Scheerer-Neumann & Schnitzler 2009) erwiesen sich nicht nur die Kinder, die am Ende des 1. Schuljahrs viele Wörter einer Wortliste orthografisch korrekt schrieben, zu Beginn des 3. Schuljahrs als gute Rechtschreiber, sondern ebenso die Kinder, bei denen am Ende des 1. Schuljahrs nur ein Teil der Wörter orthografisch korrekt war, die anderen aber *lautbezogen plausibel,* z. B. *<Walt>, *<Wollke>. Eine schlechtere Prognose bestand dagegen für die Kinder, die am Ende des 1. Schuljahrs lautorientiert noch unvollkommen schrieben, z. B. *<Fald> – (Wald), *<Wekl> – (Wolke).

Beim freien Schreiben ist die Lautanalyse integraler Bestandteil des Schreibens, aber natürlich kann didaktisch auch ein anderer Weg gewählt werden, sie zu üben: In analytisch-synthetischen Fibellehrgängen wird die Lautanalyse an vorgegebenen Wörtern geübt, von denen einige dann auch als Lernwörter einzuprägen und korrekt zu schreiben sind. Dabei sollte aber unbedingt darauf geachtet werden, dass die Kinder die Lautanalyse wirklich (nach)vollziehen und nicht einfach die Buchstaben dieser Wörter und ihre Reihenfolge auswendig lernen. Bei anhaltenden lautanalytischen Problemen, die man häufig bei Kindern mit frühkindlichen Sprachentwicklungsproblemen findet, können logopädische Übungen und explizite Übungen auf der Silbenebene angezeigt sein, wie sie im Rahmen der Therapie bei Lese-Rechtschreib-Schwäche entwickelt wurden.

Beim freien Schreiben lässt sich der Entwicklungsstand jederzeit an den Schreibungen der Kinder erkennen. Die korrekte Schreibung weniger Fibelwörter kann auch rein memorierend erworben werden. Erst wenn sich die Anzahl der Lernwörter vergrößert, ist dieser Weg nicht mehr gangbar und die Kinder fallen durch viele Fehler auf; wertvolle Unterrichtszeit ist inzwischen verstrichen. Deshalb sind kontinuierliche Lernstandserhebungen so wichtig (s. u.).

Die alphabetische Strategie führt oft zu nur angenähert korrekten Schreibungen; sie hat aber auch eine wichtige Funktion beim Erwerb von *Lernwörtern*: Viele Kinder merken sich spontan die phonologische Repräsentation eines Wortes, die seiner Schreibung am ehesten entspricht, also zu <Garten> [ga:rrr.tən] oder gar [ga:rrr.te:n] – in Ergänzung zum umgangssprachlichen [ga:.tn]. Dieser Weg wird von vielen Didaktikern unter den Begriffen *Rechtschreibsprache* oder *Pilotsprache* unterstützt, von anderen kritisiert, weil sie die Anweisung: „Sprich, wie du schreibst" (nach: „Schreibe, wie du sprichst") für zirkulär halten (z. B. Röber & Spiekermann 2000). Aber eigentlich ist dies nur ein sehr gangbarer Weg, die alphabetische Strategie gewinnbringend auch auf Wörter anzuwenden, die nicht „lautgetreu" sind. Gleichzeitig bringt er die Kinder der deutschen Hochsprache näher.

**Orthografische Strukturen als Hilfe beim Erwerb von Lernwörtern**

Auch von der Kultusministerkonferenz (KMK) und in den meisten Rahmenlehrplänen der Kultusministerien der Länder wird die Bedeutung des lautorientierten Schreibens anerkannt und durch Hinweise auf weitere Rechtschreibstrategien ergänzt. In den Bildungsstandards der KMK für das Fach Deutsch im 4. Schuljahr wurden die Ziele zur Rechtschreibung wie folgt formuliert:

> „Die Kinder verfügen über grundlegende Rechtschreibstrategien. Sie können lautentsprechend verschriften und berücksichtigen orthografische und morphematische Regelungen und grammatisches Wissen. Sie haben erste Einsichten in die Prinzipien der Rechtschreibung gewonnen. Sie erproben und vergleichen Schreibweisen und denken über sie nach. Sie gelangen durch Vergleichen, Nachschlagen im Wörterbuch und Anwenden von Regeln zur richtigen Schreibweise. Sie entwickeln Rechtschreibgespür und Selbstverantwortung ihren Texten gegenüber."
>
> (KMK 2004, S. 10)

Vor allem die beiden letztgenannten Strategien sind sehr anspruchsvoll – ich vermute, dass keineswegs alle Studierenden in Seminaren zur Deutschdidaktik die Schreibweise eines Wortes immer korrekt ableiten könnten! Einblicke in die Systematik der deutschen Orthografie sind wichtig, aber beim Schreiben eines Textes oder auch eines Diktats ist es schon allein aus Zeitgründen kaum möglich, sich jeweils alle relevanten Regeln zu vergegenwärtigen und entsprechend zu entscheiden. Oft wären bei einem Wort sogar mehrere Regeln zu aktivieren. Dies lässt sich gut am Beispiel des Wortes <Handtuch> demonstrieren:

- Das Wort <Handtuch> ist ein Substantiv[63], muss also groß geschrieben werden.
- *Hand* wird – entgegen der Lautung – in Endposition mit dem Graphem <d> geschrieben, was über die Strategie der Ableitung herauszufinden ist (Hän*d*e – Han*d*).
- Das /a/ wird kurz gesprochen, da aber zwei Konsonanten folgen, wird das <n> nicht verdoppelt.
- Entgegen der Umgangslautung, bei der beim Sprechen nur *ein* Laut zu hören ist, [han.tu:x], wird das Wort an der Fuge der Morpheme {Hand}und {tuch} mit <d> und <t> geschrieben.

63 Es geht hier nur um das Schreiben einzelner Wörter, nicht um die satzinterne Großschreibung.

Um Regeln in dieser Weise nutzen zu können, müsste einem Kind auch immer klar sein, ob und wo es „kritische Stellen" im Wort gibt, die eine Regelanwendung erfordern. Eine *implizite* Regelanwendung ist noch kaum zu erwarten; sie ist auch bei Erwachsenen beim Rechtschreiben nur in Ansätzen nachweisbar[64]. Es ist also nicht verwunderlich, dass sowohl bei der KMK als auch in Rahmenlehrplänen das Erlernen von Rechtschreibregeln – und allgemein Rechtschreibstrategien – ergänzt wird durch das *wortspezifische, lexikalische* Lernen. In den „Standards für die Kompetenzbereiche des Faches Deutsch für das 4. Schuljahr" (Veröffentlichung KMK 2004) findet sich die Forderung: „geübte, rechtschreibwichtige Wörter normgerecht schreiben" (S. 14); die Rahmenrichtlinien einiger Bundesländer geben Lernwörter konkretisiert in einem Grundwortschatz, Basiswortschatz oder Mindestwortschatz vor (z. B. Bayern, Berlin, Brandenburg, Hamburg, Mecklenburg-Vorpommern).

Sollte man also auf die Vermittlung von Rechtschreibregeln ganz verzichten? Ganz sicher nicht, aber die Arbeit mit Rechtschreibregeln macht nur Sinn, wenn diese wirklich für die Kinder verständlich sind und ihre Anwendung ausreichend geübt wird. Muster wie das Häusermodell von *Röber* (vgl. Kap. 8) oder ähnliche Visualisierungen wie bei *Bredel* (2015) können das Verständnis erleichtern. Die Funktion von Rechtschreibregeln ist zu überdenken: Es gibt Situationen, in denen im Augenblick des Schreibens auf eine Regel zurückgegriffen wird, *didaktisch besonders relevant ist jedoch die Erleichterung, die sich durch die Einsicht in orthografische Strukturen beim Erwerb von Lernwörtern ergibt.* Über das Wissen um die Auslautproblematik und die Ableitungsregel lässt sich das <d> in einem Wort wie <Hand> leichter merken. Damit das Wort letztlich für das Schreiben automatisiert zur Verfügung steht, reicht jedoch die Einsicht, warum es so und nicht anders geschrieben wird, nicht aus: Dies wird sehr deutlich, wenn schon wenige Tage nach der Thematisierung einer orthografischen Regel im Unterricht entsprechende Wörter doch wieder lautorientiert geschrieben werden. *Auch Wörter, deren kritische Stellen ableitbar sind, oft „Ableitwörter" genannt, müssen systematisch geübt werden, um weitgehend*

64 Beim Lesen wird vermutlich häufiger implizit gelernt: Beim Lesen muss die Aufmerksamkeit auf die Graphemfolgen gerichtet werden und die Nutzung von Strukturen erleichtert das Worterkennen, so dass für die Tätigkeit selbst ein Lerngewinn entsteht.

*automatisiert verfügbar zu sein!* Wie im 2-Wege-Modell des Rechtschreibens (Abb. 4.1) verdeutlicht, werden die orthografischen Strukturen durch Übung zum integrierten Teil der Gedächtnisrepräsentation eines Wortes: Das Graphem <d> muss nicht bei jedem Schreiben des Wortes <Hand> neu abgeleitet werden. Durch die Verankerung des Graphems an der orthografischen Struktur wird die graphemische Wortform auch resistenter gegenüber Vergessensprozessen.

Wie man didaktisch Einsichten in orthografische Strukturen mit einem Worttraining verbinden kann, hat *Beate Leßmann* (Kap. 6) gezeigt: Auf Karteikarten werden diejenigen Grapheme eines zu übenden Wortes farbig gekennzeichnet, die für ein Kind aus Regeln ableitbar sind (vgl. Abb. 6.3). Konkrete Vorschläge, wie dann produktiv mit solchen Karteikarten geübt werden kann, finden sich in vielen Veröffentlichungen (z.B. Scheerer-Neumann 2006). Neue Wörter werden am besten systematisch über vorgegebene Lernschritte eingeübt: Zunächst verdeutlichen sich die Kinder die Schwierigkeit/en der Schreibweise des Wortes und ggf. deren Verankerung an orthografischen Strukturen, memorieren dann die entsprechenden Grapheme und schreiben das Wort aus dem Gedächtnis auf. Der letzte Schritt ist ein Vergleich mit der Vorlage. Wurde das Wort korrekt geschrieben, wird dies durch einen Stempel auf der Karteikarte „belohnt". Wurde ein Wort fehlerhaft geschrieben, bleibt die Karteikarte im Fach mit den neuen Wörtern und durchläuft an einem anderen Tag die oben für neue Wörter beschriebenen Schritte. Korrekt geschriebene Wörter werden in bestimmten Abständen (zunächst Tage, dann Wochen) ohne vorheriges Anschauen diktiert, bis sie fünfmal korrekt geschrieben wurden. Wird ein Wort bei späteren Übungsdurchgängen falsch geschrieben, erfolgt eine „Rückstufung" im Karteikasten. Wichtig bei diesem Verfahren ist die Abstimmung mit den individuellen Lernvoraussetzungen eines Kindes: Dies betrifft nicht nur die Anzahl der Übungswörter, sondern auch die orthografischen Strukturen, die auf den Karteikarten markiert werden – wenn der Einblick noch fehlt, wirken entsprechende Hinweise eher verwirrend.

Neben individuellen Hilfestellungen ist es förderlich, anhand von Beispielwörtern verschiedene Regelhaftigkeiten im Rahmen von *Rechtschreibgesprächen* mit der ganzen Klasse wiederholt aufzugreifen; die Kinder überlegen dann, warum ein Wort so und nicht anders geschrieben wird, und langsamer lernende Kinder erhalten immer wieder neue Impulse (vgl. Spitta 1983, 2018, Leßmann 2007, Brinkmann & Brügelmann 2018).

Trotzdem bleibt die Heterogenität einer Schulklasse ein zentrales didaktisches und schulorganisatorisches Problem (s. u.).

**Motivation und Anstrengungsbereitschaft**

Der Einblick in orthografische Strukturen gelingt nur dann, wenn dafür ein Interesse geweckt wurde, und Üben erfordert eine gewisse Anstrengungsbereitschaft. Daraus ergibt sich für den Erwerb der Rechtschreibung das in Abb. 10.1 dargestellte „Lerndreieck".

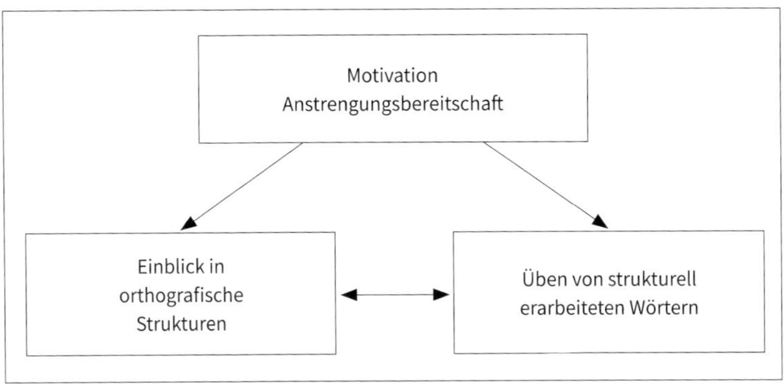


Abb. 10.1: Zentrale Komponenten für einen erfolgreichen Erwerb der Rechtschreibung

Die beim Spracherfahrungsansatz früh vermittelte Anregung, Eigenes aufzuschreiben, motiviert die Kinder zum Schreiben, auch zum korrekten Schreiben, wenn das selbst Geschriebene dann in Wandzeitungen oder Büchern „veröffentlicht" wird. Daneben sollte man aber das Interesse von Kindern an Systematik keineswegs unterschätzen: Sicher gibt es individuelle Unterschiede, aber schon bei Vorschulkindern kann man beobachten, dass sie ihre Spielzeugautos der Größe nach ordnen, ältere Kinder schreiben Tabellen zur Geschwindigkeit und PS-Zahl ihrer Modellautos oder zu den maximalen Laufgeschwindigkeiten von Tieren. Die „kindorientierte" Annahmc, dass man Interesse nur alltagsnah oder im Kontext von Geschichten wecken kann und Kinder lieber implizit als explizit lernen, sehe ich als ideologisch geprägte Bevormundung.

Kinder zum *Üben* zu motivieren, ist sicher etwas schwieriger, aber hier hilft das *Kompetenzmotiv*, das positive Erleben, das Kinder wie Erwachsene durch die eigene Leistungssteigerung erfahren. Viele Computerspiele basieren auf diesem Prinzip: Die Erfahrung, dass man immer schneller oder genauer werden kann, ist ein Ansporn für weitere Durchgänge. Wahrscheinlich gäbe es ohne das Kompetenzmotiv keine Leichtathletik.

Umgekehrt wirken Misserfolge demotivierend, vor allem kombiniert mit Vorwürfen wie „Da hättest du doch daran denken können!", „Das hatten wir doch schon!" Schon aus diesem Grund ist eine Anpassung der Leistungsanforderungen an den jeweiligen Lernstand eines Kindes so wichtig. Besonders problematisch ist die Konstellation, wenn sich trotz Anstrengung und Leistungsverbesserung die Benotung nicht ändert – wenn *Oliver* anstelle von 20 nur noch 12 Fehler im Diktat macht, dieser Fortschritt aber immer noch mit einer schlechten Zensur „belohnt" wird! Es ist nicht verwunderlich, dass es in der Therapie bei Lese-Rechtsschreib-Schwäche oft nicht nur um die Förderung im Lesen und Schreiben geht, sondern auch darum, das Selbstkonzept der Kinder zu stärken und ihre Misserfolgsmotivierung abzubauen.

Man kann das an Eltern gerichtete viel zitierte „Verbot", Kinder beim freien Schreiben zu korrigieren, durchaus auch als Schutz vor Misserfolgserlebnissen sehen. Eltern können nicht gut abschätzen, was ihr Erstklässler *lernprozessbezogen* schon kann – oder können sollte. Wenn *Philip* im März des ersten Schuljahrs in einem Brief an den Opa schreibt:

LIBA OPA KOMMS DU ZU OSDAN

würde ihm eine Korrektur vermitteln: *Du hast die Hälfte der Wörter falsch geschrieben!* Dabei gelingen Philipp die Phonemanalyse und die Zuordnung der Grapheme zu den Phonemen schon recht gut und er berücksichtigt sogar die Konsonantenverdopplung im Wortstamm {komm}. Hinweise auf Fehler sollten Eltern nur beim Üben von *Lernwörtern* geben, aber auf Fragen der Kinder nach der richtigen Schreibweise immer korrekt antworten.

Es ist weiterhin außerordentlich wichtig, dass Lehrkräfte auf Elternabenden ihr Konzept ausreichend erklären und verdeutlichen, wann und wie Eltern helfen können. Denn der Ratschlag „Lassen Sie Ihr Kind selbstständig arbeiten und sorgen Sie nur dafür, dass es seine Hausaufgaben macht", ist unrealistisch und nutzt auch nicht das Potenzial der Familie als ein das Lernen unterstützendes System! Für Kinder, die zu Hause nicht über Hilfen verfügen, ist eine entsprechende schulische Unterstützung notwendig.

## 10.2 Ermittlung des Lernstands und der Lernfortschritte

**Ermittlung des Lernstands**

Bei allen Unterschieden waren sich die in Kapitel 5 bis 8 berichteten didaktischen Konzepte zum Lesen- und Schreibenlernen in einem Punkt weitgehend einig:

> Die unterschiedlichen Lernvoraussetzungen bzw. Vorkenntnisse der Kinder und ihr Lerntempo sind im Unterricht zu berücksichtigen.

Es gab schon immer große Unterschiede im kognitiven Entwicklungsstand und in den Vorkenntnissen von Schulanfängern; durch den hohen Anteil mehrsprachiger Kinder und der Forderung nach Inklusion ist die Heterogenität innerhalb einer Schulklasse noch gestiegen. Die Ermittlung der Lernvoraussetzungen und Vorkenntnisse der Erstklässler ist deshalb besonders wichtig und ermöglicht eine frühzeitige Differenzierung der Lernangebote. Für diese Aufgabe stehen Beobachtungshilfen und ausgearbeitete Verfahren zur Verfügung. Informelle Beobachtungshilfen findet man schon in dem Buch *Die Schrift entdecken* von *Brügelmann u. a.* von 1984 und in der *Ideen-Kiste* von 1993/2010 von *Brinkmann* und *Brügelmann*: Es geht hierbei um das Symbolverständnis der Kinder, Vorstellungen über unsere Schrift und schon bekannte Buchstaben und Wörter.

Formelle Testverfahren liegen vor allem zur Ermittlung der vorschulischen *phonologischen Bewusstheit* vor, z. B. *Der Rundgang durch Hörhausen* (Martschinke, Kirschhock & Frank 2001), das schon erwähnte *BISC*, das *Bielefelder Screening*[65] (Jansen et al. 2002), beide Einzeltestverfahren und das *MÜSC*, das Gruppenverfahren *Münsteraner Screening* (Mannhaupt 2005). Speziell für den Einsatz durch Lehrkräfte in der Schule wurde die *ILeA* konzipiert, die *Individuelle Lernstandsanalyse* für das Land Brandenburg, die neben Beobachtungshilfen auch Aufgaben zur phonologischen Bewusstheit enthält (ILeA Leitfaden 1, Prengel, Liebers, Klunter et al. 2007). Ähnliche Verfahren gibt es in anderen Bundesländern, z. B. *LauBe* für Berlin (Lernausgangslage Berlin, ISQ 2018) und auch als Angebot innerhalb von Fibellehrgängen.



65 Das Bielefelder Screening (BISC) umfasst neben Aufgaben zur phonologischen Bewusstheit auch Aufgaben zur visuellen Aufmerksamkeit und zum Gedächtnis.

Im Rahmen der *ILeA* stehen Materialien auch für Lernstandsanalysen im Bereich Deutsch/Rechtschreiben für die Klassenstufen 1 bis 6 zur Verfügung[66]. Daneben gibt es eine Reihe normierter Rechtschreibtests, die ebenfalls im Gruppenverfahren angewandt werden können und über eine Fehleranalyse förderdiagnostische Informationen liefern. Einige lassen sich online – und damit zeitsparend – auswerten (z. B. die *HSP* von *May* 2016). Alle quantitativen Verfahren können jährlich, teilweise auch halbjährlich eingesetzt werden. *Qualitative* Verfahren zur Fehleranalyse, mit deren Hilfe Fehlerschwerpunkte auch aus Texten der Kinder und unabhängig vom Zeitpunkt im Schuljahr bestimmt werden können, sind die AFRA, die *Aachener förderdiagnostische Fehleranalyse* von *Herné & Naumann* (2016), und die *OLFA, die Oldenburger Fehleranalyse* von *Günther Thomé & Dorothea Thomé* (2020, 2021).

### Engmaschige Rückmeldungen zum Lernfortschritt

Neben Informationen zur Lernausgangslage zu Beginn des ersten und der weiteren Schuljahre benötigen sowohl die Lehrkraft als auch die Kinder engmaschige Rückmeldungen zum Lernfortschritt, die Lehrkraft zur Bestätigung ihres Unterrichtskonzepts, die Kinder als Bestätigung, dass ihre Anstrengung sich lohnt. Wenn im Rahmen des Spracherfahrungsansatzes viel frei geschrieben wird, können die Texte hinsichtlich der Rechtschreibentwicklung analysiert werden. Stehen solche Texte nicht zur Verfügung, sind Testaufgaben zu bearbeiteten orthografischen Strukturen und Kurzdiktate zu Lernwörtern sinnvoll.

Im Vordergrund sollte jeweils der *individuelle Lernfortschritt* stehen, deshalb ist von einer vergleichenden Benotung abzusehen. Wenn eine Gruppenaufteilung zur inneren Differenzierung nicht möglich ist, kann man bei Kurzdiktaten eine Lernzieldifferenzierung erreichen, indem die geübten und diktierten Wörter in der Schwierigkeit ansteigen und die Leistungsschwächeren wissen, dass sie nicht alle Wörter korrekt schreiben müssen. Man könnte differenzierte Lernziele in Analogie zu Computerspielen als Level 1, Level 2, Level 3 vorgeben. Auf jeden Fall sollte sensibel vorgegangen werden; nicht zu vergessen sind die negativen Auswirkungen des „klassischen Diktats“, das bei nicht wenigen Kindern morgendliche

66 Alle Materialien der ILeA können über den Bildungsserver Berlin/Brandenburg kostenlos heruntergeladen werden.

Bauchschmerzen und letztlich sogar eine manifeste Schulangst auslöste. Leider wurde bei der weitgehenden Abschaffung dieser Form der Leistungsprüfung nicht bedacht, dass die Überprüfung, ob das Intendierte tatsächlich auch gelernt wurde, sowie eine entsprechende Rückmeldung an die Kinder wichtige Elemente des Unterrichtens und Lernens sind. In gut ausgestatteten Schulen kann diese Aufgabe auch von Lernsoftware übernommen werden, die nicht nur zu einzelnen Wörtern Rückmeldung gibt, sondern darüber hinaus Lernfortschritte grafisch motivierend darstellt und im Anschluss adaptiv Übungen anbietet.

## 10.3 Pädagogische Ressourcen

Die letzte Überlegung, die Einbeziehung von Lernsoftware, die die Lehrenden entlastet, führt zu einem Kernproblem: Individuelle Förderdiagnostik und individuelle Förderung sind innerhalb des regulären Deutschunterrichts kaum in ausreichendem Maße zu leisten. Man kann davon ausgehen, dass im Durchschnitt ein Fünftel der Kinder einer Klasse eine intensive Förderung im Bereich Rechtschreiben benötigt und weitere zehn Prozent eine deutliche Förderung. Was hier von der Deutschlehrkraft verlangt wird, ist in weiten Teilen identisch mit den Aufgaben einer Lerntherapeutin – aber diese kann sich in jeder Förderstunde nur auf ein einziges Kind oder auf wenige Kinder konzentrieren! Auch wenn ökonomische Fehleranalysen online zur Verfügung stehen, sind zur Ableitung von Fördermaßnahmen oft weitere diagnostische Schritte notwendig:

- Wenn *Leo* im Februar des 1. Schuljahrs *<Kras> (Gras) und *<Klük> (Glück) schreibt, stellt sich die Frage nach der Ursache: Die Verwechslung von /g/ – <G, g> und /k/ – <K, k> könnte dialektbedingt sein; vielleicht kann Leo aber auch die Laute phonetisch nicht voneinander unterscheiden oder er ist unsicher in der richtigen Phonem-Graphem-Zuordnung. Je nach Ursache der Verwechslung wären andere Hilfen notwendig.
- *Mia,* 2. Schuljahr, schreibt: <sie *Rennen> und <wir *Laufen>. Die Lehrerin findet heraus, dass sie die Pronomen für „Begleiter" (Artikel) hält, nach denen ein Wort groß zu schreiben ist.
- *Moritz,* 4. Schuljahr, schreibt *<leiße> (leise) und *<Meiße> (Meise), weil er der Meinung ist, dass nach einem <ei> ein s-Laut immer als

<ß> zu verschriften sei. Möglicherweise war ihm noch im Gedächtnis, dass ein <ß> nur auf einen langen Vokal folgen kann und Diphtonge wie <ei> und <au> immer als lange Vokale gelten. Rechtschreibregeln bergen immer auch die Gefahr, dass sie nicht richtig verstanden werden.

Förderdiagnostik ist oft Detektivarbeit und die in den Rahmenlehrplänen geforderte Differenzierung bis hin zur Individualisierung des Unterrichts ist in der Realität ohne eigens dafür ausgewiesene Deputatstunden für die Deutschlehrkraft oder weitere Hilfssysteme kaum zu realisieren. Auf der positiven Seite gibt es teilweise Doppelbesetzungen, die ein Arbeiten in kleineren Gruppen ermöglichen und Förderstunden für leistungsschwächere Kinder, aber erfahrungsgemäß sind es genau diese Stunden, die bei personellen Engpässen am ehesten ausfallen: *Wenn bildungspolitisch eine Steigerung der Rechtschreibleistungen an unseren Schulen angestrebt wird, sind neben den schulischen Ressourcen (Doppelbesetzungen, Förderstunden) weitere Unterstützungssysteme notwendig: Lerntherapeuten oder Sonderschullehrer, in Universitätsstädten vielleicht auch Studierende aus entsprechenden Studiengängen, die teilweise selbst eine zusätzliche Förderung an der Schule übernehmen können, aber auch ohne langen Vorlauf für vertiefende förderdiagnostische Abklärungen zur Verfügung stehen.*

## 10.4 Wiederholte Lernangebote

Ein weiteres zentrales Problem betrifft das Lernangebot über die Schuljahre hinweg: Viele Längsschnittstudien zum Erwerb der Rechtschreibung zeigen, dass auch die zunächst langsamen Lerner durchaus Fortschritte machen, aber nur ein Teil von ihnen mit der Zeit die schon früh Leistungsstärkeren einholt. In der *Wiener Längsschnittstudie* von *Klicpera & Gasteiger-Klicpera* (1993) erreichten am Ende des 8. Schuljahrs nur 5 % der im zweiten Schuljahr sehr schwachen Rechtschreiber (PR <5) durchschnittliche oder bessere Leistungen und nur 16 % der nächsten Leistungsgruppe, der im 2. Schuljahr Schwachen (PR6-15).

Es ist also eminent wichtig, dass fehlerträchtige Themen wiederholt bearbeitet werden, auch noch in den höheren Klassen. Ein nachahmenswertes Beispiel aus der Praxis findet man bei *Buda* (2017): In diesem Projekt wurden an einem Gymnasium im Rahmen des Förderunterrichts (maximal 15 Schülerinnen und Schüler) Module zu ausgewählten Rechtschreibthemen, z.B. zur Groß- und Kleinschreibung oder zur Vokallängenmarkierung mit je 10 Doppelstunden angeboten. Dieses differenzierte Lernangebot führte zu deutlichen Leistungssteigerungen und die Aufarbeitung der eigenen Schwierigkeiten wirkte so motivierend, dass sich manche Schülerinnen und Schüler freiwillig für weitere Module anmeldeten.

Entsprechende Angebote müsste es vor allem für Hauptschüler geben, von denen viele bis zum 9. Schuljahr nicht den KMK-Mindeststandard in der Rechtschreibung erreichen: Gerade für sie kann die Rechtschreibleistung bei der Bewerbung um einen Ausbildungsplatz – der ihre Zukunft maßgeblich mitbestimmt – entscheidend sein. Nicht weniger wichtig ist allerdings die Kompetenz und vor allem auch das Selbstvertrauen, ein Anschreiben zu verfassen und einen Text schreiben zu können. Freies Schreiben – um sich „frei" zu schreiben – und Rechtschreibung: Beides sollte in allen Schulformen so vermittelt werden, dass die Schülerinnen und Schüler im Alltag damit bestehen können.

# 11 Fazit

Am Ende dieses Buches steht also *weder*:

- Lasst die Kinder unbesorgt in den ersten zwei Schuljahren frei und lautorientiert schreiben; mit der Zeit werden sie die Rechtschreibung schon implizit erlernen,

*noch*:

- Von Anfang an muss orthografisch korrekt geschrieben werden, sonst prägen sich die falschen Schreibweisen für immer ein!

Die Sachlage ist komplex, komplexer als es vor allem die Medien wahrhaben wollen, die eindeutige Schlagzeilen lieben. Nach derzeitiger Evidenz behindert der *Einstieg* in die Schrift über das lautorientierte Schreiben den Schriftspracherwerb nicht, fördert sogar die alphabetische Strategie, eine wichtige Grundlage für die weitere Entwicklung der Rechtschreibkompetenz. Schon in den ersten Monaten im Anfangsunterricht sollte jedoch das Bewusstsein für die *Normierung* der Rechtschreibung geweckt werden. Die Schülerinnen und Schüler sollten auf *orthografische Struktur*en aufmerksam werden und erste *Lernwörter* erwerben, die auch für das freie Schreiben dann zunehmend automatisiert zur Verfügung stehen.

Zugegebenermaßen streiten die Fachleute über die pädagogisch wünschenswerten und didaktisch erfolgreichen Konzepte im Anfangsunterricht, aber die unterschiedlichen Ansätze haben mehr gemeinsam, als zumeist dargestellt: Es gibt zu vielen Fibellehrgängen auch Anlauttabellen und Anregungen zum freien Schreiben, umgekehrt wird in schreiborientierten Ansätzen wie dem Spracherfahrungsansatz die normierte Rechtschreibung weit früher thematisiert als oft behauptet. Mit Erstaunen liest man sogar bei *Reichen*, dass von Anfang an dialekt- und umgangssprachlich bedingte Fehler zu korrigieren seien! Dieser Aspekt von LdS ist sicher nicht allgemein bekannt und es ist durchaus möglich, dass in manchen LdS-Klassen die Kinder – abweichend von *Reichens* Konzept – dem Motto: „Schreibe, wie du sprichst" folgen sollen.

Lehrkräfte mit noch wenig Erfahrung sollten sich bei der Wahl eines didaktischen Ansatzes eher für ein Verfahren mit einem klaren Aufbau entscheiden, auch wenn viele Studiengänge innerhalb der Lehrerbildung schon heute obligatorisch Seminare zur Didaktik des Erstlesens und Erstschreibens umfassen. Zu prüfen wäre, ob hierbei auch die linguistischen Grundlagen der deutschen Orthografie ausreichend vermittelt werden: *Was kann man wirklich hören? Lässt sich die Vokallängenmarkierung immer ableiten? Vor welchen Graphemen kann ein Dehnungs-h stehen?*

Wünschenswert wäre auch eine bessere kollegiale Zusammenarbeit an den Schulen mit Hilfestellungen bei unerwartet schlechten Ergebnissen in einzelnen Klassen – und gegenseitige Hospitationen im Unterricht bei besonders guten Rechtschreibleistungen.

Die *Forschung* hat für keinen der in diesem Buch vorgestellten pädagogischen und didaktischen Ansätze einen eindeutigen Vorsprung erbracht, aber typische Entwicklungsverläufe aufgedeckt: Bei früh schreiborientierten Verfahren finden die Kinder einen schnelleren Zugang zum Schreiben und verschriften mehr Grapheme korrekt als in Fibelklassen. Spätestens im zweiten Schuljahr kehrt sich das Verhältnis um und die Fibelklassen sind rechtschreibstärker. Die weitere Entwicklung sieht nach einer Angleichung aus, aber hier sind die Daten nicht eindeutig – und die Forschungsbemühungen noch sehr defizitär: In mehreren Studien wurden zwar Daten zu den Rechtschreibleistungen im 3. und 4. Schuljahr erhoben, ohne aber den jeweiligen Rechtschreibunterricht in den Klassen 2 bis 4 zu beobachten und zu analysieren. Es muss also offen bleiben, ob die Ergebnisse – seien es Angleichungen oder Unterschiede – auf den Anfangsunterricht oder den späteren Rechtschreibunterricht zurückzuführen sind.

Dabei sollte der Rechtschreibunterricht jenseits des Anfangsunterrichts ebenso im Fokus der Forschung stehen. Natürlich ist auch dies ein umfangreiches und komplexes Thema, das im vorliegenden Kontext nicht mehr behandelt werden kann (vgl. aber Scheele 2006, Kruse & Reichardt 2016). Prinzipiell richtig ist die in fast allen Rahmenlehrplänen formulierte Forderung, Lernangebote differenziert am jeweiligen Lernstand eines Kindes zu orientieren. In der Praxis gibt es hierzu schon gute Ansätze; es ist jedoch an der Zeit, sich Gedanken über die notwendigen Ressourcen zu machen, unter denen diese Forderung flächendeckend erfüllt werden kann.

# Literatur


Andresen, U. & Kluge, W. (Hrsg.) (2001). *Wir reden miteinander.* Theorien und Praxen des Schriftspracherwerbs. Darin: Miteinander an einem Tisch. Podiumsdiskussion am 6. November 1999 (S. 19–78). München & Lich: DGLS.

Ashton-Warner, S. (1964). *Teacher.* New York: Simon & Schuster.

Asmuth, B. (1996). Geschichte der Didaktik und Methodik des Schreib- und Aufsatzunterrichts. In: H. Günther & O. Ludwig (Hrsg.), *Schrift und Schriftlichkeit – Writing and its use,* Band 2 (S. 1277–1285). Berlin & New York: Walter de Gruyter.

Balhorn, H. (1998). Heiko Balhorn fragt nach. In: H. Balhorn, H. Bartnitzky, I, Büchner, A. Speck-Hamdan (Hrsg.), *Schatzkiste Sprache 1.* Von den Wegen der Kinder in die Schrift (S. 333–336). Frankfurt/M.: Arbeitskreis Grundschule – Der Grundschulverband e. V. in Verbindung mit der Deutschen Gesellschaft für Lesen und Schreiben (DGLS).

Barry, C. & Seymour, P. H. K. (1988). Lexical priming and sound-to-spelling contingency effects in nonword spelling. *Quarterly Journal of Experimental Psychology, 404,* 5–40.

Berchthold, M., Häusle, R. & Röber, Ch. (2019). Ergebnisse einer schriftlichen Lernbeobachtung aus zehn „Palope"-Klassen im dritten Schuljahr. Eine qualitative Überprüfung auf quantifizierender Basis (unveröffentliches Arbeitspapier).

Bergk, M. (1984). Anfang gut – alles gut. In: M. Bergk & K. Meiers (Hrsg.), *Schulanfang ohne Fibeltrott* (S. 13–27). Bad Heilbrunn: Klinkhardt.

Bergk, M. (1987). *Rechtschreibenlernen von Anfang an.* Frankfurt/M.: Diesterweg.

Bergk, M. (2002). *Mit Texten spielen und rechtschreiben.* Leipzig u.a.: Klett Grundschulverlag.

Bredel, U. (2015). Systematischer Schriftspracherwerb. In: Brinkmann, E. (Hrsg.), *Rechtschreiben in der Diskussion* (S. 35–43). Frankfurt/M.: Grundschulverband.

Bredel, U. & Röber, Ch. (2015). Grundlegende Überlegungen zur Gegenwart des Schriftsprache- und Orthographieunterrichts. In: Ch. Röber & H. Olfert (Hrsg.), *Schriftsprach- und Orthographieerwerb: Erstlesen, Erstschreiben* (S. 3–10). Baltmannsweiler: Schneider Verlag Hohengehren.

Brinkmann, E. (1992): Entwicklung von Rechtschreibmustern und -strategien – Beobachtungen der Schreibversuche einer „Spontanschreiberin" über zwei Jahre hinweg bis zum Schuleintritt. In: W. Kraut (Hrsg.), Ontogenetische Aspekte der Aneignung von Sprache und Literatur im Schulalter. Protokollband I. (S. 54–63). Symposium Deutschdidaktik: Erfurt.

Brinkmann, E. (2003). „Farrat da war nichz Schwirich...". In: E. Brinkmann, N. Kruse & C. Osburg (Hrsg.), *Kinder schreiben und lesen.* Beobachten – Verstehen – Lehren (S. 147–154). Freiburg: Fillibach.

Brinkmann, E. (2008/2019). *ABC-Lernlandschaft.* Seelze: Lernbuchverlag in Kooperation mit dem Erhard Friedrich Verlag. (Vollständig überarbeitete Neuauflage 2019).

Brinkmann, E. (2015). Richtig schreiben lernen nach dem Spracherfahrungsansatz. In: E. Brinkmann (Hrsg.), *Rechtschreiben in der Diskussion* (S. 44–53). Frankfurt/M.: Grundschulverband.

Brinkmann, E. & Brügelmann, H. (1993/2010). *Ideen-Kiste Schriftsprache 1.* Stuttgart: vpm/Klett.

Brinkmann, E. & Brügelmann, H. (2018). Nachdenken statt Drill: Rechtschreibgespräche als Förderkonzept. *GS aktuell, 143,* 44–47.

Brügelmann, H. (1983). *Kinder auf dem Weg zur Schrift.* Eine Fibel für Lehrer und Laien. Konstanz: Faude Verlag.

Brügelmann, H. in Zusammenarbeit mit Brinkmann, E., Hegelin, R. & Spitta, G. (1984). *Die Schrift entdecken.* Konstanz: Faude Verlag.

Brügelmann, H. (2008). Mein Weg zum Spracherfahrungsansatz. *Grundschule aktuell, 104,* 23 - 24.

Brügelmann, H. (2015). Wie wirken unterschiedliche Methoden des Rechtschreibunterrichts? In: E. Brinkmann (Hrsg.): *Rechtschreiben in der Diskussion* (S. 185 - 193). Frankfurt/M.: Grundschulverband.

Brügelmann, H. (2019). Empirische Studien zur Auswirkung eines laut-orientierten Konstruierens von Wörtern („invented spelling") auf den Rechtschreiberwerb. Abrufbar unter https://www.padocs.de/volltexte/2019/17472.

Brügelmann, H. (2020). „Schreiben wie man spricht" - ein sinnvoller Einstieg in den Schriftspracherwerb. Einordnung der Ergebnisse der „Bonner Studie" zur Wirkung verschiedener Ansätze des Lese- und Schreibunterrichts auf die Entwicklung der Rechtschreibung im Verlauf der Grundschulzeit. https://www.pedocs.de/volltexte/2020/20390 (zuletzt abgerufen am 20.2.2022)

Brügelmann, H. & Brinkmann, E. (1998). *Die Schrift erfinden.* Lengwil: Libelle.

Brügelmann, H., Hengartner, E. & Reichen, H. (1994). Richtig schreiben durch freies Schreiben? Rechtschreibentwicklung in Schweizer Klassen, die nach „Lesen durch Schreiben" unterrichtet wurden. In: H. Brügelmann & S. Richter (Hrsg.), *Wie wir recht schreiben lernen* (S. 135 - 148). Lengwil: Libelle.

Brügelmann, H. in Zusammenarbeit mit Lange, I., Spitta, G. u.a. (1994). „Schreibvergleich BRDDR" 1990/91. In: H. Brügelmann & S. Richter (Hrsg.), *Wie wir recht schreiben lernen* (S. 139 - 134). Lengwil: Libelle.

Brügelmann, H. & Mannhaupt, G. (1990). Lesen vor der Schule - Lesen in der Schule. *Die Grundschulzeitschrift,* 33/4, 43–46.

Buda, Ch. (2017) Projekt „Modulares Förderkonzept bei Rechtschreibproblemen" - ein Praxisbericht. *Lernen und Lernstörungen, 6,* 183 - 192.

Chomsky, C. (1971). First write, then read. *Childhood Education, 47,* 6, 296 - 299.

Chomsky, C. (1976). Stufen in der Sprachentwicklung und in der Leseexposition. In: A. Hofer (Hrsg.), *Lesenlernen: Theorie und Unterricht* (99 - 138). Düsseldorf: Schwann.

Coltheart, M. (1978). Lexical access in a simple reading task (S. 151 - 216). In G. Underwood (Ed.) *Strategies of information processing.* Malden, MA: Blackwell Publishing.

Coltheart, M., Patterson, K. & Marshall. J. C. (1980) (Ed.), *Deep Dyslexia.* London et al.: Routledge & Kegan Paul.

Coltheart, M. (2007). Modeling reading: The dual-route approach. In: M. Snowling & Ch. Hulme, *The science of reading* (pp. 6 - 23). London: Academic Press.

Corvacho del Toro, I. *Fachwissen von Grundschullehrkräften. Effekt auf die Rechtschreibleistung von Grundschülern.* Bamberg: UBP.

Dathe, G. (Hrsg.) (1977). *Deutsch Klasse 1 Unterrichtshilfen.* Berlin: Volk und Wissen.

Deimel, W. & Schulte-Körne, G. (2006). *Modell Schriftsprach-Moderatoren (MSM).* Abschlussbericht nach vier Jahren. Marburg: Universität Marburg.

DUDEN, *Das Aussprachewörterbuch* (2000). Mannheim: Bibliographisches Institut & F. A. Brockhaus AG.

Dummer-Smoch, L. & Hackethal, R. (1984). *Kieler Leseaufbau* (11. Aufl. 2022). Kiel: Veris Verlag.

Ehri, L. C. (1980). The development of orthographic images. In: U. Frith (Ed.), *Cognitive processes in spelling* (pp. 311 – 338). London u. a.: Academic Press.

Ehri, L. C. (1992). Reconceptualizing the development of sight vocabulary and its relationship to recoding. In: P. B. Gough, L. C. Ehri & R. Treiman (Eds.), *Reading acquisition* (pp. 311 – 338). London u. a.: Academic Press.

Eichler, W. (1976). Zur linguistischen Fehleranalyse von Spontanschreibungen bei Vor- und Grundschulkindern. In A. Hofer (Hrsg.), *Lesenlernen: Theorie und Unterricht* (S. 246 – 264). Düsseldorf: Schwann.

Eisenberg, P. (2017). *Deutsche Orthografie. Regelwerk und Kommentar.* Berlin/Boston: de Gruyter.

Elkonin, D. B. (1964). Untersuchungen zur Verbesserung des Unterstufenunterrichts. *Pädagogik,* 12, 1124 – 1136.

Fay, J. (2015). Möglichkeiten und Grenzen des Freien Schreibens für den Rechtschreiberwerb. In: Ch. Röber & H. Olfert (Hrsg.): *Schriftsprach- und Orthographieerwerb: Erstlesen, Erstschreiben* (S. 309–324). Baltmannsweiler: Schneider Verlag Hohengehren.

Ferdinand, W. (1970). *Über die Erfolge des ganzheitlichen und synthetischen Lese- (Schreib-) unterrrichts in der Grundschule.* Essen.

Friedrich, K. (2009). Pädagogisch-didaktische Konzepte und Rechtschreibleistungen im zweiten Schuljahr. In: J. Roos & H. Schöler (Hrsg.), *Entwicklung des Schriftspracherwerbs in der Grundschule* (S. 207 – 227). Wiesbaden: Verlag für Sozialwissenschaften.

Frith, U. (1986). Psychologische Aspekte des orthographischen Wissens: Entwicklung und Entwicklungsstörung. In G. Augst (Hrsg.), *New trends in graphemics and orthography* (pp. 218 – 247). Berlin & New York: de Gruyter.

Goodman, K. S: (1967). Reading: A psycholinguistic guessing game. *Journal of the Reading Specialist,* 6, 126 – 135.

Hanke, J. (2007). *Kritische Betrachtung der Methode „Lesen durch Schreiben" nach Jürgen Reichen.* Unveröffentlichte Bachelorarbeit. Universität Potsdam.

Hanke, P. (2005). *Öffnung des Unterrichts in der Grundschule.* Lehr-Lernkulturen und orthographische Prozesse im Grundschulbereich. Münster: Waxmann.

Harker, W. J. (1981). The language experience approach. A rationale. *McGill Journal of Education. Revue de science l'éducation de McGill.* 16, 56 – 66.

Hartke, B. (2007). Formen offenen Unterrichts. In: J. Walter & F.B. Wember (Hrsg.), *Sonderpädagogik des Lernens,* Band 2. (S. 421 – 437). Göttingen usw.: Hogrefe.

Hasenäcker, J. & Schroeder, S. (2017). Syllables and morphemes in German reading development: Evidence from second graders, fourth graders and adults. *Applied Psycholinguistics, 38,* 733 – 753.

Hattie, J. (2009). *Visible learning: A synthesis of over 800 meta-analyses relating to achievement.* New York, London: Routledge.

Heller, K. (1967). Empirische Ansätze zur Erfassung des Methodeneffektes (beim Erstlese- und Erstschreibunterricht) und ihre Problematik. *Die Ganzheitsschule, 16,* 31 – 41.

Helmke, A. & Weinert, F. (1997). Unterricht und Leistungsentwicklung: Ergebnisse aus dem SCHOLASTIK-Projekt. In: F. Weinert & A. Helmke (Hrsg.): *Entwicklung im Grundschulalter* (S. 241 – 251). Weinheim: Psychologie Verlags Union.

Herné, K.-L. & Naumann, C. L. (2016). *Aachener Förderdiagnostische Fehleranalyse* (5. Aufl.), Aachen: Alfa Zentaurus.

Heuser, O. (1970). Die synthetische Leselehrmethode. In: E. Meyer (Hrsg.), *Erstleseunterricht*, 2. Aufl. (S. 28 – 39). Stuttgart: Klett.

Heuser, O. (1971). *Der Erstleseunterricht in Geschichte, Theorie und Praxis.* Wuppertal u. a.: A. Henn Verlag.

Hofmann, N., Zöller, I. & Roos, J. (2009). Unterrichtsexpertise und Rechtschreibleistungen. In: J. Roos & H. Schöler (Hrsg.), *Entwicklung des Schriftspracherwerbs in der Grundschule* (S. 163 – 205). Wiesbaden: Verlag für Sozialwissenschaften.

Holzinger, F. (1964). *Leistungserhebung auf der vierten Schulstufe.* Wien/Graz: Leykam.

Hollkamm, F. (1898). *Präparationen für den Schreibleseunterricht im 1. und 2. Schuljahre.* Altenburg: Verlagshandlung H. A. Pierer.

Hüttis-Graff, P. /Widmann, B.-A. (1996). *Elementare Schriftkultur als Prävention von Lese-/Rechtschreibschwierigkeiten und Analphabetismus bei Grundschulkindern.* Hrsg. von Heinrichs, U./ Widmann, B.-A., Behörde für Schule, Jugend und Berufsbildung. Amt für Schule, Hamburg.

Hüttis-Graff, P. (1998). Schreibenlernen im Unterricht. Der Blick auf die Klassen. In: Osburg, C. (Hrsg.), *Textschreiben, Rechtschreiben, Alphabetisierung* (S. 44 – 71).: Baltmannsweiler: Schneider Verlag Hohengehren.

Hüttis-Graff, P. & Wirszing, D. (2018). Anfänge des Rechtschreiblernens 1994 und 2014 – Ergebnisse einer diachronen Longitudinalstudie in Hamburg. *Didaktik Deutsch,* 45, 50–73.

ISB, Staatsinstitut für Schulqualität und Bildungsforschung (2004). *Schulversuch Phonetisches Schreiben. Bericht zur wissenschaftlichen Begleitung.* München.

ISQ, Institut für Schulqualität der Länder Berlin und Brandenburg e.V. (2018). *Benutzerhandbuch zur Arbeit mit dem LauBe Portal.* Berlin.

Jacotot, J. (1833). *Universalunterricht oder Lernen und Lehren nach der Naturmethode.*

Jansen, H., Mannhaupt, G., Marx, H. & Skowronek, H. (2002). *BISC. Bielefelder Screening zur Früherkennung von Lese-Rechtschreibschwierigkeiten* (2. Aufl.). Göttingen: Hogrefe.

Kern, A. & Kern, E. (1937). *Lesen und Lesenlernen.* Eine psychologisch-didaktische Darstellung. Freiburg: Herder.

Kern, A. Ganzheitsmethode in der Diskussion. (1970). In E. Meyer, (Hrsg.) *Erstleseunterricht*, 2. Aufl. (S. 40 – 64). Stuttgart: Klett.

Kern, A. (1973). *Rechtschreiben als Funktion des Sprachunterrichts.* Freiburg u.a.: Herder.

Kern, A. (1977). *Neue Impulse zum Lesenlernen.* Ein Beitrag zur Methodendiskussion und Lehreranleitung für den Lehrgang „Leichter lesen lernen". Freiburg u.a.: Herder.

Kleinhans, W. H. (1966). *Stufen der ganzheitlichen Auffassung bei 2- bis 7-jährigen Kindern.* Ein experimenteller Beitrag zur Frage der visuellen Wahrnehmung. Weinheim: Beltz.

Klicpera, Ch. & Gasteiger-Klicpera, B. unter Mitarbeit von A. Schabmann (1993). *Lesen und Schreiben. Entwicklung und Schwierigkeiten.* Bern: Hans Huber.

Kowalski, K., Voss, A., Valtin, R. & Bos, W. (2010). Erhebungen zur Orthographie in IGLU 2001 und IGLU 2006. Haben sich die Rechtschreibleistungen verbessert? In: W. Bos, S. Hornberg, K.-H. Arnold u.a. (Hrsg.), *IGLU 2006 – die Grundschule auf dem Prüfstand* (S. 33 – 42). Münster: Waxmann.

KMK (2004). *Beschlüsse der Kultusministerkonferenz. Bildungsstandards im Fach Deutsch für den Primarbereich (Jahrgangsstufe 4).* Hrsg. vom Sekretariat der Ständigen Konferenz der Kultusminister der Länder der Bundesrepublik Deutschland, Bonn.

Kuhl, T. (2020). Rechtschreibung in der Grundschule. Eine empirische Untersuchung der Auswirkungen verschiedener Unterrichtsmethoden. Wiesbaden: Springer.

Kuhl, T. & Röhr-Sendlmeier, U. M. (2018). Der Verlauf des Rechtschreib-Lernens – drei Didaktiken und ihre Auswirkungen auf Orthographie und Motivation in der Grundschule. *Poster auf dem 4. Dortmunder Symposium der Empirischen Bildungsforschung, 4. – 5. Juli 2018.*

Kühn, L. (2015). Das Lehrerhasserbuch. München: Knaur Taschenbuch.

Kuhn, K. (2015). Jedes Kind soll lesen und schreiben können. Die ganzheitlich-analytische Silbenmethode im Lehrgang „ABC der Tiere. In: E. Brinkmann (Hrsg.), Rechtschreiben in der Diskussion (S. 62-69. Frankfurt/M.: Grundschulverband.

Landerl, K. & Wimmer, H. (1994). Phonologische Bewußtheit als Prädiktor für Lese- und Schreibfertigkeiten in der Grundschule. *Zeitschrift für Pädagogische Psychologie, 8,* 153 – 165.

Leßmann, B. (2007). *Individuelle Lernwege im Schreiben und Rechtschreiben. Ein Handbuch für den Deutschunterricht,* Bd. I: Klassen 1 und 2. Heinsberg: Dieck-Verlag.

Leßmann, B. (2015). Wortschatzarbeit – sinnstiftend und strukturorientiert. In: E. Brinkmann (Hrsg.): *Rechtschreiben in der Diskussion* (S. 244 – 250). Frankfurt/M.: Grundschulverband.

Leßmann, B. (2016). Rechtschreibung im Haus des Lernens. In: N. Kruse & A. Reichardt (Hrsg.): *Wie viel Rechtschreibung brauchen Grundschulkinder?* (S. 21 – 37). Berlin: Erich Schmidt Verlag.

Liberman, I. Y. (1973). Segmentation of the spoken word. *Bulletin of the Orton Society, 23,* 65 – 77.

Mannhaupt, G. (2005). *MÜSC. Münsteraner Screening.* Göttingen: Hogrefe.

Martschinke, S., Kammermeyer, G., Frank, A. & Mahrhofer, C. (2001). *Der Rundgang durch Hörhausen.* Nürnberger Erhebungsverfahren zur phonologischen Bewusstheit. Donauwörth: Auer.

Marx, H. (1998). *Knuspels Leseaufgaben.* Göttingen: Hogrefe.

May, P., Vielhuf, U. & Malitzky, V. (2016). *Hamburger Schreibprobe 1 – 10.* Diagnose orthographischer Kompetenz (3. Aufl.). Stuttgart: Klett (vpm).

Menzel, W. (1990). *Lesen lernen – schreiben lernen.* Braunschweig: Westermann.

Montessori, M. (1913). *Selbsttätige Erziehung im frühen Kindesalter.* Stuttgart: Verlag Julius Hoffmann.

Mesch, B. (2016). Schrift als System anerkennen – Zur schrifttheoretischen Basis einer didaktisch begründeten Modellierung der Orthografie. In: N. Kruse & A. Reinhardt (Hrsg.), *Wie viel Rechtschreibung brauchen Grundschulkinder* (S. 99 – 110)? Berlin: Erich Schmidt Verlag.

Müller, H. (1964). *Methoden des Erstleseunterrichts und ihre Ergebnisse.* Meisenheim.

National Reading Panel (2000). *Report of the National Reading Panel: Teaching children to read – an evidence-based assessment of the scientific research literature and its implication for teaching instructions.* National Institute of Child Health and Human Development. Washington, D.C.: Government Printing Office.

Naumann, C.-L. (2010). Silbisches – neben anderem im Schreib- und Lese-Lernprozess. In: N. Kruse & A. Reichardt (Hrsg.), *Wie viel Rechtschreibung brauchen Grundschulkinder?* (S. 159 – 163). Berlin: Erich Schmidt Verlag.

Neuhaus-Siemon, E. (1994). Buchstaben- und Lesekenntnisse von Schulanfängern. *Grundschule,* 2, 12–15.

Neisser, U. (1967). *Cognitive Psychology.* New York: Appleton Century Crofts.

Noack, Ch. (2015). Geschichte des Lesen- und Schreibenlehrens in Deutschland von der frühen Neuzeit bis zur Gegenwart. In: Ch. Röber & H. Olfert (Hrsg.), *Schriftsprach- und Orthographieerwerb: Erstlesen, Erstschreiben* (S. 30–54). Baltmannsweiler: Schneider Verlag Hohengehren.

Oerter, R. (2012). Lernen en passant: Wie und warum Kinder spielend lernen. *Diskurs Kindheits- und Jugendforschung, 4,* 389–403.

Ouelette, G., Sénéchal, M. & Haley, A. (2013). Guiding children's invented spelling: A gateway into literacy learning. *The Journal of Experimental Education, 81* (2), 261–279.

Pacton, S., Perrouchet, P., Payol, M. & Cleermans, A. (2001). Implicit learning out of the lab: The case of orthographic regularities. *Journal of Experimental Psychology: General, 130,* 401–426.

Perfetti, C. A., Goldman, S. R. & Hogaboam (1979). Reading skill and the identification of words in discourse context. *Memory & Cognition, 7,* 273–282.

Peschel, F. (2006). *Offener Unterricht in der Evaluation.* Teil I + II. Baltmannsweiler: Schneider Verlag Hohengehren.

Peschel, F. (2008). Offener Sprachunterricht in der Praxis. *Grundschulunterricht Deutsch, 2/2008,* 16–21.

Peschel, F. (2015). Rechtschreiben lernt man am besten durch freies Schreiben und Lesen. In: E. Brinkmann (Hrsg.), *Rechtschreiben in der Diskussion* (S.70–79). Frankfurt/M.: Grundschulverband.

Peschel, F. & Reinhardt, A. (2001). *Der Sprachforscher: Rechtschreiben.* Seelze: Friedrich.

Peschel, M. (2004). *Lesen durch Schreiben in offenen Lernsituationen.* Eine qualitative Fallstudie in Hamburger ersten Klassen zum Konzept „Lesen durch Schreiben“ von Jürgen Reichen. Berlin: wvb Wissenschaftlicher Verlag Berlin.

Prengel, A., Liebers, K., Klunter, M. u. a. (2008). *ILeA Leitfaden* 1. 4. Aufl. LISUM Berlin/Brandenburg.

Reichen, J. (1982). *Lesen durch Schreiben.* Leselehrgang. Schülermaterial und Lehrerkommentar. Sabe: Zürich.

Reichen, J. (1997). *Rechtschreibung. Funktion und Didaktik.* Bad Oldesloe: Selbstverlag Dr. Jürgen Reichen.

Reichen, J. (1998). Lesen und Schreiben von Anfang an? Nein!!! Jürgen Reichen antwortet. In: H. Balhorn, H. Bartnitzky, I, Büchner, A. Speck-Hamdan (Hrsg.), *Schatzkiste Sprache 1. Von den Wegen der Kinder in die Schrift* (S. 327–333 und S. 336–341). Frankfurt/M: Arbeitskreis Grundschule – Der Grundschulverband e. V. in Verbindung mit der Deutschen Gesellschaft für Lesen und Schreiben (DGLS).

Reichen, J. (2002). *Lara und ihre Freunde. Lern-Bilderbuch mit Denktrainer.* Erweiterte Auflage 2018/19. Hamburg/Zürich: Heinevetter/Scola.

Reichen, J. (2002/2007). *Lara und Moussa lernen schreiben … alle Wörter der Welt.* Kopiervorlagen und Arbeitskarten. Hamburg: Heinevetter.

Reichen, J. (2003/2007). *Lara und ihre Freunde. Methodische Empfehlungen und Tipps für die Praxis.* Hamburg/Zürich: Heinevetter/Scola.

Reichen, J. (2006). *Hanna hat Kino im Kopf.* Die Reichen-Methode LESEN DURCH SCHREIBEN und ihre Hintergründe für Lehrerinnen, Studierende und Eltern (4. Aufl.). Hamburg/Zürich: Heinevetter /Scola.

Reichen, J. (2009). *Heimtiere.* Bausteine für den Sachunterricht 1. Hamburg: Heinevetter.

Reichen, R. (2003/2007). *Lara und ihre Freunde.* 48 Geschichten von Regina Reichen. Hamburg/Zürich: Heinevetter /Scola.

Reuter-Liehr, C. (1992). *Lautgetreue Rechtschreibförderung* (3. Aufl. 2006). Bochum: Winkler.

Ritter, Ch. & Scheerer-Neumann, G. (2009). *PotzBlitz. Das Potsdamer Lesetraining.* Förderung der basalen Lesefähigkeit. Köln: prolog.

Röber, Ch. (2009). Eine silbenanalytische Auswertung von Wortschreibungen und ihre Konsequenzen für den Schrifterwerbsunterricht. In: R. Valtin & B. Hofmann (Hrsg.), *Kompetenzmodelle der Orthographie.* Empirische Befunde und förderdiagnostische Möglichkeiten (S. 114–145). Berlin: Deutsche Gesellschaft für Lesen und Schreiben.

Röber, Ch. (2015a). Rechtschreiben durch Rechtlesen. Grundlagen für ein alternatives Konzept zum Schriftspracherwerb. In: Ch. Röber & H. Olfert (Hrsg.): *Schriftsprach- und Orthographieerwerb: Erstlesen, Erstschreiben* (S. 163–226). Baltmannsweiler: Schneider Verlag Hohengehren.

Röber, Ch. (2015b). Das Konzept „Rechtschreiben durch Rechtlesen". In: E. Brinkmann (Hrsg.), *Rechtschreiben in der Diskussion* (S. 90–99). Frankfurt/M.: Grundschulverband.

Röber, Ch. (2016). Die Kinder vom Zirkus Palope. Bücher zum Lesenlernen und Schreibenlernen. Band 1: Erste Wörter und Sätze. Baltmannsweiler: Schneider Verlag Hohengehren.

Röber, Ch., Häusle, R. & Berchtold, M. (2020). *Die Kinder vom Zirkus Palope.* Erste Wörter und Sätze. https://zirkus-palope.de/downloads (zuletzt abgerufen am 20.2.2022).

Röber, Ch. & H. Olfert (2010). Die Bedingungen für ein erfolgreiches Arbeiten mit Silben beim Lesen- und Schreibenlernen. Chancen und Grenzen der Konzepte der neuen Silbenfibeln. Freiburg. https://dgls.de/publikationen/stellungnahmen/die-bedingungen-fur-ein-erfolgreiches-arbeiten-mit-silben-beim-lesen-und-schreibenlernen-chancen-und-grenzen-der-konzepte-der-neuen-silbenfibeln/ (zuletzt abgerufen am 15.10.2019).

Röber, Ch. & Spiekermann, H. (2000). Die Ignorierung der Linguistik in der Theorie und Praxis des Schriftspracherwerbs. Überlegungen zu einer Neubestimmung des Verhältnisses von Pädagogik und Phonetik/Phonologie. *Zeitschrift für Pädagogik, 46,* 753–771.

Röber, Ch., Häusle, R. & Berchtold, M. (2020). Die Kinder vom Zirkus Palope.. Erste Wörter und Sätze. https://zirkus-palope.de/downloads (zuletzt abgerufen am 20.2.2022).

Röber, Ch., Häusle, R. & Berchtold, M. (2019b). *Die Kinder vom Zirkus Palope. Begleitbuch für den Unterricht des ersten Schuljahres, Teil 1.* https://zirkus-palope.de/downloads (zuletzt abgerufen am 20.02.2020).

Roos, J. & Schöler; H. (Hrsg.), *Entwicklung des Schriftspracherwerbs in der Grundschule.* Wiesbaden: Verlag für Sozialwissenschaften.

Roth, H. (Hrsg.) (1969). *Begabung und Lernen.* Gutachten und Studien der Bildungskommission, Bd. 4: Ergebnisse u. Folgerungen neuer Forschungen. Stuttgart: Klett.

Scheerer-Neumann, G. (1977). Funktionsanalyse des Lesen: Grundlage für ein spezifisches Lesetraining. *Psychologie in Erziehung und Unterricht, 24,* 125–135.

Scheerer-Neumann, G. (1981). Prozessanalyse der Leseschwäche. In: R. Valtin, U.O.H. Jung & G. Scheerer-Neumann (Hrsg.), *Legasthenie in Wissenschaft und Unterricht* (S. 183–210). Darmstadt: Wissenschaftliche Buchgesellschaft.

Scheerer-Neumann, G. (1987). Wortspezifisch JA – Wortbild NEIN. Ein letztes Lebewohl an die Wortbildtheorie, Teil 2 Lesen. In H. Balhorn & H. Brügelmann (Hrsg.) *Welten der Schrift in der Erfahrung der Kinder* (S. 219–242). Konstanz: Faude Verlag.

Scheerer-Neumann, G. (1988). Zur Entwicklung von Spontanschreibungen: Eine Fallstudie. *Germanistische Linguistik, 93–94,* 27–57.

Scheerer-Neumann, G. (1989). Rechtschreibschwäche im Kontext der Entwicklung. In: I. Naegele & R. Valtin (Hrsg.), *LRS in den Klassen 1–10* (S. 25–35). Weinheim und Basel: Beltz.

Scheerer-Neumann, G. (1996). Der Erwerb der basalen Lese- und Schreibfertigkeiten. In: H. Günther & O. Ludwig (Hrsg.), *Schrift und Schriftlichkeit – Writing and its use,* Band 2. (S. 1153–1169). Berlin & New York: Walter de Gruyter.

Scheerer-Neumann, G. (2001). Ein offener Brief an Jürgen Reichen. In: U. Andresen & W. Kluge (Hrsg.), *Wir reden miteinander.* Theorien und Praxen des Schriftspracherwerbs (S. 108–110). München & Lich: DGLS (Zuerst erschienen in der Vereinszeitung der DGLS LesBar 1995)

Scheerer-Neumann, G. (2008). Lernzeiten – Episoden aus der Eingangsstufe der Laborschule. In: A. Durdel, A. v. d. Groeben & T. Trautmann (Hrsg.), *Schule als Lebenszeit.* Lern- und Lebensrhythmen von Kindern, Lehrkräften und Schulen (S. 28–32). Weinheim: Beltz.

Scheerer-Neumann, G. (2015). Anmerkungen zu Stufenmodellen des Schriftspracherwerbs. In I. Corvacho del Toro & R. Hoffmann-Erz (Hrsg.), *Schriftsprachliche Kompetenzen in Theorie und Praxis,* Festschrift für Günther Thomé (S. 73–85). Tübingen: Stauffenberg.

Scheerer-Neumann, G. (2016). Was können Einzelfallstudien im Bereich LRS leisten? Fallbeispiel Maria. In: Ch. Schiefele & M. Menz (Hrsg.), *Handlungsorientierte Perspektiven des Förderschwerpunkts Sprache* (S. 210–223).: Baltmannsweiler: Schneider Verlag Hohengehren.

Scheerer-Neumann, G. (2018). *Lese-Rechtschreib-Schwäche und Legasthenie.* Grundlagen, Diagnostik und Förderung (2., aktualisierte Auflage). Stuttgart: Kohlhammer.

Scheerer-Neumann, G., Kretschmann, R. & Brügelmann, H. (1986): Ben, Andrea, Jana: Selbstgewählte Wege zum Lesen und Schreiben. In H. Brügelmann (Hrsg.), *ABC und Schriftsprache; Rätsel für Kinder, Lehrer und Forscher* (S. 55–96). Konstanz: Faude Verlag.

Scheerer-Neumann, G., Kretschmann, R. & Scheerer, J. (Hrsg.) (2009). *Regenbogen-Lesekiste II.* Stuttgart: vpm/Klett.

Scheerer-Neumann, G. & Schnitzler, C. D. (2009). Rechtschreiberwerb im zweiten Schuljahr. *Zeitschrift für Grundschulforschung. 2,* 95–110.

Schmalohr, E. (1961). *Psychologie des Erstlese- und Schreibunterrichts.* Beiheft 16 der Zeitschrift Schule und Psychologie. München.

Schnitzler, C. D. (2008). *Phonologische Bewusstheit und Schriftspracherwerb.* Stuttgart, New York: Thieme.

Schneider, R., Schipolowski, S. & Stanat, P. (2019). Orthografische Kompetenz. Zusammenschau wesentlicher Befunde in den IQB-Bildungstrends am Ende der vierten und neunten Jahrgangsstufe. *Schulmanagement, 4,* 2019, 17–20.

Schneider, W. & Stefanek, J. (2007). Entwicklung der Rechtschreibleistung vom frühen Schul- bis zum frühen Erwachsenenalter: Längsschnittliche Befunde der Münchner LOGIK-Studie. *Zeitschrift für Pädagogische Psychologie, 21,* 77–82.

Schründer-Lenzen, A. & Mücke, S. (2005). Mit oder ohne Fibel – was ist der Königsweg für die multilinguale Klasse? In: H. Bartnitzky & A. Speck-Hamdan (Hrsg.), *Deutsch als Zweitsprache lernen.* Frankfurt: Grundschulverband – Arbeitskreis Grundschule.

Schründer-Lenzen, A. & Merkens, H. (2006). Differenzen schriftsprachlicher Kompetenzentwicklung bei Kindern mit und ohne Migrationshintergrund. In: A. Schründer-Lenzen (Hrsg.), *Risikofaktoren kindlicher Entwicklung* (S. 15–44). Wiesbaden: Verlag für Sozialwissenschaften.

Schübel, A. (1999). Den Rechtschreibunterricht umorientieren? Was tun, wenn das Dehnungs-h nicht dehnt und der Kurzvokal keine Dopplung bewirkt? *Deutschunterricht, 52,* 302–309.

Sendlmeier, W. & Oertel, A. (2015). *Rechtschreibdidaktiken im ersten Schuljahr.* Berlin: Logos Verlag.

Seymour, P. H. K. & Elder, I. (1986). Beginning reading without phonology. *Cognitive Neuropsychology, 3,* 1–36.

Siekmann, K. (2011). *Der Zusammenhang von Lesen und (Recht-)Schreiben.* Empirische Überprüfung der Transferleistungen zwischen der rezeptiven und der produktiven Fertigkeit. Frankfurt/M. usw.: Peter Lang.

Sommer-Stumpenhorst, N. (2015). Die Rechtschreibwerkstatt. In: E. Brinkmann (Hrsg.), *Rechtschreiben in der Diskussion* (S. 108–116). Frankfurt/M.: Grundschulverband.

Spectra (1985). *Der Grundwortschatz für den Sprachunterricht in der Grundschule.* Dorsten: Spectra Lehrmittel Verlag.

Spitta, G. (1983). *Kinder schreiben eigene Texte in Klassen 1 und 2.* Bielefeld: CVK.

Spitta, G. (Hrsg.) (2010). *Freies Schreiben – eigene Wege gehen* (3. Auflage). Lengwil: Libelle.

Spitta, G. (2015). Verbinden von freiem Schreiben und Rechtschreibenlernen. In: E. Brinkmann (Hrsg.), *Rechtschreiben in der Diskussion.* (S. 227–231). Frankfurt/M.: Grundschulverband.

Spitta, G. (2018). Wie kann freies Schreiben im Schulalltag gelingen? In: *Grundschule aktuell, 142,* 31–33.

Stanat, P., Schipolowski, S., Rjosk, C., Weirich, S. & Haag, N. (Hrsg.) (2017). *IQB Bildungstrend 2016.* Kompetenzen in den Fächern Deutsch und Mathematik am Ende der 4. Jahrgangsstufe im zweiten Ländervergleich. Münster: Waxmann.

Steinig, W., Betzel, D. Gelder; F. J. & Herbold, A. (2009). *Schreiben von Kindern im diachronen Vergleich.* Münster: Waxmann.

Steinig, W. & Betzel, D. (2013). Schreiben Grundschüler heute schlechter als vor 40 Jahren? Texte von Viertklässlern aus den Jahren 1972, 2002 und 2012. In: A. Plewnia & A. Witt (Hrsg.), *Sprachverfall? Dynamik – Wandel – Variation. Jahrbuch des Instituts für deutsche Sprache* (S. 353–371). Berlin u.a.: de Gruyter.

Stephani, H. (1802). *Kurzer Unterricht in der gründlichsten und leichtesten Methode, Kindern das Lesen zu lehren.* Erlangen: Johann Jakob Palm.

Tacke, G. (2007). Die Wirksamkeit von Trainingsprogrammen und Übungen zur Förderung der Rechtschreibung: wissenschaftliche Studien und praktische Erfahrungen. In: Schulte-Körne, G. (Hrsg.), *Legasthenie und Dyskalkulie: Aktuelle Entwicklungen in Wissenschaft, Schule und Gesellschaft* (S. 135–152). Bochum: Verlag Dr. Dieter Winkler.

Tacke, G., Brezing, H. & Schultheiß, G. (1992). Zur Überwindung von Rechtschreibfehlern in der Grundschule. Können Verstöße gegen die lautgetreue Schreibung und Konsonantenverdopplung durch rhythmisch-syllabierendes Mitsprechen behoben werden? *Psychologie in Erziehung und Unterricht, 39,* 28 - 32.

Ternes, E. (1999) *Einführung in die Phonologie* (2. Aufl.). Darmstadt: Wissenschaftliche Buchgesellschaft.

Thomé, G. (2011). *ABC und andere Irrtümer über Orthographie, Rechtschreiben, LRS/Legasthenie* (4., erweiterte Auflage 2017). Oldenburg: isb. Verlag.

Thomé, G. (2019). *Deutsche Orthographie, historisch, systematisch, didaktisch.* Grundlagen der Wortschreibung. 2. Aufl., Oldenburg: *isb.* Verlag.

Thomé, G. & Thomé, D. (2021). OLFA 1 - 2: Oldenburger Fehleranalyse für die Klassen 1 - 2. Instrument und Handbuch (3. Aufl.). Oldenburg: *isb.* Verlag.

Thomé, G. & Thomé, D. (2020). OLFA 3 - 9: Oldenburger Fehleranalyse für die Klassen 3 - 9. Instrument und Handbuch (3. Aufl.). Oldenburg: *isb.* Verlag

Treutlein, A. & Schöler, H. (2009). Zum Einfluss der schulischen Lernumwelt auf die Schulleistung. In: J. Roos & H. Schöler (Hrsg.), *Entwicklung des Schriftspracherwerbs in der Grundschule* (S. 109 - 143). Wiesbaden: Verlag für Sozialwissenschaften.

Valtin, R., Badel, I., Löffler, I., Meyer-Schepers, U. & Voss, A. (2003). Orthographische Kompetenzen von Schülerinnen und Schülern der vierten Klasse. In: W. Bos, E.-M. Lankes, M. Prenzel, K. Schwippert, G. Walther & R. Valtin (Hrsg.), *Erste Ergebnisse aus IGLU* (S. 227 - 264). Münster: Waxmann.

Valtin, R. & Sasse, A. (2018). Angemessen fördern - mithilfe des Stufenmodells. *Grundschule, 2018,* 12 - 15.

Volkelt, H. (1954/55). Grundsätzliches zum ganzheitlichen Lesenlernen. *Ganzheitsschule, 3,* 2 - 30.

Weingarten, R. (2004). Die Silbe im Schreibprozess und im Schriftspracherwerb. In: U. Bredel, G. Siebert-Ott & T. Thelen (Hrsg.), *Schriftspracherwerb und Orthographie* (S. 6 - 21). Baltmannsweiler: Schneider Verlag Hohengehren.

Weinhold, S. (2006). Entwicklungsverläufe im Lesen- und Schreibenlernen in Abhängigkeit verschiedener didaktischer Konzepte. Eine Longitudinalstudie in Klasse 1 - 4. In: S. Weinhold (Hrsg.): *Schriftspracherwerb empirisch: Konzepte - Diagnostik - Entwicklung* (S. 120 - 151). Baltmannsweiler: Schneider Verlag Hohengehren.

Weinhold, S. (2010). Silben sind besser als Laute und Buchstaben. *Grundschulmagazin, 78,* 11 - 14.

Wendelmuth, E. (1971). *Mindestwortschatz für den Rechtschreibunterricht in den Klassen 1 - 4.* Berlin: Volk und Wissen.

Wiemer, I. & Hüttenberger, M. (2015). Lesen durch Schreiben - Die Reichen-Methode. In: E. Brinkmann (Hrsg.), *Rechtschreiben in der Diskussion* (S. 135 - 144). Frankfurt/M.: Grundschulverband.

Will, U., Nottbusch, G. & Weingarten, R. (2006). Linguistic units in word typing. Effects of word presentation modes and typing delay. *Written Language and Literacy, 9,* 153 - 176.

Zehran-Hartung, C., Strehlow, U., Haffner, J. et al. (2002). Normverschiebung bei Rechtschreibleistung und sprachfreier Intelligenz. *Praxis der Kinderpsychologie und Kinderpsychiatrie, 51,* 281 - 297.

Ziegler, J. C., Perry, C. & Coltheart, M. (2000). The DRC-model of visual word recognition and reading aloud: An extension to German. *European Journal of Cognitive Psychology, 12,* 413 - 430.